로켓 이얼스

THE ROCKET YEARS
by Elizabeth Segran

로켓 이얼스

엘리자베스 세그런 · 윤여림 옮김

원하는 인생에 도착하기 위해 오늘 나만의 목표를 쏴라

ORNADO

일러두기

1. 이 책에 등장하는 주요 인명, 지명, 기관명은 국립국어원 외래어표기법을 따르되 일부는 관례에 따라 소리 나는 대로 표기했다.

2. 단행본은 《 》, 신문과 잡지, 영화는 〈 〉으로 표기했다.

3. 본문에서 각주는 ★로, 미주는 아라비아 숫자로 표기했다. 각주는 옮긴이 주, 미주는 저자 주이다.

삶은 변한다, 지금 무엇을 선택하느냐에 따라

서른네 번째 생일이 얼마 지나지 않은 수요일, 정확하게는 저녁 8시 32분, 지금껏 살아온 삶이 내 앞에 고스란히 펼쳐져 있다.

나와 남편 벤은 아이를 재우기 위해 두 시간을 쏟아 부었다. 매일 밤 엘라를 목욕시키면서 비누투성이가 된 채 노래를 부르고, 몇 차례 아이와 씨름을 하며 우주복 잠옷을 입힌 다음,《달님 잘 자요》책을 14번 읽어준다. 그리고 해밀턴 사운드트랙을 틀어 놓고 안아주면 마침내 엘라는 잠이 든다(엘라는 아직 한 살밖에 안 됐지만 잠자리 음악 취향은 상당히 확고한 편이다).

지칠 대로 지친 벤과 나는 아이가 게워낸 흔적이 얼룩덜룩 묻어 있는 옷 상태 그대로 소파로 가 쓰러진다. 그러고는 동물 인형과 나무 장난감, 과자 부스러기, 짓눌린 블루베리가 널브러져 있는 거실을 바라본다. 우리는 눈앞에 펼쳐진 이 말도 안 되는 광경에 서로 몸을 돌린 채 한바탕 웃음을 터트린다. 어쩌다가 이 지경이 된 걸까? 우리는 엘라가 깨지 않도록 최대한 작은 목소리로 대학 신입생 때 만나 함께 헤쳐 나갔던 20대를 추억하며 속삭인다.

그때는 인생이 순조롭게만 흘러가고 무한한 가능성으로 가득 차 있는 것처럼 보였다. 나는 20대라는 시기를 세계 곳곳을 여행하고, 어떠한 위험도 감수하며, 몇 번의 실수는 당연하게 여겨지는 일생일대의 기회라고 생각했다. 20대의 나는 길모퉁이에서 남자친구에게 충동적으로 이별을 고했고, 기분 내키는 대로 도시를 옮겨 다니기도 했다. 또 파티장에서 꼭두새벽까지 춤을 추고, 얼마 되지도 않는 적금을 깨서 홀연히 캄보디아와 프라하로 배낭여행을 떠나기도 했다. 굉장한 시간들이었다.

그때 나는 20대가 되면 어느 순간에 '어른이 되는 문'이란 표시가 등장하면서 그것이 나에게 중요한 결정을 내릴 시기가 되었다고 가르쳐주는 줄로만 알았다. 하지만 그렇지 않았다. 아무런 걱정 없이 20대라는 여정을 지나는 동안 내가 내린 수많은 결정들이 모여 현재의 내 모습이 만들어졌다. 작가이자 아내, 엄마로서 오늘날 나의 삶은 당시 꿈의 직업을 잃고 사랑마저 떠나 보냈을 때 내가 택한 행동들의 직접적인 결과인 것이다. 나도 모르는 사이에 내 주변에는 친구라는 이름의 무리가 생겼고, 취미와 습관도 기르게 되었다. 그리고 남은 삶 동안 지침이 되어줄 가치를 배우기도 했다.

((그때 알았더라면 좋았을 것들))

나는 20대 때 '내 선택을 도와주는 안내서가 있었다면 좋았을 텐데'라는 생각을 했다. 20대라는 10년짜리 여정의 지도가 있어서 20대에 접어든 청년들이 앞으로 지나가게 될 갈림길이나 놓쳐서는 안 될 일들이 군데군데 표시되어 있다면 참 유용할 텐데 말이다. 가끔 친구와 스시를 먹거나 드러그스토어에서 비누를 고를 때 느닷없이 머릿속을 파고드는 존재적 의문들 때문에 끙끙거리는 나를 도와줄 체계 같은 게 있었더라면 좋았을 것이다. 나는 스스로에게 이런 질문들을 던졌던 기억이 난다. 꿈의 직업이란 게 정말 있는 걸까? 그렇다면 소울메이트는? 내가 생각하는 이상적인 가족에 아이가 포함될까? 친한 친구들과 오랜 관계를 유지하기 위해서는 어떻게 해야 하며, 현재 좋아하는 취미 생활을 미래에도 이어가려면 무엇을 해야 할까? 나의 신념을 잃지 않기 위해서는 또 어떻게 해야 하는 걸까?

결국 이 모든 걸 다 요약해보면, 근본적인 질문은 다음과 같다. '나의 소중한 인생을 앞으로 어떻게 살아가야 하는 것일까.'[1]

그날 저녁 소파에 앉아 벤과 이야기를 나누는 동안, 내 안에서 작은 불꽃이 피어올랐다. 20대라는 그 짧은 10년의 시간이 어떻게 내 인생 전체를 변화시키는지에 대해 더 잘 이해하고 싶었다. 그래서 이에 관한 이야기를 책으로 쓰기로 결심했다. 나는 2년이라는 시간 동안 20대 시절의 나로 돌아가 보물 같은 귀중한 자료와 연구들을 살펴봤고 심리학자, 사회학자 등 여러 전문가에게 의견을 물었다. 지금 당신의 손에 들려 있는 이 책이 바로 이 모든 조사의 결과물인 것이다. 이 책은 내가 20대에 봤다면 정말 좋았을 안내서다.

이 마법과 같은 시기에 이제 막 들어섰거나 혹은 이미 한창 20대를 보내고 있는가? 내가 이 책을 쓴 이유는 당신이 자신의 삶에서 진정으로 원하는 게 무엇인지 진지하게 생각해보고, 그걸 성취하기 위한 계획을 짜는 데 도움을 주기 위해서다. 또한 나처럼 이미 20대를 넘겼다고 해도, 이 책은 여전히 도움이 될 것이다. 이 책을 쓴 또 다른 이유는 과거의 나의 결정들로 인해 30대, 40대 그리고 더 나이가 들었을 때 내가 어떤 모습으로 변하게 될지 알고 싶었기 때문이다. 길을 바로잡기에 너무 늦은 나이란 없다.

나는 이 책을 쓰면서 처음부터 모든 게 착착 진행되어야만 인생이 잘 풀리는 게 아니라는 걸 배웠다. 성공한 사람들은 보통 자신을 불행하게 만드는 상황을 그대로 받아들이지 않는다. 이들은 평생 끊임없이 배우고 성장하며 행복을 향해 달려간다. 여기서 가장 중요한 점은 올바른 방향이나 성공의 정의가 단 하나만 있는 게 아니라는 사실이다. 또 시간 낭비라는 건 없다. 세상에 행복해질 수 있는 방법은 무수히 많다.

이 책은 당신에게 의미 있는 삶이 무엇인지 찾도록 도움을 줄 것이다. 선택을 하는 데 있어 객관적인 데이터가 참고가 될 수는 있겠지만, 우리에게 가장 가치 있는 데이터 포인트는 나 자신에게 있다. 결국 당신의 임무는 내가 누구이고, 내가 생각하는 가치란 무엇이며, 나를 즐겁고 기쁘게 하는 것이 무엇인가를 이해하는 것이다. 그래서 스스로 자신의 인생 여정을 계획해야 한다.

((인생은 로켓이다))

나의 20대를 되돌아보니, 그때가 굉장히 중요한 시기였음을 깨닫게 해주는 여러 가지 일화가 떠올랐다. 가장 마음에 들었던 것 중 하나는, '쿠야나Cuyana'라는 패션브랜드를 창업한 나의 친구 실파 샤가 해준 이야기다. 어느 날 그녀는 저녁을 먹으며 문득 막 커리어를 시작했을 당시 자신이 들었던 조언을 떠올렸다. 당시 그녀의 멘토였던 폴 야노버는 "인생은 로켓과 같다"고 말했다. 20대의 우리는 아직 궤도의 초반에 진입한 것이며, 앞으로 갈 길이 수백만 마일이나 남아 있다. 로켓이 발사될 때 아주 미세한 각도의 차이만으로도 그 착륙 지점은 180도 바뀔 수 있다. 폴은 실파에게 이렇게 말을 했다.

"어릴 때는 실수에 대한 자유를 원해요. 하지만 '내가 어디로 가고 있는 거지?' 하는 생각도 꼭 해봐야 해요. 화성으로 가고 싶나요, 아니면 달로 가고 싶나요?"

나는 이 비유가 마음속 깊이 와 닿았다. 로켓 같은 우리의 20대는 삶의 여정을 계획하고 어디로 착륙할지를 정할 수 있는 가장 힘 있는 시기다. 흥분되면서도 동시에 무서운 기분이 든다. 나는 어릴 적 나의 20대를 그저 어른이 되기 전 다양한 경험을 해보는 일종의 놀이와 같은 시간이라고 생각했다. 완전히 잘못된 생각은 아니다. 이 시기 동안은 이것저것 해보기도 하고 위험을 감수하기도 해야 한다. 하지만 20대를 지탱하는 가장 큰 힘은 실수를 해도 된다는 자유로움과 동시에 자신의 선택에 대한 책임감이다. 사실 이 두 조건이 그렇게 반대되는 것만은 아니다. 우리가 탐험을 하는 이유 중 하나는 자신과 세상에 대해 배움으로써 최선의 선택을 하기 위함이기 때문이다.

정치학 교수인 벤은 20대의 중요성에 대해 약간은 다른 방식으로 표현하는 걸 좋아한다. 벤은 사회학자들이 과거의 선택들이 미래의 선택에 어떻게 영향을 미치는지에 대해 설명할 때 사용하는 '경로 의존성' 이론에 대해서 말했다. 무엇이든 간에 우리의 첫 번째 선택은 종종 최종 결과물에 심오한 영향을 준다는 개념이다.

우리 주변에서도 이런 경우를 쉽게 찾아볼 수 있다. 가장 대표적인 예로 영문 타자기가 있다. 최초의 타자기는 키가 알파벳 순으로 배열되어 있었는데, 1873년 위스콘신의 한 신문사 편집자가 빈번하게 사용되는 키들이 서로 엉켜서 작동이 제대로 되지 않는다는 것을 알아챘다. 그래서 그는 가장 많이 사용하는 키들을 서로 떨어트려 놓는 쿼티 배열을 생각해낸다. 이후 타자 치는 속도는 감소되었지만 작동은 원활하게 이루어졌다. 현대의 컴퓨터는 타자를 빨리 친다고 해서 키들이 서로 엉킬 일이 없고, 오히려 많은 사람이 가능한 한 빠르게 타자를 치고 싶어 한다. 하지만 오늘날의 컴퓨터 자판도 예전 방식 그대로의 배열을 사용하고 있는데, 이는 새로운 형태의 타자기 사용에 세계 모든 사람들이 동의하기란 어려운 일이기 때문이다.

지난 20대를 돌이켜보니, 나는 나의 선택들이 미래에 영향을 미칠 거라는 막연한 의식이 있었던 것 같다. 매번 첫 데이트를 나가거나 또는 직장을 그만둘 때마다, 나는 저 사람과 내가 행복할 수 있을지 혹은 저 일을 수십 년 동안 즐겁게 할 수 있을지에 대해 생각했다. 문제는 충분한 자기 인식이 없었으므로 내 미래가 어떤 모습이면 좋을지 알지 못했다는 것이다. 나는 삶이라는 여정을 계획하려고만 했지, 그 최종 목적지가 화성인지 혹은 달인지에 대해서는 알지 못했다. 어쩌면 당신도 이런 느낌이 든 적이 있을지 모르겠다.

기대감이라는 압박 때문에 불안은 더 커지기 마련이다. 수많은 밀레니얼 세대처럼 나에게도 내가 행복하고 만족스러운 삶을 살길 바라는 부모님이 계시다. 다만 나는 그것을 어떻게 실현해야 하는지 몰랐다. 예를 들어 우리 아버지는 가난한 집안에서 자라 대학 졸업 후 월급을 많이 받는 직업을 찾아야 한다는 압박을 받았다. 그래서인지 내가 직업을 선택할 시기가 되었을 때 아버지는 돈에 연연하지 않고 내가 사랑하는 일을 찾기를 바라셨다. 아버지의 사려 깊은 마음에도 불구하고 '꿈의 직업'을 찾는 일은 어렵기만 했다. 결국 나는 인도문학 교수가 되겠다는 결심을 했고, 박사 학위를 받은 후 조건이 맞는 교수직에 전부 지원했지만 연락이 온 곳은 한 군데도 없었다. 직업을 찾는 데 완전히 실패했던 나는 단순히 상실감만을 느낀 게 아니었다. 덩달아 아버지의 마음까지 아프게 한 것 같은 기분이 들었다.

이런 일들을 겪으면서 나는 때때로 자괴감이 들고 무기력해져 결정을 기다리는 문제들은 잠시 옆으로 미뤄 두고 기분 전환을 하곤 했다. 그래서 가끔은 침대에 기어 올라가서 초콜릿 파인트 아이스크림을 통째 끼고서 〈오만과 편견〉을 보고 또 봤다. 그러나 이보다 더 극적인 방법이 필요한 순간들도 있었다. 25세가 되던 해 여름, 일도 벤과의 관계도 동시에 무너져 버리자 나는 6주 간 인도 남부에 있는 퐁디셰리라는 작은 해안가 마을로 떠나기로 했다. 명목상으로는 어학 수업을 위한 것이었지만, 사실은 당장 결정해야만 하는 선택들로부터 도망치고 싶었던 것이다.

그 작은 마을에서 나는 낮이면 마을을 쏘다니며 시장에서 가장 잘 익은 망고를 찾아 헤맸다. 그리고 노점상들 사이에서 최고의 오크라 카레와 코코넛 밥을 발견했다. 얼마 지나지 않아 매일 아침 따뜻한 차를 나눠 주는 차이티 상인이나 재봉사 아주머니 그리고 바느질 탁자 밑에서 노는 그녀의 아들 등 골목 사람들과 얼굴을 익히게 됐다. 인도에서는 나의 미래에 대해 더 이상 불안해하지 않아도 되었고, 내 앞에 놓인 것들에 집중하기가 훨씬 수월했다. 그 당시에는 도망치는 게 굉장히 합리적인 일이라고 느꼈다.

그때 잠시나마 내 앞에 놓인 선택들을 미룬 것은 정말 옳은 일이었다는 걸 나는 이후에 알게 되었다. 이 책을 읽으면서 20대가 인생의 굵직한 결정들을 하는 시기만은 아니라는 걸 기억하는 것이 중요하다. 20대는 달콤한 독립의 시기이기도 하다. 이 시기에 우리는 처음으로 부모님과 떨어져 살면서 자신의 생활 방식을 보다 직접적으로 관리하게 된다. 또한 가정을 이루기 전으로 돈벌이에 대한 걱정은 본격적으로 하지 않는 시기다. 잠시이지만 우리를 행복하게 해주는 사람들과 지내며 좋아하는 활동을 할 시간적, 금전적 여유가 있는 시기이다. 이런 갑작스러운 자유에 기분이 들뜨기도 하지만, 그것도 잠시뿐이다.

나의 20대는 감정이 요동치는 순간이었다. 해방된 기분이 들었다가 한순간 부담감에 휩싸이곤 했다. (혹시 당신도 우여곡절이 많은 삶을 살아가고 있다고 느낀다면 그것은 지극히 정상적인 생각이란 걸 기억하자!) 어느 순간 나는 스스로가 어디로도 흘러가지 못하고 정체 상태에 빠졌음을 깨달았다. 20대 때 이런 경험들이 결정을 내리는 데 중요한 작용을 한다는 사실을 그때 알았다면 좋았을 것이다. 지금에서야 나는 인도에서 여름을 보내기로 했던 나의 결정이 결코 경솔한 일이 아니었음을 알게 되었다. 나는 절대 교수가 될 수 없다는 사실에 대해 혼자서 슬픔을 삭일 시간이 필요했던 것이다. 나의 생활 전반이 녹아 있는 미국으로부터 멀리 떨어진 그곳에서는 내가 그동안 생각해보지 못한 전혀 다른 직업을 가진 나의 모습을 상상하기가 수월했다. 그때는 귀중한 시간을 낭비하는 것만 같은 기분이 들기도 했지만, 그게 아니었다. 그곳에서 나는 나의 또 다른 미래를 꿈꾸고 있었던 것이다.

만일 다시 돌아갈 수만 있다면, 그러한 시간들을 목적을 발견하기 위한 연습 시기로 간주할 것이다. 다시 말해, 내가 어떤 사람이고 어디에 도달하고 싶은지를 알기 위해서는 때때로 방황하는 시기도 필요하다는 걸 이제는 알기 때문에, 다시 그때로 돌아간다면 나 자신에게 충동적으로 살아볼 기회를 당당히 허락할 것이다. 또 나는 스스로에게 좀 더 관대할 것이다. 이상한 연애나 커리어 변경을 걱정하는 대신, 그 순간순간을 지나며 배운 것들을 정리해두고는 빨리 넘겨 버렸을 것이다. 이는 사소하지만 의미 있는 태도의 변화로, 내가 살면서 경험한 것들을 더욱 온전히 이해하고 심지어는 즐길 수 있게 만들어줬을 것이다.

((어디로 무엇을 쏘아 올릴 것인가))

나는 당신이 20대 때 마주하게 될 전환점들을 놓고서 각각의 길 끝이 당신을 어디로 데리고 갈지에 대해 알려주고, 이것을 통해 스스로 어떤 선택을 할 것인지 고민하도록 도울 것이다. 가장 힘겨운 고민은 아마도 직업, 애정, 가족과 관련된 선택들이다. 이는 지극히 개인적이며, 자신의 가치와 열정, 정체성으로부터 영향을 받는다. 이 책을 쓴 목적은 어떤 종류의 일과 가정생활이 자신에게 가장 만족스러울지 생각해보고, 이런 비전을 현실로 실현시킬 방법을 찾도록 돕는 것이다.

또 겉보기에는 크게 중요하지 않은 것 같지만, 미래의 우리 일상생활을 형성하는 데 있어 중요한 역할을 할 결정들에 대해서도 알아볼 것이다. 우리와 관계를 형성한 친구들, 좋아하는 취미 생활 그리고 운동 등에 대해서 말이다. 또 정치적 신념이나 신앙이 있다면, 미래의 삶에서 그 부분을 의미 있게 만드는 방법에 대해서도 살펴볼 것이다.

이 책의 각 장들은 인생의 세 가지 주제에 맞춰 정리되어 있다. 처음에 나오는 일, 취미, 건강과 관련된 세 장은 일과 가정생활을 모두 성취할 수 있는 방법에 집중하고 있다. 그다음 결혼, 가족, 우정과 관련된 장에서는 사랑과 지지를 기반으로 한 평생의 네트워크를 형성하는 방법에 대해서 알아볼 것이다. 그리고 마지막 정치와 신념을 다룬 장에서는 보다 넓은 범위의 공동체와 지속적인 관계를 형성하는 방법에 대해 다룰 것이다.

우리는 운이 좋게도 헤아릴 수 없을 만큼 많은 양의 데이터에 쉽게 접근할 수 있으며, 이를 통해 흥미로운 사회 현상들을 밝혀낼 수 있는 시대에 살고 있다. 몇십 년 전부터 연구원들은 우리의 연애 습관부터 얼마나 운동을 하고 있는지, 행복한 결혼 생활을 위해 필요한 것은 무엇인지 등과 관련한 방대한 정보를 수집, 분석하고 있다. 이런 정보들에는 힘이 있다. 이 같은 정보들을 통해 우리는 경향을 파악하고, 보다 나은 선택을 할 수 있다.

하지만 데이터에도 수많은 한계점이 있다. 데이터는 광범위한 인구 간 상관관계만을 보여준다. 통계는 수많은 개개인의 삶의 합 속에서 결론을 도출해내지만, 그들 각각의 사소한 부분까지 파악하지는 못한다. 또 항상 극단치와 예외는 있기 마련이다. 따라서 이 책에 나오는 연구 결과, 즉 데이터에만 의존해 자기 자신을 정의하면 안 된다는 걸 명심해야 한다. 모든 과정을 거치는 동안 당신은 여정을 바꾸거나 어떤 확률을 뛰어넘을 수 있다. 만일 연구 결과 때문에 마음이 어지럽다면, 그 또한 중요한 정보가 된다. 무엇이 마음을 어지럽게 하는지 스스로에게 질문해보고, 뻔한 결과를 뛰어넘기 위해서 어떻게 해야 하는지를 알아보자.

10년 전, 일과 인간관계가 원하는 대로 풀리지 않았던 시절에 나는 마치 조난선이 되어 바다 한가운데를 정처 없이 떠다니다 파도에 휩쓸려서 떠내려가는 기분이 들곤 했다. 하지만 되돌아보니, 나는 그 배를 조종하고 있었다. 다만 나 스스로가 조종을 한다고 생각하진 못했다. 내 인생이 조난선이 되어버린 것 같은 기분이 들 때도, 미래에 대해 생각조차 하고 싶지 않았던 그때도, 나는 나도 모르는 잠재의식 속에서 마음을 가다듬고 인생의 다음 단계를 계획하고 있었다. 비틀거리며 방향을 잘못 틀었을 때도 내게 중요한 것이 무엇인지를 배웠고, 그로 인해 앞으로 나아가야 할 방향을 선택할 수 있었다.

당신의 20대 역시 혼돈과 혼란의 시기가 되겠지만, 이 또한 여정의 한 부분임을 알아야 한다. 결국 당신은 자신만의 여정으로 지도를 만들게 될 것이다. 이 책을 읽으면서 눈앞에 놓인 중대한 선택들을 이해하기 위해 깊이 고민해보고, 그것들을 두려워하지 않길 바란다. 그러면 다소 엉망일 수도 있겠지만, 당신의 이야기를 써 내려가는 과정을 즐기게 될 것이다.

우리는 다행히도 과거 그 어느 때보다 자신의 운명을 스스로 개척해나가는 시대를 살고 있다. 배우자를 직접 고를 수 있고, 단지 끼니를 책임져주는 것에 그치지 않고 우리에게 의미를 갖게 해주는 직업을 선택할 수 있다. 또한 이전 세대보다 많은 여가 시간을 가지며 우리를 기쁘게 해주는 사람들과 그 시간을 채울 수 있다. 이러한 모든 선택이 부담스러울 수도 있지만, 그래도 이는 분명 선물이다.

지금 나와 벤에게는 말썽꾸러기 아기가 있고, 내 여정은 10년 전과는 사뭇 다른 모습이 되었다. 이 여정에는 밤을 지새우며 즐겼던 파티나 급작스레 떠난 바닷가 마을로의 도피는 더 이상 없지만, 새로운 즐거움이 생기기도 했다.

토요일 아침, 나는 새벽같이 일어나 엘라가 깨기 전까지 두 시간 동안 일을 한다. 그리고 엘라와 함께 밭으로 가서 딸기를 따는 동안 그 반짝이는 눈망울과 빨간 과즙으로 물든 자그마한 고사리손을 바라본다. 엘라는 근처 공원에서 반짝이는 자갈을 찾는다. 우리는 초콜릿 아이스크림콘을 나눠 먹는다. 출장 때문에 잠시 떠나 있을 때면, 엘라가 나를 너무 보고 싶어 하지 않길 바라며 뉴욕 상점의 장난감 택시, 팜스프링 공항의 고무 플라밍고 같은 기념품들을 사 간다.

이것이 내가 만들어간 나의 삶이다. 그리고 나름의 방식대로 내 삶은 눈부시게 빛나고 있다.

차례

CHAPTER 1

ROCKET

무슨 일을 하며
살아갈 것인가

버클리대학교에서 처음 학부생 수업을 하기로 한 바로 전날 밤, 24세의 나는 수업을 신청한 19명의 학생 명단을 훑어보았다. 고학년 학생들 중에 나보다 겨우 몇 살 어린 학생들도 있다는 사실을 알게 된 나는 약간 두려운 마음이 들기 시작했다.

하지만 이내 그거야 뭐, 괜찮을 거라고 생각했다. 어린 나이 쯤이야 클래식한 파워 드레싱으로 충분히 극복할 수 있다. 나는 수업 첫날, 자신감 있어 보이고 진지하면서도 근엄해 보이는 스타일의 옷을 입을 예정이다. 그러기 위해서는 당연히 정장이 필요했다. 되도록 어깨 패드가 빵빵한 것으로 입어야겠다고 생각했다. 이 모든 과정은 내게 월급과 의료보험을 보장해줄 꿈의 직업으로 진입하는 데 있어 매우 중요하다. 그리고 당연히 나는 이에 진지하게 임하고 있다. 그래서 전신 거울 앞에 서서 지나칠 정도로 의상 걱정을 하고 있었다.

나의 룸메이트들은 이미 본인 강좌를 열기 시작한 대학원생들이었으므로 나에게 의상에 관한 조언들을 해줬다. 룸메이트들이 저녁 식사를 준비하는 동안, 나는 금색 단추가 달린 어두운 청색 계열의 80년대풍 블레이저와 거기에 어울릴 만한 바지를 입고 부엌으로 나갔다. 알렌과 알렉스는 나를 보며 박장대소했다. 하긴, 그럴 만했다. 버클리는 세계에서 가장 편안한 분위기의 교육기관이다. 노벨상 수상자가 반바지 차림으로 수업을 하고, 학장이 회의에 후드티를 입고 나타나는 그런 곳이다. "조금 힘을 빼면 어떨까?" 알렉스가 제안했다. 알렉스는 말을 돌려서 하는 데 능숙했다. 그가 정말 하고 싶었던 말은 "옷이 그게 뭐야? 당장 방으로 가서 갈아입고 나와"이다. 결국 나는 청바지에 옥스퍼드 셔츠를 입기로 했다.

그러나 이건 모두 괜한 걱정이었다. 수업 첫날, 강의 개요에 대해 설명하자 학생들의 얼굴은 빛났다. 나는 성, 인종, 식민주의와 관련된 문제로 씨름을 해야 하는 현대 인도문학 세미나를 가르쳤다. 여름 내내 나는 신중하게 강의 커리큘럼을 짰다. 사실 이날을 위해 10년 이상을 준비해온 것이나 다름없었다. 나는 늘 누군가를 가르치는 일을 하고 싶었다.

어릴 적 나의 부모님은 교육이 얼마나 강력한 힘을 갖는지 종종 말씀해주시곤 했다. 아버지는 말레이시아에 있는 어느 작은 마을에서 한 농부의 아들로 태어났으므로, 어른이 되면 그와 비슷한 일을 할 거라고 다들 생각했다. 그러나 넘치는 지적 호기심과 학업에 대한 의지를 불태운 아버지는 결국 대학에 진학했고, 이후 항공사에 취직하셨다. 이후 회사의 브뤼셀, 파리, 자카르타, 런던 지사를 운영하는 일을 맡으셨다. 우리 가족 전통으로 보면 교육이란 빈곤을 벗어나게 해주는 다리 그 이상이었다. 교육은 우리 눈앞에 있는 것과는 전혀 다른 현실을 상상하도록 생각을 열어주는 것이었다.

내가 다니던 학교의 진로 상담 선생님들은 나에게 늘 미래 직업에 대해서 생각해보라고 했다. 나의 뿌리를 생각하면 내가 가르치는 일을 선택한 건 놀라운 일은 아니었다. 나이가 들면서 나는 박사 학위를 취득해 교수가 되겠다는 확실한 비전을 갖게 되었다. 이 직업이야말로 나의 열정, 가치관, 실력이 모두 완벽하게 들어맞는 직업인 것 같았다. 그리고 그 생각은 옳았다. 버클리에서 강의를 시작했을 때 경험은 내가 전부터 꿈꿔온 모습 그대로였다. 나는 맡은 일을 잘 해냈다. 나는 학생들의 머릿속에서 수많은 크고 작은 진전이 일어나고 있음을 확실히 알 수 있었다. 학기가 진행되면서 나는 학생들의 글쓰기 실력이 조금씩 향상하는 모습을 지켜봤다. 그때의 나는 머지않아 교수가 되기 위한 탄탄대로를 걷고 있다고 생각했다.

의미 있는 직업을 찾는 일이란 결코 쉬운 일이 아님을 나는 알지 못했다. 어릴 때부터 우리는 열정을 느낄 만한 일을 추구해야 한다는 말을 듣곤 했다. 이로 인해 직업이란 우리의 정체성을 표현하는 것이어야 하고, 완벽한 직업을 찾기까지 수년이 걸릴 수 있기 때문에 그것을 일찍부터 찾아 나서야 한다는 생각이 머릿속에 박히게 된다. 이러한 생각은 강력하다. 우리 세대에게 직업은 그저 생활비를 벌어주는 수단이 아니라 자신이 누구인지, 자신의 가치가 무엇인지를 표출할 수 있는 하나의 수단이 되었다. 그렇기 때문에 우리 중 많은 수가 인생을 어떻게 살아야 할 것인지에 대한 고민으로 버둥거리는 것이다. 하지만 미리 직업에 대해 분명한 계획을 짜고 20대로 들어선 사람들도 꿈의 직업을 갖기까지 넘어야 할 장애가 이렇게나 많다는 건 몰랐을 것이다.

나는 어렵게 그걸 배웠다. 정규직 교수 자리를 알아보기 시작했을 무렵, 나는 인문학 시장이 침체되었다는 것을 알게 되었다. 몇십 년에 걸쳐 문과대학 교수 임용은 감소 추세고, 뿐만 아니라 대침체기로 인해 전반적으로 교수 임용이 정지되기까지 했다.

나는 3년 동안 계속 정규직 교수가 되는 데 실패한 후에야 완전히 나가떨어져 포기하기에 이르렀다. 하나의 꿈만을 좇아 10여 년을 보내고 나니, 다른 일을 하면 과연 행복할 수 있을까 하는 의심이 들었다. 나는 온 힘을 다해 정신을 붙잡고 나를 만족시키고 즐겁게 만들어줄 다른 무언가를 찾아야 했다.

20대를 보내며 직업에 대한 좌절을 맛본 나는 철저히 혼자가 된 기분이었다. 그때 페이스북과 링크드인에 들어가면 친구들은 다들 자신이 선택한 일을 즐기며 승승장구하는 것처럼 보였다. 그러나 경제학자들의 연구에 따르면, 친구들의 성공을 보며 이런 인식을 갖는 것은 소셜미디어의 자기기만 때문이라고 한다. 이 시기를 지나는 동안 직업적 변천과 우회는 사실 누구나 흔히 경험하는 일이다. 직업과 관련하여 혼란을 겪는 사람들은 생각보다 많다. 다만 이를 수치스럽다고 느끼거나 우울감 때문에 남들에게는 자신의 이런 고민을 보여주지 않는 것이다.

그래도 좋은 소식이 있다. 데이터에 의하면 대부분의 사람들은 결국 진심으로 자신이 만족스러워하는 일을 찾는다고 한다. 단, 예상보다 오래 걸릴 수는 있다. 직업을 찾기까지의 여정 중에는 길을 잘못 들어 우회하거나, 한자리에 멈춰 있을 때도 있고, 그다음은 어디로 가야 할지 잘 모를 때도 있다. 그럼에도 포기하지 않고 끝까지 밀어붙인다면 꿈의 직업을 만날 기회는 오기 마련이다.

((일의 의미))

오늘날 노동 인구 중 가장 큰 비중을 차지 것은 밀레니얼 세대로, 미국 근로자들의 35퍼센트를 차지하고 있다.[1] 이들보다 약간 어린 Z세대는 이제 막 노동 인구에 유입되기 시작했는데 이세대는 일과 인간의 관계를 완전히 바꿔가고 있다.

역사상 처음으로 이 젊은 근로자들은 직업을 선택할 때 돈을 우선순위에 두지 않는다. 이는 바로 전 세대와 비교했을 때 두드러진 변화다. 회사 관련 설문조사를 보면, 연령이 높은 근로자들은 직업을 선택한 여러 이유들 가운데 월급에 가장 높은 가치를 두고 있다. 그러나 오늘날 20대들이 일자리를 지원하는 다섯 가지 이유에 노동에 대한 대가는 포함되어 있지도 않다.[2] 이걸 보니 자식들에게 '제대로' 된 직업을 가지라고 닦달하시는 부모님과 '꿈'의 직업에만 열중하고 있는 자녀들이 모두 이해된다. 우리 세대의 목표는 자신의 성격, 재능, 이상향과 최대한 가까운 직업을 찾는 것이다. 86퍼센트에 달하는 대다수의 밀레니얼 세대는 자신의 계획과 가치가 일치하는 회사에서 일한다면 월급을 조금 적게 받는 것도 감수할 수 있다고 한다. 반면에 베이비 부머의 경우는 단 9퍼센트만이 그럴 수 있다고 응답했다.[3]

19세기와 20세기에는 고용주와 피고용인의 계약이 명확했다. 근로자는 시간, 노동, 기술에 대한 대가로 임금을 받고, 그걸로 살 곳을 마련하였으며, 먹을 음식을 샀다. 그러나 21세기 근로자들은 이보다 더 많은 걸 기대한다. 조사에 따르면, 밀레니얼 세대는 지적으로 만족스럽고 감정적으로 충만해질 수 있는 직업을 원한다고 답했다.[4] 이들은 자신의 동료들과 제2의 가족처럼 지내길 원하고,[5] 상사가 자신들의 멘토가 되어주길 바란다.[6] 굉장히 숭고한 기대치가 아닐 수 없다!

직업은 단순히 돈을 벌기 위한 수단에서 의미, 공동체, 정체성을 찾기 위한 수단으로 변했다. 〈애틀랜틱〉 기자 데릭 톰슨의 말을 인용하자면, 직업은 "물질적 생산 수단에서 정체성 생산 수단"으로 진화했다.[7] 그 결과, 젊은 사람들은 종종 자신들의 로켓 같은 시기를 경력을 쌓는 데만 집중하며 보낸다. Z세대의 95퍼센트에 달하는 이들이 '자신이 즐기는 직업을 갖거나 경력을 쌓는 것'은 '굉장히' 중요하다고 여기며, 이는 다른 어떤 우선순위보다 높은 순위를 차지하고 있다. 우선순위 안에는 결혼도 포함되어 있는데, 오직 47퍼센트만이 이를 우선시하고 있다.[8] 이와 같은 데이터로 보아, 우리 세대는 사랑을 찾기보다는 경력을 쌓는 게 먼저인 세대인 것으로 볼 수 있다.

운이 좋게도 우리는 더 이상 돈을 벌기 위한 수단으로서의 직업이 아닌, 보다 깊은 존재적 욕구를 충족시켜줄 방법으로서의 직업을 가질 수 있는 시대에 살고 있다. 그러나 일에 대한 이러한 관점에도 분명 단점은 있다. 꿈의 직업을 찾아 나서는 길은 고달프고 힘겨울 수 있다. 젊은 사람들 중 자신이 원하는 것이 무엇인지를 찾는 데 어려움을 겪는 이들도 있을 것이다. 이는 아마도 처음부터 굉장히 비현실적인 기대치가 있기 때문일 수 있다. 밀레니얼 세대의 71퍼센트는 자신의 직업에 열정을 느끼지 못하는데, 이는 다른 세대들보다 높은 편이다.[9] 매일 멍하니 회사 컴퓨터를 들여다보며 내게 더 어울리는 다른 일이 있지 않을까 생각하고 있는 자신을 발견할 수도 있는데, 이는 비단 혼자만 겪는 문제가 아니다.

이런 직업 철학에 따른 또 다른 문제는 직업과 개인의 삶 간의 경계가 불분명해진다는 것이다. 근본적으로 젊은 근로자들은 커리어에서의 성공을 통해 자아존중을 느끼므로 자기가 맡은 일에 온몸을 던지며 쉴 없이 일을 할 것이다. 그러면 회사 입장에서는 돈에 연연하지 않는 이런 젊은이들의 노동력을 착취하기가 쉬워지므로, 경우에 따라서는 생계를 유지할 정도의 월급이나 보상마저도 제공하지 않는 회사도 있다. 나에게 가장 친숙한 분야인 학계와 언론계가 바로 이 같은 현실로 악명이 높다. 이곳에서는 일에 대한 열정으로 어떻게든 일자리를 구하려는 사람들을 쉽게 찾을 수 있다. 나 역시 그랬다!

데이터에 따르면 20대의 많은 청년들은 직장에서 과도한 업무와 박봉에 시달리며 처참한 상황에 놓여 있다. 2016년 18세에서 25세의 청년들 가운데 25퍼센트는, 유급 휴가를 단 한 번도 쓴 적이 없다고 말했다.[10] 또 한 연구에 따르면, 열 명의 밀레니얼 세대 중 네 명 이상이 일자리를 사수하고자 하는 목적으로 휴가를 떠나는 대신 다른 장소에서 원격으로 일을 했다고 한다.[11] 이게 얼마나 정신 나간 발상인지 잠시만 생각해보자. 20대들은 단 하루의 휴가도 없이 일 년 내내 일을 하고 있다는 소리다! 이것이야말로 자신의 일을 증오하고 고용주를 원망하게 되는 지름길이다. 내가 조금 조언을 한다면, 제발 주어진 휴가는 제대로 쓰도록 하자!

이로 인해 '밀레니얼 번아웃'이라는 새로운 현상이 일어나고 있다. 밀레니얼 번아웃이란, 지속적이고 과도한 업무로 인해 녹초가 되어 일상생활마저 부담으로 다가오는 현상이다. "왜 번아웃이 되는 걸까?" 2019년 돌풍을 일으킨 버즈피드 기사를 통해 이 용어를 처음 선보인 앤 헬렌 피터슨은 다음과 같은 질문을 던졌다.

"왜냐하면 자신은 늘 일을 해야만 한다는 생각을 받아들였기 때문이죠. 그러면 왜 그런 생각을 받아들인 걸까요? 어릴 적부터 주변의 모든 사람들이 대놓고 혹은 은연중에 그래야만 한다고 강조했기 때문이죠."[12]

((사랑하는 일을 하라))

잠시 시간을 갖고 어쩌다가 우리 세대에 이런 직업 문화가 정착한 것인지 알아보도록 하자. 밀레니얼과 Z세대는 결코 스스로 이렇게 되어버린 것이 아니다. 고대 여러 문화권의 사상가들은 자신에게 의미를 부여해주는 일을 찾아야 한다고 말했다. 심지어 13세기 페르시아 시인 루미도 "사랑하는 일을 하라"라고 했다. 또 기독교 전통에서 '직업'이란 신이 직접 우리에게 특별한 일을 지명해주는 것이라고 정의하고 있다. (부담은 갖지 않도록!)

수 세기 동안 의미 있는 직업을 갖겠다는 생각은 늘 존재해왔다. 하지만 인류의 역사에서 그것은 대부분의 사람들이 쉽게 손에 쥘 수 없는 것이었다. 산업화 이전 사회에서는 사람들이 가장 기본적인 욕구인 음식과 주거지를 마련하는 데 바빴기 때문에 자신들의 영혼을 충족시켜 줄 일을 찾는 것이 쉽지 않았다.

물론 근로자들이 자부심이나 심지어 노동이 주는 즐거움을 느꼈을 수는 있지만, 근본적으로 그들이 하는 일은 생존을 위한 것이었다. 우리 이전 세대 역시 자신의 의지대로 직업을 거의 선택하지 못했다. 그들은 이미 정해진 직업을 가졌는데, 가족의 토지를 경작하거나 가업을 물려받았고, 아니면 마을에서 일거리를 찾아야 했다.

그러나 지난 세기 동안 모든 게 변했다. 현대 산업화와 경제 성장으로 수천 개의 전문직이 생겨나면서 사람들은 자신의 기술과 적성에 맞는 일자리를 찾을 수 있게 되었다. 이에 따라 선진국 근로자들은 무한한 경력 선택의 기회를 얻을 수 있었다. 새로운 경제 상황은 직업에 대한 사람들의 생각까지 바꾸었다. 지금으로부터 40년 전, 드디어 새로운 패러다임이 등장하기 시작한다. 조직 심리학자 마샤 시네타는 《사랑하는 일을 하면 돈은 따라오게 되어 있다 Do What You Love, the Money Will Follow》라는 영향력 있는 책을 썼다. 이후 오프라 윈프리, 토니 로빈스, 고등학교 진로 상담 선생님까지 모두 우리에게 자신이 하는 일을 사랑해야 한다고 말해왔다.

밀레니얼 세대와 Z세대가 태어나던 무렵, 이런 생각은 문화 전반에 만연해 있었다. '사랑하는 일을 하라'는 표어는 우리 시대 대다수 사람들의 직업관이었다. 위워크WeWork에만 가도 이 문장은 장식이 달린 작은 쿠션에 수 놓여 있고 커피 머그잔에도 새겨져 있다. 내가 대학을 졸업하던 해인 2005년, 스티브 잡스는 스탠퍼드대학교 졸업식 연설에서 이 부분을 핵심적으로 다루었는데, 그는 청중 앞에서 이렇게 말했다.

"직업은 여러분의 인생에 있어 큰 부분을 차지하게 될 것입니다. … 스스로가 위대한 일을 한다고 믿을 때 비로소 우리는 진정으로 만족감을 느낄 수 있습니다. 그리고 자신이 하는 일을 사랑해야만 위대한 일을 할 수 있습니다."[13]

((꿈의 직업을 이룰 수 있을까?))

많은 사람들이 20대에 들어서자마자 자신이 사랑하는 일을 찾는 데 집착한다. 하지만 그들은 수많은 노력을 기울임에도 불구하고 자신이 좇는 것이 궁극적으로 무엇을 의미하는지는 궁금해하지 않는다. 꿈의 직업은 정말로 존재하는 것일까, 아니면 그저 말뿐인 것일까? 내가 꿈꾸는 직업은 무엇이고, 그걸 쟁취하기 위해 어떻게 해야 하는 걸까? 일에서의 행복이란 도대체 어떤 것일까?

경제학 연구 자료들을 파헤쳐 본 결과, 나는 자신의 가치관과 능력에 맞으면서 진심으로 만족스러운 일을 찾는 것은 실제로 가능하다는 결론을 얻었다. 최근 한 연구에 따르면, 피고용인의 10퍼센트는 전반적으로 자신의 직업에 대한 만족도가 기대 이상이라고 답했고, 38퍼센트는 자신의 직업에 대해 "멋지다" 혹은 "훌륭하다"라고 답했다.[14] 근로자들은 보통 나이가 많아지고 경력이 늘수록 자신이 하는 일에 더 만족하게 된다. (이런 이유로 아직은 커리어의 초기 단계에 있는 밀레니얼 세대가 윗세대보다 자신이 하는 일에 대해 만족감이 덜한 것일 수 있다.) 한창 경력을 쌓을 즈음에는 자신의 일에 열정을 느끼는 근로자가 전체의 3분의 1 정도이지만, 경력이 많아지면 그 수는 절반 가까이로 증가한다.[15] 이 모든 게 좋은 소식이지 않은가! 많은 사람들이 결국에는 꿈의 직업을 찾는 듯하고, 당신도 그중 하나가 되길 원한다면 노력을 아끼지 않아야 한다.

만약 포기하지 말아야 할 이유가 더 필요하다면 일이 육체적, 정신적 웰빙에 어떤 영향을 줄 수 있는지 생각해보자. 미국 심리학회는 매년 직장 스트레스로 인해 약 5억 5,000만의 근무 일수가 손실된 것으로 추정한다.[16] 연구진은 6년간의 연구를 통해 근로자의 행복과 건강 간의 분명한 상관관계를 발견했다. 즉, 근로자의 행복도 조사를 바탕으로 그들의 고혈압과 콜레스테롤 수치를 정확하게 예측할 수 있었다.[17] (그들의 건강 악화가 지독한 상사 스트레스 때문임을 공식적으로 말할 수 있게 된 것이다.)

이제 중요한 문제는 어떻게 우리의 꿈의 직업을 찾아낼 것인 가이다. 20대에 들어설 때쯤, 이미 우리는 어렴풋이 자신을 만족시키는 일이 무엇인지 알고 있을 확률이 높다. 초등학교 때의 진로 상담부터 대학 전공을 고르기까지, 우리는 자신의 재능과 적성을 알아내도록 교육받아 왔다. 여기에 더해 성격 검사를 받았거나, 이미 본인의 MBTI* 유형을 파악한 사람도 있을 것이다. 또 의예과 수업을 듣거나 법률 보조 인턴을 해봤을 수도 있다. 그렇다면 이미 직업을 찾는 여정은 시작된 것이다.

20대를 지나는 동안 우리는 자신의 이상적인 커리어에 대한 가정들을 시험해야 한다. 실제로 일을 시작하기 전까지 커리어에 대한 야망은 전부 이론적인 것일 뿐이다. 예를 들어 소아청소년과 의사가 된다는 건 멋진 일이지만, 3년 후 진료실에서 작은 손바닥으로 하이파이브 해주는 아이들 대신 산더미같이 밀린 서류 더미 속에 파묻혀 있을 때도 과연 그럴까? 어쩌면 자신이 선택한 일이 흥미 없게 느껴지거나 의미 없다고 생각될지도 모른다. 혹은 자신의 능력이 직업에 적합하지 않다는 걸 깨달을

---

* Myers-Briggs Type Indicator, 마이어스와 브릭스가 융의 심리 유형론을 토대로 고안한 성격 유형 검사이다.

수도 있다. 또 우리가 어쩔 수 없는 장애물들, 예를 들면 경제적 불황으로 인한 취업난에 부딪힐 수도 있다. 아니면 회사로부터 예상치 못한 해고 통지를 받거나 못된 직속 상사를 만날 수도 있다. 이것들은 모두 하나같이 우리의 계획을 무력하게 만들고 여정을 새로 짜게끔 만든다.

이런 장애물들은 꽤나 충격적으로 느껴질 수 있다. 특히 하나의 특정 커리어에 자신의 행복과 정체성을 모두 걸었다면 말이다. 하지만 실제로 자신이 오랫동안 몸담을 커리어에 정착하기까지는 보통 10년이 넘게 걸린다. 즉, 우리의 20대는 직업적 탐색을 위한 연장 기간인 셈이다. 이 시기의 우리는 때로는 혼란스럽고, 시작부터 실패하거나, 존재적 위기를 겪으며 일을 그만둬야 할지 말아야 할지에 대해 고민하느라 몇 날 며칠 밤을 새기도 할 것이다. 하지만 직업을 찾는 여정이 어떤 것인지 경험하고 나면, 자신의 기대치를 좀 더 현실적이고 실현 가능한 수준으로 맞추는 데 도움이 된다.

한 가지 더 기억해야 할 점은 자신의 커리어에 상당히 만족하는 사람들조차 그 일의 모든 면을 다 사랑하지는 않는다는 것이다. 관련 데이터를 보면 대부분의 사람들이 자신이 맡은 일들 가운데 특정 업무가 싫다거나 더 높은 연봉을 원하는 등 어떤 부분을 문제 삼곤 한다.[18] 꿈의 직업을 찾는 과정에서는 본인이 일과 관련해서 가장 중요하게 생각하는 부분이 어떤 것인지도 고민해봐야 한다. 또한 어떤 것을 타협할 수 있는지도 생각해봐야 한다. 다만 최저 임금에도 못 미치는 급여를 주는 직업은 당연히 '꿈의 직업'이 아니다. 그 일이 우리의 가슴을 설레게 한다고 해도, 지속적인 생계 걱정을 해야 한다면 그 일로 인해 우리는 절대 행복해질 수 없다.

((이직의 모습들))

3년 동안 이어진 교수직 지원에도 교수가 되지 못한 나는 결국 내 목표를 포기해야 했다. 대학원 친구들 중 안정적인 수입이 없어 몇 년씩 임시직을 전전하거나 박봉의 교사 일을 하는 경우를 충분히 봐왔다. 나는 존재하지도 않는 커리어를 찾기 위해 나의 20대를 더 이상 낭비하고 싶지 않았다. 그렇다고 27세의 내가 이제 무얼 해야 하고, 할 수 있는지 확실히 알게 된 것도 아니었다.

내 친구들 대부분이 그랬듯, 나 역시 창밖만 쳐다보며 몇 주 동안 목적 없이 거리를 쏘다녔고, 내 삶의 새로운 계획을 생각해내려 애썼다. 그러나 열심히 생각만 한다고 해서 제대로 된 커리어를 찾아낼 수 없다는 걸 깨달았다. 나는 정신을 차리고 내가 할 수 있는 일을 찾아나서야 했다. 그때부터 나는 정보를 모으기 시작했다. 셀 수 없이 많은 직업 박람회를 다녔고, 경영 컨설턴 트부터 교육 정책 전문가, MBA까지 내게 기회를 주는 모든 사람들과 취업 상담을 했다. 몇 달 동안 비영리 기구에서 봉사 활동을 했고, PR 회사에 인턴으로 취직한 뒤에 잡지에도 기고하기 시작했다. 다르게 말하자면, 나는 프로 이직러가 된 것이었다.

이직은 꿈의 직업을 찾는 가장 흔한 길이다. 미 노동통계국 조사에 의하면, 현재 퇴직을 바라보는 연령대의 미국인들은 18세에서 50세 사이에 평균 11.9개의 직업을 거쳤고, 그 직업들 중절반가량은 이미 25세 이전에 거쳐 간 직업이라고 한다.[19] 만약 당신이 지금 20대라면, 이직할 만반의 태세를 갖추고 있을 확률이 높다. 지극히 정상적인 것이니 크게 걱정할 건 없다. 2016년 조사에서는 밀레니얼 세대의 21퍼센트가 지난해에 새로운 일자리를 가졌고, 36퍼센트는 경제가 괜찮다면 다가오는 해에 새 직장을 알아볼 것이라고 대답했다.[20] 25세에서 34세 사이의 근로자들은 평균적으로 한 직장에서 겨우 3년 정도 머무는 것으로 조사되었다.[21]

이직에는 여러 가지 장점이 있다. 단시간에 다양한 직업에 대해서 알게 되고, 그 분야에서 오랫동안 일할 생각이 없다 해도 코딩, 이벤트 기획, 예산과 같은 특정한 기술을 배울 수도 있다. 혹은 몇 년 만 일할 생각이기에 빈번한 출장도 즐겁게 받아들일 수 있다. 사회 초년생으로서 일할 때 겪는 가장 큰 좌절 중 하나는 경험을 쌓기 위해서 경험이 필요하다는 점이다. 그래서 이직은 이런 악순환을 끊어내는 데 도움이 된다.

대학원 이후, 나는 직장을 자주 옮기는 게 경력에 흠이 되진 않을까 종종 생각했다. 미래의 고용주 입장에서 내가 변덕스럽다거나 회사 일에 진지하게 임하지 않는 것처럼 보일까 봐 걱정이 됐던 것이다. 하지만 사실 고용주들은 지원자가 직장을 여러 번 옮긴 것에 대해 특별히 관심을 두지 않는다. 300명의 인사 담당자를 대상으로 한 설문에 따르면, 채용 담당자들은 지원자에게 평균보다 훨씬 잦은 수준인 10년간 5번 정도의 이직 이력이 있는 경우부터 눈썹을 치켜뜨고 보게 된다고 한다.[22]

진짜 궁금한 건, 잦은 이직을 통해 과연 우리는 꿈의 직업을 찾는 일에 가까워질 수 있느냐는 것이다. 이에 대한 대답은 그리 단순하지 않다. 언제 이직을 하는지, 그리고 그 이직이 선택에 의한 것인지 아니면 필요에 의한 것인지 등과 같은 많은 요인이 작용할 수 있기 때문이다.

빈번한 이직에 관한 다양한 경제 연구가 존재하는데, 이 연구들이 공통적으로 합의하는 한 가지는 직업을 가진 후 경력 초반에 더 잘 맞는 일을 찾기 위해 일을 그만두는 것은 굉장히 현명한 결정이라는 점이다. 매번 새로운 곳으로 이직을 하면서 우리는 자신에게 잘 맞는 직업에 한 발자국 더 가까워진다. 경제학자들 또한 이직의 다른 장점에 대해 언급하는데, 이직을 통해 폭넓은 범위의 다양한 기술을 습득할 수 있어서 미래 고용주에게 더 매력적인 지원자가 될 수 있다는 것이다. 여기에 직업적 인맥까지 넓혀서 다른 곳으로 취직할 때 도움이 되기도 한다. 또한 이직을 통해 작지만 연봉을 올릴 수 있다. 일반적으로 근로자들은 새로운 직장으로 옮길 때 평균 3퍼센트의 연봉 인상을 받는다.[23] 이직이 자주 일어나는 20대 시기에는 이런 방식으로 조금씩 연봉을 올릴 수 있다.

그러나 30대 중반에 이직이 잦으면 장기적인 관점으로 볼 때 경력에 흠이 된다.[24] 시간이 지남에 따라 잦은 이직은 전문 기술과 지식을 습득하는 능력을 감소시킨다. 예를 들면, 엑셀 사용법과 같은 기술들은 쉽게 배울 수 있지만 협상, 특정 글쓰기, 인사 관리 같은 기술들은 습득하는 데 꽤 오랜 시간이 걸린다. 그리고 지나치게 자주 이직을 하면 그 사람의 전체적인 소득은 오히려 낮아질 수 있다. 전문 기술을 확실히 습득하여 대체 불가한 인력이 되면 고용주는 더 높은 연봉으로 그에 대한 보상을 해주기 때문이다.

잦은 이직의 또 다른 단점은 불안정과 걱정을 만들어낸다는 것이다. 가족이 없거나 경제적 책임이 없는 젊은 근로자들에게 이직은 그리 어려운 일이 아니다. 하지만 이와는 반대의 상황에 놓인 30대와 40대의 근로자들이 이직을 계속하면 심리적으로 지칠 수밖에 없다. 재미있는 사실은 이직이 잦은 사람들의 경우, 자신이 하는 일이나 몸담고 있는 회사에 대한 부정적인 인식이 높게 나타나는 경향이 있다는 것이다.[25] 연구진은 다른 곳으로 눈을 돌리며 새로운 기회만을 엿보는 사람들은 현재 자신의 일이 주는 긍정적인 부분을 놓치게 된다고 설명한다.

이러한 연구를 통해 우리가 알아야 할 사실은 이직은 물론 가치 있는 일이지만 거기에 그쳐서만은 안 된다는 것이다. 이직은 하나의 도구이다. 이직의 자율성과 유연함을 이용해서 자신에 대해 좀 더 알아가고 새로운 기술을 습득하며 그에 따르는 수익력을 높이도록 하자. 하지만 시간이 지나면 이런 긍정적인 효과는 줄어든다는 걸 명심해야 한다. 그렇기 때문에 비록 완벽하진 않지만 전반적으로 자신이 가진 능력과 가치에 부합하는 직업을 찾았다면, 그곳에서 심도 있게 전문성을 기르고 높이 올라가도록 하자.

일을 하다 보면 때에 따라 우리의 선택과 의지와는 상관없는 이직을 해야 하는 경우도 생긴다. 예를 들어, 자신이 선택한 분야에서 일을 찾는 게 어렵다면 새로운 분야에서 일을 찾아봐야 한다. 이렇게 완전히 새롭게 시작할 때는 종종 자신의 경력보다 훨씬 낮은 수준의 일을 해야 할 때도 있다. 이런 현상을 두고 '하향 취업'이라고 하는데, 이는 근로자들이 회사가 요구하는 자격보다 월등한 학력, 고등기술 혹은 경력을 지닌 것을 의미한다. 연구에 따르면, 경제 상황에 따라 선진국의 젊은 사람들 가운데 10퍼센트에서 40퍼센트 정도가 하향 취업 상태에 있다고 한다.[26] 즉, 불행한 근로자가 꽤 많다는 의미다. 데이터를 보면 하향 취업을 한 사람들은 직업 만족도가 굉장히 낮다.[27] 당연히 그럴 수밖에 없다. 만족감이 없는 일을 하는 사람은 그 누구도 행복할 수 없기 때문이다.

불행하게도 많은 사람들은 경력을 쌓을 때 어느 정도 하향 취업을 경험한다. 나처럼 경제 대침체기의 여파로 그렇게 되는 경우도 있다. 나와 친구들은 2000년 후반에 대학을 졸업하거나 대학원을 마치면서 일자리가 충분치 않다는 걸 알게 되었다. 때가 되면 새로운 직업을 찾을 수 있을 거라는 희망을 갖고 스타벅스에서 바리스타로, 혹은 갭에서 매장 직원으로 일하며 몇 년을 기다린 친구들도 있었다. 27살의 나 역시 박사 학위까지 딴 후에 PR 회사 인턴직을 수락하고 말았다. 당시 나와 같이 인턴으로 일하던 동료들은 대학교 고학년 학생들이었다. 솔직히 말하면 정말 처참한 심정이었다. 하지만 교수직을 찾을 수 없었던 나에게는 별다른 선택의 여지가 없었기에 완전히 새로운 분야에서, 그것도 가장 밑바닥에서부터 시작해야만 했다. 그렇게 나는 나보다 다섯 살이나 어린 상사들의 점심을 준비하고, 지긋지긋한 스프레드시트를 정리하는 걸로 하루하루를 보냈다.

사회과학자들은 경력에 더 부정적인 영향을 줄 수 있는 실업의 장기화를 막기 위해 근로자들이 이런 종류의 불편은 어느 정도 감수한다는 걸 알아냈다. 생활비를 겨우 충당할 정도로 낮은 수준의 일을 하면서, 이를 발판 삼아 더 나은 곳으로 가기를 바라는 것이다.[28] 경우에 따라서는 크게 나쁘지 않은 방법이긴 하다. 경제학자들은 미국에서 매년 하향 취업을 한 근로자들 가운데 20퍼센트가 자신의 능력에 부합하는 직장으로 옮긴다고 말한다.[29] 하지만 하향 취업 상태에 너무 익숙해진 나머지, 예상한 기간보다 훨씬 더 오래 그 자리에 머물 수도 있다. 그렇기 때문에 하향 취업을 한 상황에서는 항상 경각심을 갖고 있어야 한다. 메타 분석에 따르면, 자신이 지닌 능력 이하의 일을 하는 하향 취업 경력은 미래 고용주로 하여금 똑똑하지 않다거나 높은 수준의 업무를 감당할 능력이 안 되는 사람이라는 부정인 인식을 갖게 할 수 있다. 또 하향 취업을 한 근로자들은 충분히 시간을 내서 더 나은 직업을 알아보는 데 어려움이 있다고 한다.[30] 한 의학 연구에 따르면, 몇 년간 하향 취업 상태로 있는 근로자들은 우울증에 걸릴 확률이 높다고 한다.[31]

((두 가지 길))

그렇다면 나의 능력에 부합하는 일을 찾지 못했을 경우에는 어떻게 해야 할까? 경제학자들은 두 갈래의 접근을 제안했다.[32] 우선 구직을 시작할 때 굉장히 까다롭게 선택해야 한다는 것이다. 가능하다면 자신의 지식과 기술을 활용할 수 있는 일자리를 끝까지 찾아보자. 그렇게 몇 달이 지나도 여전히 일자리를 구하지 못했다면 일단은 자신의 능력보다는 낮은 수준의 일을 선택하도록 하자. 그러면 이력서 상으로는 실직 기간이 눈에 띄지 않는다. 하지만 무엇보다도 계속해서 더 나은 일자리를 찾겠다는 동기부여가 있어야 한다. 비록 지치고 낙담할 수도 있지만 말이다. 어렵긴 해도 분명 할 만한 가치가 있다.

선택에 의한 것이든 필요에 의한 것이든 어쨌든 이직을 해야 한다면, 그것 또한 꿈의 직업을 찾기 위한 여정이라는 믿음을 가져야 한다. 내 경험으로 비추어 보았을 때, 가장 예상치 못한 순간에 희미한 희망의 불씨가 보일 수도 있기 때문이다. PR 회사에서 일할 때, 인턴을 거쳐 말단 사원이 되었다. 하지만 얼마 가지 않아 나는 절대 이 일을 좋아할 수 없을 거란 확신이 들었다. IT 중소기업의 언론 보도에는 아무런 열정이 없었기 때문이다. 하지만 일을 잘해내기 위해 나는 리포터들과 교류했고, 미디어 산업에 관해 알아야 하는 모든 걸 배웠다. 이 일은 언론계를 단기간에 파악할 수 있는 집중 특강 같은 것이었다. 그리고 그때 나는 유레카를 외쳤다. 언론인이 되겠다는 결심이 든 것이다.

모든 게 잘 맞아떨어졌다. 수년간 학교를 다니며 나는 글쓰기 실력과 분석력을 길렀는데, 이는 언론인에게 매우 중요한 능력이다. 다행히 나는 글 쓰는 걸 좋아했고, 속도감 있게 글을 쓸 수 있었다. 나는 잘 알려지지는 않았지만 중요한 주제가 담긴 문제를 탐구하고 대중에게 소개하는 걸 좋아했다. 3년간 정처 없이 시간을 보낸 후에야, 나는 마침내 나를 흥분시키는 새로운 커리어를 발견한 것이다.

다만 이 분야에 발을 디딜 수 있는 방법을 알아내야 했다. 나는 이에 대해 조언해줄 만한 리포터들에게 연락했다. 나의 학문적 경력들이 잡지사 작가로 일하는 동안 어떻게 쓰일 수 있는 지를 강조하기 위해, 나는 이력서를 수정했다. 그리고 〈네이션〉, 〈포린폴리시〉, 〈애틀랜틱〉과 같은 잡지사에 프리랜서로 기사를 투고했다. 놀랍게도 에디터들은 나에게 기회를 주고자 하는 의지를 보였다. 이후 PR 회사에서 근무하면서 나는 파트타임 기자 일을 시작했다. 에디터들의 지시 사항에 따라 기사를 썼고, 기사가 실릴 때마다 포트폴리오에 정리했으며, 이를 이용해 더 많은 기회를 얻어 냈다. 6개월 후, 나는 매일 밤 그리고 주말 동안 글을 쓰는 데 많은 시간을 할애했다. 몸은 늘 피곤했고, 무언가를 하며 즐길 시간도 없었다. 하지만 상관없었다. 오히려 직장 생활이 쓸데없다고 느껴졌고, 나의 재능을 낭비하는 것만 같았다. 나에게는 커피를 사다 나르고, 엑셀 기술을 익히는 것 말고 세상에 보여줄 능력이 더 많이 있다고 믿었다.

그러기 위해서는 그곳을 벗어나야만 했다. 어느 날, 내 계좌의 잔액을 보면서 얼마 안 되긴 하지만 회사 월급이나 프리랜서 기자로 번 돈이나 큰 차이가 없다는 걸 깨달았다. 그리고 내가 앞으로 뭘 해야 할지 분명하게 결심이 섰다. 6월의 어느 금요일, 나는 상사에게 사직서를 제출하는 것으로 PR에 이별을 고했다.

((긱워커의 삶))

하룻밤 사이에 나는 최근 조금씩 증가하고 있는 프리랜서 대열에 합류했다. 전 세계적으로 전통적인 9-5시 사무직을 기피하고 독립 작업자의 길로 뛰어드는 사람들이 늘고 있다. 우리 주변만 보아도 곳곳에 프리랜서들이 포진해 있음을 알 수 있다. 이들은 스타벅스에서 노트북을 펼치거나 위워크 사무실을 빌려서, 아니면 본인의 집에서 일을 한다. 이와 같은 일에 대한 새로운 접근 방식은 긱*, 온디맨드** 혹은 프리랜서 경제로 다양하게 표현된다. 그래서 요즘 꿈의 직업은 장소에 구애받지 않고 아무데서나 자기가 원하는 만큼 일하는 업무의 유연성 그 자체라고 정의되고 있다.

약 5,700만 명의 미국인이 이처럼 독립적인 방식으로 일을 하고 있는데, 이는 전체 노동 인구의 3분의 1이 넘는 수치다. '정말 많은 수의 사람들이 '도어대시'라는 음식 배달업체에서 배달을 하고 '파이버'에서 로고 디자인을 하고 있는 셈이다. 프리랜서와

---

*   Gig, 노동자가 어딘가에 고용되어 있지 않고 필요할 때 일시적으로 일을 하는 '임시직 경제'를 가리키는 말이다.

** On Demand, 공급 중심이 아니라 수요가 모든 것을 결정하는 시스템이나 전략 등을 총칭하는 말이다.

회사를 연결시켜주는 기업인 업워크의 조사에 따르면, 이 수치는 지난 5년 동안 7퍼센트 이상 증가했다고 한다.[33] 매주 미국인들이 프리랜서 업무를 보기 위해 소비하는 시간은 10억 시간에 달하고, 이 수치는 앞으로 점점 더 늘어날 것으로 예상된다. 긱 경제는 회사가 전 세계 곳곳에 퍼져 있는 양질의 프리랜서를 찾아 업무를 맡기는 일을 용이하게 만든 인터넷의 산물이다. 오늘날 프리랜서의 64퍼센트가 온라인으로 일거리를 찾고 있다.[34]

대부분 젊은 사람들이 프리랜서 경제의 한 부분을 차지할 가능성이 많다. 현재 일을 하고 있는 밀레니얼 세대의 42퍼센트는 프리랜서다. 이는 이전 세대들에 비해서 높은 수치다.[35] 이들의 업무 형태는 굉장히 다양하다. 예를 들면 온디맨드 그래픽 디자이너, 작가, 번역가, 웹 개발자, 프리랜서 변호사, 건축가, 마케팅 전문가 등이 있다. 승차 공유나 음식 배달 어플을 제작하는 일을 하는 사람들도 있다. 이렇게 다양하다 보니 프리랜서마다 버는 수입의 정도도 차이가 크다. 이들 중 절반이 넘는 69퍼센트는 일 년에 7만 5,000달러 이하를 버는데, 14퍼센트는 연간 10만 달러 이상을 벌고 있다.[36] 이런 프리랜서들 중에는 또 다른 일을 하는 사람들도 있다. 즉, 이들의 총수입은 알려진 것보다 훨씬 더 높을 수 있다는 것이다. 때에 따라 긱워커의 삶은 큰돈을 의미할 수도 있다.

대다수의 프리랜서는 필요보다는 선택에 의해 긱워크를 하는데, 그 비율이 61퍼센트에 이른다.[37] 왜 사람들이 이런 생활 방식을 선택하는지는 쉽게 이해할 수 있다. 프리랜서로 일하면 엄청난 자유를 얻을 수 있다. 즉, 원하는 곳에서 밤이고 낮이고 원하는 시간대에 원하는 만큼만 일할 수 있다. 지각해서 사무실에 허겁지겁 들어갈 필요도, 상사의 따가운 눈총을 받을 필요도 없으며, 조직도나 정해진 승진 경로로 인해 스트레스를 받을 일도 없다. 또 휴가를 받기 위해 몇 달 전부터 보고를 하지 않아도 된다. 프리랜서의 절반은 아무리 많은 돈을 줘도 전통적인 방식의 직장으로 돌아가지 않을 거라고 말한다. 또 42퍼센트는 건강 문제 혹은 육아와 같은 개인적인 사정으로 직장에서 일을 할 수 없게 되었지만, 프리랜서로 일하게 된 덕분에 결과적으로 많은 돈을 벌 기회를 얻었다고 말한다.

하지만 프리랜서의 앞날이 장밋빛인 것만은 아니다. 긱경제로 인해 수많은 저렴한 일자리가 생겨났는데, 이는 대부분 우버, 심리스, 테스크레빗 같은 스타트업의 온디맨드 일들이다. 이런 회사들은 근로자들에게 유연한 근무 시간을 약속하기 때문에 여가 시간을 이용한 수익 창출을 가능하게 해준다. 하지만 현재 대부분의 사람들이 온전히 긱워크를 통해서만 소득을 창출하고 있다. 딜로이트의 연구에 따르면, 2003년 전체 긱워커 수입의 57퍼센트가 온디맨드 일거리로 발생했던 반면, 2015년에는 전체 수입의 72퍼센트가 온디맨드를 통해 들어왔다고 한다.[38] 데이터는 긱경제에 뛰어든 20대들이 또래의 정규직 근무자들에 비해서 지속적으로 수입이 줄고 있는 걸 보여준다. 2013년에 밀레니얼 긱워커들은 연평균 3만 8,000달러를 벌었던 반면, 전통적인 근무 형태를 선택한 근로자들은 4만 달러 이상을 벌었다.[39]

그러면 프리랜서로 일하는 것이 나에게 맞는지는 어떻게 알 수 있을까? 우선 자신의 동기를 생각해볼 필요가 있다. 만약 다음 직장을 고민하는 동안 돈을 조금이라도 벌고 싶다면 긱워크를 통해 경제적 부담을 덜 수도 있다. 또 이력서를 꾸준히 보내지만 연락이 안 온다면, 정말 원하는 직장에서 연락이 올 때까지 생활비를 벌 수도 있다. 하지만 하향 취업처럼 긱워크 생활에 젖은 나머지 자신이 진정으로 원하는 커리어를 좇을 시간마저 뺏기지 않도록 조심해야 한다.

한편, 자신의 기술과 지식을 활용하여 다양한 회사와 프로젝트를 진행하길 원해서 긱워크를 전업으로 삼으려는 사람도 있다. 이런 생활 방식이 자신에게 맞는 것인지를 알아보기에 가장 좋은 방법은 스스로 자신의 성격을 들여다보는 것이다. 긱경제를 살펴보면, 이런 유형의 일을 즐기는 근로자들은 안정성보다는 자유를 우선시하며 자신의 시간과 재정을 효율적으로 관리

한다.[40] 상사 생각만으로도 온몸에 털이 쭈뼛 서고, 출근 시간 기록이라면 질색하며, 하와이 바닷가에서 원격으로 일하는 걸 꿈꾸는 사람들도 있다. 이들은 고액의 연봉에 초점을 두지 않는다. 물론 그런 프리랜서도 있긴 하지만 매우 드물다. 이런 사람들은 끊임없이 새로운 고객과 관계를 트는 걸 개의치 않고, 일이 없는 동안에도 초조해하지 않는다.

나는 전업으로 프리랜서로 일하던 해에 이 일의 장단점을 직접 피부로 느낄 수 있었다. 당시에는 겨우 기자 일을 시작했던 시기라 다양한 잡지사와 일하는 것이 중요했다. 나는 여러 에디터들과 일하며 다양한 종류의 글쓰기를 시도했고, 이를 통해 각각의 회사 문화를 엿볼 수 있었다. 나는 주로 식탁이나 동네 커피숍에서 일하는 걸 즐겼다. 때로는 밤늦게까지 일을 했고, 어떤 날에는 잠을 더 자거나 오후에는 쉬면서 영화를 봤다.

하지만 프리랜서 일을 하면서 조금씩 불안감이 피어올랐다. 다달이 월급이 들어왔던 통장에는 소액의 돈이 규칙 없이 찔끔찔끔 들어왔다. 업무량 또한 일 년 내내 대중이 없었다. 그나마 가을에는 작업을 많이 했는데, 에디터들이 휴가를 떠난 여름과 연말 휴가 기간에는 하나라도 더 작업하기 위해 애를 써야 했다. 그러다 보니 다달이 쓸 예산을 정해 두고 춘궁기를 대비해 돈을 저축해야 했다. 그리고 당연한 일이겠지만, 프리랜서는 유급 휴가가 없다. 긱워커로 일하는 동안 나는 딱 한 번 한 주를 통째로 쉬었다. 휴가 때 떠날 여행을 위해 전부터 신중하게 저금을 해야 했을 뿐만 아니라, 휴가 때문에 돈이 될 만한 작업을 포기해야 하는 건 아닐까 하는 근심을 잠시 접어야 했다.

긱워커들은 자신들의 생활 방식에 대해서 복합적인 감정을 갖고 있다. 업워크의 설문에 따르면, 전업 프리랜서의 63퍼센트는 스스로 모든 걸 관리해야 하는 점에서 불안을 느낀다고 답했다. 또한 77퍼센트는 이런 생활 방식으로 인해 보다 나은 워라밸을 구축할 수 있게 됐다고 답했다.[41] 프리랜서를 평생 직업으로 삼게 될 사람들의 수는 앞으로 점점 늘어날 것이다. 그러나 전통적인 형태의 직업을 갖기 전, 거쳐 가는 단계로 프리랜서 일을 하는 사람들도 있다.

나는 후자에 속한다. 물론 긱워커의 삶도 좋았지만 벤과 아이를 갖기로 결정하면서 나의 삶은 전환점을 맞았다. 프리랜서로 일하는 동안 아이가 없는 상황에서도 충분히 재정을 관리하기가 힘들었는데, 임신과 출산 휴직까지 더해지면 도저히 감당이 안 될 것 같았다. 프리랜서로서의 불안정한 삶이 벅차다고 느낀 나는 안정적인 일자리를 찾기 시작했다. 어느 날, 패스트 컴퍼니 에디터가 정규직 기자 자리가 비었다고 내게 귀띔을 해줬다. 내가 이 잡지사에 수많은 글을 기고한 것을 알고 있었던 그 에디터는 분명히 내가 뽑힐 거라고 했다. 그리고 원한다면 집에서 계속 일을 해도 된다고 했다. 나는 즉시 "좋아요!"라고 답했다.

30대에 접어들면서 나의 이직과 긱워크는 끝이 났다. 몇 년 동안 지속되어온 탐구 끝에 나는 마침내 내가 즐기고 의미를 찾을 수 있는 일을 하게 되었다. 보수도 좋았고, 휴가도 있다. 패스트 컴퍼니는 우편으로 나의 새로운 직함이 적힌 명함 한 통을 보냈다. 이로써 나는 잡지사 기자가 됐다. 그리고 현재까지 5년 동안 기자로서 일하고 있고, 여전히 나의 일을 사랑한다. 나의 하루는 라이프 스타일부터 기후 변화, 초현대적 스타일의 가방까지 모든 분야를 망라한 기삿거리를 준비하는 일로 채워져 있다. 나는 취재를 하기 위해 뉴욕, 밀라노, 샌프란시스코로 자주 출장을 간다. 이로써 나는 꿈의 직업을 찾기 위한 임무를 완수했다. 이제 다음 일은 그 임무를 잘해내는 것이다. 그렇다면 공부가 더 필요할까?

((커리어와 학위))

20대 때 직업과 관련해서 내린 의문스러운 결정들 중 특히나 눈에 띄는 하나가 있다. 그것은 바로 대학원 진학이다. 나는 매년 약 200만 명의 대학 졸업자들이 대학원에 진학한다는 사실에 안도했다.[42] 하지만 대학원에서의 생활이 6년이라는 시간을 쏟아 부을 만큼 가치 있는 일이었는지는 의문을 품지 않을 수 없었다. 또한 결국 실현되지 못한 교수의 꿈을 위해 노력한 시간 동안 다른 일을 했다면 과연 얼마를 벌었을까 하는 생각도 들었다. 어쨌든 20대의 나는 학부부터 박사 과정까지 쉼 없이 달렸고, 그것이 바로 그토록 열망하던 교수라는 직업으로 닿는 길이라고 생각했다.

학문을 닦는 일이란 어려운 싸움이라고 사람들은 종종 나에게 경고했지만, 나는 그들의 말을 믿고 싶지 않았다. 만일 교수직을 꿰찰 사람이 있다면, 그건 당연히 나일 것이다! 이런 열정과 결심은 분명 나로 하여금 처참한 수준의 성공률을 간과하게 했을 것이다.

만약 내가 그 확률을 나타내는 숫자들을 자세히 들여다보기만 했어도, 단순히 끈기만으로는 혹독한 이 학계 인력 시장에서는 살아남을 수 없을 거라는 걸 확실히 알았을 것이다. 지난 40년간 박사 학위를 받은 사람이 이후 교수로 임용된 비율은 20퍼센트 내외였다.[43] 박사 학위를 취득하고도 학계 외 다른 분야에서도 취직하지 못한 사람은 거의 절반이나 된다.[44] 물론 고작 저 숫자들 때문에 교수가 되겠다는 나의 오랜 꿈을 쉽게 포기했을 것 같진 않다. 다만, 대학원을 들어갈 때 훗날 벌어질 일에 대한 각오는 했을 것이다. 좀 더 일찍 차선책을 생각했거나 학교 이외의 곳에서도 인턴을 하려고 했을 것이다. 그리고 지원서를 1년에 80개씩 3년 동안이나 보내고도 단 한 군데도 붙지 못했을 때 그렇게까지 놀라지 않았을 것이다.

나의 사례를 일종의 경고 메시지로 생각하면 된다. 흔히 학력이 높을수록 꿈의 직업에 쉽게 다가갈 수 있으리라 생각한다. 만약 학위를 더 취득하고자 한다면, 선택과 그에 따른 결과에 대해 충분한 시간을 갖고 생각해봐야 한다. 어떤 사람들은 상급 학위 혹은 과정을 수료함으로써 더 빠른 시간 내에 자신이 열정을 갖는 분야에서 연봉 인상을 이룰 수도 있고, 또 어떤 사람들은 첫 단추부터 잘못 끼워진 걸 깨달은 후 커리어를 바꾸기 위한 기회를 얻을 수도 있다. 가령, 컨설팅 회사에서는 승진 조건으로 MBA를 요구하기도 하고, 변호사가 되기 위해서는 법학 전문 석사 학위가 필요하며, 어떤 학교의 교사가 되기 위해서는 자격증이 필요하기도 하다. 하지만 어떤 사람들은 추가 자격증이 있다고 더 나은 일자리가 보장되지 않는다. 그 대신, 엄청난 금액의 빚더미 위에 앉게 되어, 그 빚을 갚기 위해 아무 곳에나 취업을 하는 경우도 있다. 악마는 사소한 곳에 있는 법이다. 우리의 성공 가능성은 프로그램, 교육 기관, 고용 시장의 상태에 달려 있다.

오늘날 미국인들의 교육은 그 어느 때보다도 높은 수준에 도달해 있다. 인구의 21퍼센트가 학사 학위를 갖고 있고, 12퍼센트는 그 이상의 학위를 취득했다.[45] 2000년부터 상급 학위를 가진 미국인의 비율은 그 전에 비해 거의 두 배 증가했다.[46] 박사 학위를 받은 인구 비율은 그보다는 훨씬 적은 1퍼센트 정도다. 하지만 지난 10년간 석사 학위의 인기가 높아지면서 미국인의 9퍼센트가 취득했다.[47] 미국인들이 취득하는 학위는 그 전공 분야가 매우 다양한데 경영학부터 건축학, 소프트웨어 엔지니어링, 공중 보건, 순수미술, 신학까지 전 분야를 망라하고 있어 다양한 커리어로 이어지고 있다. 이와 같은 현상을 두고 2011년 〈뉴욕 타임스〉에서는 '학위 인플레이션'이라고 형용했다.

"석사 학위는 한때 박사 학위를 취득하지 못한 것에 대한 보상 혹은 경기 침체가 끝날 때까지 시간을 때우기 위해 어쩔 수 없이 취득하는 학위라고 조롱을 받았지만 오늘날에는 가장 빠르게 성장하는 학위가 되었다."[48]

상급 학위는 그만큼 비싼 대가가 뒤따른다. 만약 박사 과정이라면 거액의 돈이 필요하다. 대부분의 미국 대학에서는 박사 과정에 있는 학생들에게 학비와 생활비를 충당해주는 대신 수업을 맡긴다. 하지만 이런 학위는 취득하는 데 오랜 시간이 걸리기 때문에 기회비용을 잘 고려해봐야 한다. 박사 학위를 취득하기까지는 보통 8.2년이 걸리고, 따라서 학생들은 평균적으로 33살에 졸업을 한다. 만약 그 기간 동안 직장에 다녔다면 꽤 많은 돈을 벌 수 있었을 것이다. 내가 직접 경험하고 깨달은 바에 따르면, 만약 특정 분야의 교수직을 얻지 못하게 된다면 다른 분야로 이동하기가 굉장히 어렵다.

하지만 석사 학위는 이야기가 다르다. 석사는 2년에서 3년이면 취득할 수 있다. 하지만 1년 학비가 평균 2만 4,812달러에 달한다.[49] 유수 기관과 수익이 높은 분야일수록 학비는 두 배 혹은 그 이상이 된다. 이 정도면 결혼식 비용과 집 대출금에 맞먹는 수준이다. 결국 석사 학위생의 5분의 3은 수만 달러에 달하는 빚을 지게 된다.[50] 석사 과정을 밟고 있는 90퍼센트의 사람들은 학위를 취득함으로써 연봉이 인상될 것이라고 믿는다. 이런 이유로 86퍼센트의 석사 학위 취득자들이 석사가 되기로 결심했을 때 돈은 그다지 큰 문제가 아니었다고 입을 모아 말한다.

회계, 컴퓨터공학, 공급망 관리 같은 보다 세분화된 분야는 종종 준석사 수료 혹은 준석사라고 알려진 과정을 선택할 수 있다. 고등교육을 받은 사람들의 반 이상은 준석사를 수료했고, 경우에 따라서는 다른 학위도 이미 취득했다.[51] 이런 과정들은 기간이 비교적 짧고, 해당 분야에 관한 집중 수업이 7개 미만으로 이뤄져 있으며, 수료까지 1년 정도가 걸린다. 최근 들어 이런 과정들의 인기가 높아지는 추세인데, 석사 학위에 비해 소요되는 시간과 비용이 절반밖에 들지 않기 때문인 점도 있다.[52] 그러나 단기간에 이루어지는 보다 집중적인 과정이므로, 자신이 직업으로 삼길 원하는 분야와 전문으로 하고 싶은 세부 분야에 대한 확신이 있어야만 한다. 만일 하고 싶은 일의 분야가 다른 것으로 바뀌게 된다면, 이 수료증은 거의 쓸모없게 되어 버린다.

일반적으로 상급 학위가 높은 소득으로 이어지는 것은 사실이다. 2015년 35세에서 44세 사이의 석사 학위자들의 평균 소득은 8만 7,320달러였고, 학사 학위만 가진 사람들은 7만 1,100달러로, 석사 학위자들의 소득이 학사 학위자들보다 23퍼센트 더 높았다.[53] 하지만 이런 연봉의 차이는 학위를 취득하는 데 드는 비용이 얼마였는지에 그 의미가 달려 있다. 2000년부터 2015년까지 석사 학위 혹은 그 이상의 학위를 취득한 4,000여 명의 사람들을 대상으로 한 갤럽 설문에 의하면, 이학 석사 혹은 문학 석사를 취득한 사람들의 절반 이상은 대학원은 투자한 학비만큼의 가치가 없다고 말했다. 소득이 상당히 높은 분야에 종사하는 사람들조차도 불만족스럽다고 답했다. 법학 석사를 취득한 사람들의 77퍼센트, MBA의 56퍼센트, 의학 석사의 42퍼센트는 대학원에 그렇게 많은 비용을 투자할 가치는 없다고 말하고 있다.

과연 이런 추가적 교육이 실질적으로 이들의 직업 훈련에 도움이 되었을까? 의학 석사 취득자들의 절반은 그렇지 않다고 답했다. 그리고 법학 석사, MBA, 이학 석사, 문학 석사 중 70퍼센트 혹은 그 이상의 사람들은 대학원이 그렇게 좋은 직업 훈련 기관은 아니라고 말했다.[54] 비관적인 수치다.

대학원 진학을 또 다른 형태의 직업 탐색 과정으로 삼고 싶은 사람도 있을 것이다. 하지만 관련 데이터는 이것이 그다지 좋지 않은 생각이란 걸 보여 준다. 석사 과정을 시작한 사람들 중 26퍼센트는 학위를 취득하기 전, 그것이 자신에게 맞지 않는 길임을 깨닫고 그만둔다. 많은 사람들이 학비로 수천 달러를 쓰지만 아무것도 얻지 못하기도 한다.[55] 자신이 좋아하는 일이 무엇인지를 여전히 찾고 있다면, 몇 년 더 여러 일을 해보면서 자신이 진정으로 갖고 싶은 커리어가 어떤 것인지 파악하는 게 좋다.

경제 상황이 좋지 않으면 많은 사람들이 대학원으로 몰린다. 이것은 위험한 일이다. 실제로 경제 대침체기 동안 많은 학생들이 대학원에 지원했고, 그 수는 매년 8퍼센트씩 증가했다. 하지만 이 학생들이 석사 학위를 취득하고 졸업할 때까지 회사들은 여전히 직원을 고용하지 않았고, 고용한다 하더라도 연봉이 낮았다. 2008년에서 2011년 사이 법조계로 취업한 신입 변호사의 수는 74퍼센트에서 60퍼센트 이하로 줄어들었다.[56] 그리고 취업을 하지 못한 사람들은 여전히 로스쿨 학비로 평균 12만 5,000 달러의 빚을 안게 되었다.

반면 자신이 원하는 일이 무엇인지 확실히 알고 나면, 자기 계발을 위해 학업, 실용 기술, 증명서 등이 더 필요하다는 걸 깨닫기도 한다. 경우에 따라서는 대학 내 프로그램 중 특별 수업을 두어 개 수강하거나, 제너럴 어셈블리나 플랫아이언스쿨 같은 코딩 부트 캠프만으로 충분한 경우도 있고, 상급 학위나 수료증을 따야 할 수도 있다.

만일 대학원 진학을 고려 중이라면 염두에 두고 있는 각각의 과정들에 대해 최대한 많은 정보를 모으도록 하자. 연봉이나 진로 같은 일반적인 업계 정보에만 의지해서는 안 된다. 많은 분야에서 최고 명문대 졸업생들과 하위권 대학 졸업생들의 진로 탐색 과정은 상당히 다르다. 연구에 따르면 10위권 내의 경영대학교에서 MBA를 취득한 학생들은 초봉이 16만 1,078달러에서 17만 6,705달러인 반면, 상위 50위권 중 하위 대학 졸업생들의 초봉은 10만 달러를 넘지 못했다.[57] 그러나 하위권 경영대학교의 전체 학비도 수백만 달러에 달할 정도로 비싸다. 대부분의 대학들은 직업, 초봉, 평균 취업 기간 등을 포함한 졸업생들의 성과에 대해 굉장히 상세한 정보를 갖고 있다. 이들에게 가장 최근 통계를 보여 달라고 해보자. 만일 내가 버클리대학에 입학하기 전 학교를 찾아갔다면, 학장님은 내가 공부한 분야의 대다수 졸업생들이 교수가 되지 않았다는 말을 해주셨을 것이다. 그랬으면 나의 진로 선택에 아주 큰 도움이 됐을 것이다.

대학원의 비싼 학비를 생각해보면, 돈이란 피할 수 없는 중요한 요소이다. 상급 학위를 위해 거액의 대출을 받는 것은 진로 선택의 폭을 좁히는 길이 될 수 있다. 졸업 후 취업 시장에 뛰어들 때 급여를 우선시하게 되기 때문이다. 그렇다고 단점만 있는 것은 아니다. 대학원을 다니는 동안 정량화할 수 없는 무형의 무언가를 얻기도 한다. 좋아하는 분야에 대해 배울 수 있는 귀한 시간을 갖게 되고, 자신과 비슷한 생각을 가진 평생의 친구를 만날 수도 있다. 또 일로부터 벗어나 깊이 고민하는 시간을 갖거나 여행을 갈 수도 있다. 선택을 하는 데 있어 이런 것들은 분명 가치 있는 요소가 된다.

확실하게 해두기 위해 말하자면, 나는 박사 학위를 취득한 것을 후회하지 않는다. 그 시기는 내 인생에서 최고의 날들이었다. 10년 전, 버클리대학 강의실에서 학생들에게 내가 제일 좋아하는 작가를 소개할 때 나는 어느 때보다도 행복했다. 또 여름방학 때마다 인도의 마을을 누비며 여행했고, 영어권 독자들도 즐길 수 있도록 고대 시를 번역하기도 했다. 이것은 모두 가치 있는 노력들이었다. 그리고 나에게는 빚이 없었다. 그 덕분에 학교를 다니는 내내 캠퍼스 나무 아래에 앉아 시에 주석을 다는 일에만 몰두하던 내가 방황 끝에 진정으로 즐길 수 있고 의미 있다고 느끼는 일을 찾는 여유를 누릴 수 있었다.

이런 모든 일련의 과정들이 오늘날 나를 작가로 만들어주었다. 현재 나는 30대고, 내 커리어는 안정적인 리듬을 타고 있다. 나는 재택근무를 하기 때문에 출근 시간은 침대에서 책상이 있는 다락까지 10초 정도 걸린다. 평일에는 오전 5시가 조금 넘으면 일어나서 커피를 마시며 모든 가족이 잠들어 있는 동안 두 시간 정도 일을 한다. 엘라가 7시 정도에 일어나면 우리는 같이 놀며 책을 읽은 후 옷을 입고 학교에 갈 준비를 한다. 그러고 난 뒤 엘라는 부엌으로 내려가 아침을 먹고, 나는 그동안 점심 도시락을 준비한다. 벤과 엘라가 등교를 하면 나는 위층으로 올라가 일을 마저 한다.

나는 꽤 오랜 시간 이어진 종잡을 수 없는 여정 끝에 꿈의 직업을 찾았다. 하지만 이와 같은 잘못된 시작과 우회들을 거쳐 나는 오늘날 물방울무늬 잠옷과 폭신한 슬리퍼 차림으로 창문 밖 해를 구경하며 타자를 치고 있는 이 책상 앞으로 오게 되었다. 이건 분명 스물네 살의 내가 계획한 모습이 아니다. 하지만 나는 지금보다 행복한 삶은 상상도 할 수 없다. 어두운 청색 블레이저나 어깨 패드가 없이도 말이다.

CHAPTER 2

ROCKET

내 시간을
빛나게 하는 것들

캄보디아에 온 지 3일째 되던 날, 나는 홀로 우동에 가기로 결정했다. 우리가 머물고 있는 프놈펜에서 차로 한 시간 남짓 떨어진 우동의 산 정상에는 사원이 있다. 여행 책에 따르면, 올라가는 길은 힘들지만 정상에서 보는 절경은 그만한 가치가 있다고 한다. 그런데 우동까지 가는 데 필요한 차가 없었고, 얼마 안 되는 예산으로 택시를 타는 것 역시 어림도 없는 일이었다. 그래서 나는 툭툭을 타기로 결심했다. 툭툭은 현지 교통수단으로, 오토바이 뒤에 좌석을 개조해서 붙여 놓은 것이다.

스물네 살이 되던 해인 2007년 여름, 나는 친구 케이트와 느닷없이 캄보디아로 떠났다. 프놈펜에 있는 비영리단체에서 일하던 케이트의 친구가 우리를 초대한 것이었다. 당시 케이트는 식당 종업원이었고, 나는 대학원생이었다. 우리는 얼마 되지 않는 적금을 깨서 동남아시아 여행을 가면 좋겠다는 생각을 했다. 우린 서둘러 방콕을 시작으로 프놈펜을 거쳐서 고대 7대 불가사의를 볼 수 있는 시엠레아프까지 이르는 여행 계획을 세웠다. 하지만 여러 해가 지난 뒤 생각해보니, 가장 기억에 남는 것은 홀로 다녀온 우동 여행이었다. 그때 나는 온 세상을 누비며 여행하고 싶다는 내 안의 욕망을 발견하게 됐다. 이 소원을 이루기 위해 나의 20대를 바쳤고, 여행에 대한 열정은 그 후로도 오랫동안 지속되었다.

케이트가 친구를 만나러 간 날, 나는 묵고 있던 호스텔에 믿을 만한 툭툭 기사를 추천해 달라고 부탁했다. 몇 시간 후, 나는 먼지 날리는 골목길 위를 달리고 있었다. 나와 기사는 서로의 언어를 몰랐기에 서로 그저 조용히 있었다. 우리 옆으로 자동차와 버스가 쌩하고 지나가는 걸 보니, 산까지의 이동 시간은 여행 책에 나온 예상 시간보다 족히 두 배는 걸리겠다는 생각이 들었다. 정신이 온전한 사람이라면 프놈펜에서 우동까지 툭툭을 타고 가진 않을 테니 말이다. 그래도 툭툭을 타고 가는 내내 주변 구경은 실컷 할 수 있었다.

프놈펜의 꽉 막힌 도로에 갇힌 나는 제빵사들이 배달하는 프랑스 식민 시절의 유물인 갓 구운 바게트 냄새를 맡을 수 있었다. 그렇게 또 한참을 가던 중, 내가 타고 있는 툭툭을 압도할 정도의 큰 코끼리가 조련사를 따라 느긋하게 길거리를 활보하는 모습을 볼 수 있었다. 이곳에서는 코끼리를 행운의 동물로 여기기 때문에 지나가던 사람들은 돈을 내고 코끼리에게 축복을 빈다. 그러면 코끼리는 코로 사람들 머리를 가볍게 톡톡 쳐준다. 조금 더 가다 보니 사방에 논이 펼쳐졌고, 벼를 묶는 농부들의 모습이 눈에 들어왔다. 또 진흙과 물소 냄새가 근처에서 풍겨 왔다.

기사는 나를 산기슭에 내려줬다. 오후 햇살을 받으며 나는 정상까지 이어진 500개의 계단을 걸어 올라가기 시작했다. 사원을 포함한 주변은 무서울 정도로 적막했고, 나무들 사이로 뛰어다니는 원숭이 소리만이 간간이 들려왔다. 나를 제외하고 다른 관광객은 한 명도 보이지 않았는데, 산 정상에서는 짙은 황색 의복 차림의 젊은 스님의 모습이 이따금 보였다. 올라가는 길에 지금껏 들어본 적 없는 소리가 들렸다. 10대부터 노인까지 고른 연령층의 스님들 스물네 명이 어두운 건물 안에서 저음의 낯선 소리로 기도를 하고 있었다. 그 소리를 듣고 있으니 등골이 서늘해지면서도 마음이 편안해졌다. 창 너머로 멀리 파랗고 맑은 하늘이 보였다. 내가 상상해왔던 천국과 가장 가까운 모습이었다.

그날 저녁 케이트와 함께 생선카레와 밥을 먹으면서 우동 여행에 대한 이야기를 했는데, 그 경험을 어떻게 말로 표현할지 몰라 애를 먹었다. 캄보디아를 여행하는 동안 많은 추억을 쌓았지만, 산속에서 기도하던 스님들의 모습은 영원히 내 기억 속에 남을 것 같았다. 스님들 중 대다수는 각자의 인생에서 끔찍한 비극을 경험했다. 그러나 결국 이들은 마음의 평화를 되찾았다.

캄보디아 여행은 내 인생의 전환점이 되었다. 그 후 나는 세상에 존재하는 작은 오지 마을을 들여다보며 그곳 사람들은 어떤 삶을 살고, 또 세상을 어떻게 바라보는지 알고 싶어졌다. 그리하여 20대 동안 나는 시간적 혹은 금전적 여유가 있을 때마다 여행을 떠났다. 나는 친구 이자벨과 인도네시아로 배낭여행을 떠난 적이 있는데, 그때는 주로 트럭 기사들이 묵는 호스텔에서 지냈다. 어느 해 겨울에는 저렴한 프라하행 비행기표를 구해 케이트와 함께 떠나기도 했다. 거기서 우리는 며칠 동안 만두를 실컷 먹었다. 이렇게 여행은 내게 점점 마약과 같은 존재가 되었다. 비행기나 기차에서 내려 낯선 곳에 발을 디딜 때면 몸속에서 아드레날린이 끓어오르는 듯한 느낌을 받았다. 나는 피부에 닿는 과도한 열기, 노점상에서 풍겨 오는 향신료 냄새 그리고 자동 인력거나 수레에 탄 사람들의 웅성거림이 좋았다.

나는 20대에 다양한 취미 생활을 갖지는 않았는데, 그 얼마

안 되는 취미 중 하나가 바로 여행이었다. 이렇게 여행은 30대까지 나의 취미 생활로 이어져, 직업이나 가족 이외에 거의 유일하게 내게 만족을 주는 것이 되었다. 그런데 요즘 나에게는 자유 시간이 없다. 주말이면 엘라를 데리고 놀이 친구를 만나거나 음악 교실에 가야 하기 때문이다. 또 주중에는 끝내지 못한 책 원고나 기사를 마저 써야 하고, 다음 주에 먹을 음식 준비와 빨래를 해야 한다. 요즘에는 보스턴에서 자전거로 장거리 코스를 도는 등 다양한 취미 생활을 하고 싶지만, 그러기에는 시간적인 여유도, 여력도 없다.

그래도 나는 여행에 대한 갈망을 항상 염두에 두고 매년 돈을 모아 휴가 때마다 새로운 곳을 방문한다. 만약 나와 함께 떠날 사람을 찾지 못하면 혼자 떠나기도 한다. 이렇게라도 여행을 가는 이유는, 부분적으로는 여행 계획 짜기, 비행기 타기, 낯선 곳 찾아가기와 같은 것들이 이제 익숙한 일이 되어 별로 수고스러운 일로 여겨지지 않기 때문이다. 하지만 이보다 더 중요한 이유는, 여행을 하면 평소에는 볼 수 없는 또 다른 내 모습을 만날 수 있기 때문이다. 여행은 기자나 엄마가 되기 전의 나를 떠올리게 하는 힘이 있다.

((당신의 취미는 무엇입니까?))

취미라는 단어는 내 귀에는 왠지 약간 구식처럼 들린다. 이 단어는 늘 어떤 한 사람을 떠오르게 하는데, 바로 5학년 때 담임이셨던 엘리스 선생님이다. 선생님은 우리에게 항상 바르고 좋은 취미를 가지라고 하셨다. 선생님이 추천해주신 취미는 우표 모으기 혹은 자수였다. (우리는 선생님을 정말 좋아했지만 당시 게임기에서 눈을 못 떼던 열 몇 살의 우리들은 이 같은 취미 생활에 단체로 눈알을 굴릴 수밖에 없었다.) 하지만 지금 생각해보면 선생님이 말씀하신 그 취미 생활을 완전히 무시해버린 것이 왠지 후회된다. 이번 장과 관련해 조사를 하면서, 우리가 여가 시간을 즐기기 위해 하는 취미 활동이 일생 동안 우리의 흥미를 지속시켜주는 강력한 힘을 갖고 있다는 걸 알게 되었다.

취미학자(진짜 있는 직업이다)는 취미가 우리의 정체성을 형성하고 강화시킨다고 말하는데, 나는 내 인생을 통해 이것이 사실임을 깨달았다.[1] 우리는 보통 자신의 가치와 자아를 반영하는 취미를 찾아 나선다. 그게 스포츠든 혹은 음악이든 간에 말이다. 하지만 때로는 굉장히 우연치 않은 계기로 새로운 흥미를 발견하고, 그것이 취미가 되기도 한다. 친구 따라서 간 하이킹 덕분에 야외 활동을 좋아하게 될 수도 있고, 코믹콘*에 참가했다가 코스플레이에 빠질 수도 있다. 우리가 갖는 다양한 종류의 취미 활동들은 결국 우리를 정의해주는 역할을 한다.

대부분의 사람들이 그러하듯, 나 역시 인생에 있어 중요하다고 여기는 커리어, 결혼, 가족 이 세 가지에 집중하며 20대를 보냈다. 하지만 학자들은 취미가 우리를 즐겁게 해주는 것 외에도 인생의 다른 부분을 증진시켜준다고 말한다. 많은 연구에 따르면, 취미 활동을 하며 시간을 보내는 것은 우리의 몸과 마음의 건강에 도움이 된다. 취미가 있는 사람들은 평소에 덜 우울해하고 심혈 관계가 건강하다. 또한 주변에도 많은 관심을 갖는데 이는 마음이 건강하다는 뜻이다.[2] 2015년, 한 의학 연구팀은 취미 활동을 하는 사람들이 그렇지 않은 사람보다 더 행복하고 스트레스가 적다는 것을 발견하면서 취미가 일상생활에서 건강과 웰빙을 증진시키는 역할을 한다고 주장했다.[3] 즉, 취미 활동은 실제로 우리의 삶을 향상시키고 있는 것이다. 취미는 가까운 인간관계와는 분리된 나만의 정체성을 계발할 수 있게 해준다. 그렇게 되면 우리는 자신의 행복을 친구와 가족들에게만 의존하지 않을 수 있다. 만약 일 때문에 스트레스를 받는다면 일 외

---

* Comic book convention 혹은 Comic con, 이름 그대로 만화와 관련된 책, 캐릭터, 영화 등 모든 예술작품에 대한 소식과 행사를 진행하는 대규모 박람회를 뜻한다.

의 다른 곳에 관심을 두어 긴장을 해소시켜줄 건강한 출구를 찾으면 된다. 다르게 말하면, 취미는 우리가 세상을 보다 균형 잡힌 시각으로 바라보게 함으로써 더 나은 배우자, 부모 혹은 근로자가 될 수 있도록 한다. 주말마다 하이킹을 하거나 노래를 부른게 이렇게 큰 영향력이 있으리라고 누가 생각이나 했겠는가.

사람들이 취미 활동을 하는 방식에는 여러 가지가 있다. 몇몇 설문들에 따르면 인구의 20퍼센트는 취미가 전혀 없고, 4분의 1은 한 가지 정도의 규칙적인 취미 활동을 한다. 그리고 인구의 반 이상은 여러 개의 취미를 가지고 있다.[4]

오늘날에는 지구상에 존재하는 사람의 수만큼이나 취미도 다양하다. 미 노동통계국은 여가 시간에 미국인들이 어떤 취미를 즐기는지에 관해 조사했다. 그 결과, 골프, 소프트볼, 농구 등 모든 종류의 스포츠부터 웨이트리프팅, 춤, 피트니스, 사냥, 하이킹, 비디오게임, 보드게임, 독서, 영화 관람, 박물관 가기, 콘서트 가기, 공예, 만들기, 글쓰기, 연주 그리고 텔레비전 보기까지 전 영역을 망라하고 있었다.[5] 이 조사 결과는 취미란 자기표현의 방식이라는 것을 단적으로 보여주고 있다. 우리는 취미를 통해 우리의 흥미를 탐험할 뿐만 아니라, 우리의 관심사를 외부에 알리기도 한다.

또 어떤 연구는 사람들이 대부분 짧은 기간 내 취미를 고른다고 한다. 일반적으로 우리는 20대 때 평생의 취미를 갖게 되고, 30대가 되어서도 이미 익숙한 취미 활동을 이어갈 가능성이 높다. 이 말은 20대 이후에는 의식적으로 노력하지 않으면 새로운 취미를 전혀 갖지 못할 수도 있다는 것을 의미한다. 또 심지어는 기존의 취미 활동을 할 시간마저 잃어버릴 수도 있다.

경향을 파악하면 그것을 돌파할 힘이 생긴다. 이러한 연구는 우리로 하여금 20대 때 새로운 활동을 탐색하고 몇십 년 뒤에도 활용할 기술을 개발하는 일에 좀 더 신중하도록 만든다. 여기서는 일생 동안 활용할 취미를 기르는 방법과, 나이가 들면서 새로운 취미를 갖기 어려워하는 문제를 극복할 전략들을 소개할 것이다. 하지만 이에 앞서 관심사를 탐색할 시간적 여유와 에너지가 있는 20대 때 여가 시간을 활용하는 방법에 대해 생각해보는 것이 왜 가치 있는 일인지에 대해 알아보도록 하자.

((20대의 취미들))

취미 활동은 단순히 여가 시간을 때우기 위해 있는 것이 아니다. 우리는 보통 자신의 정체성과 성격에 밀접한 취미를 고르는 경향이 있기 때문에, 이것은 시간이 흐르고 우리의 삶이 변했을 때도 자아감을 유지시켜주는 수단이 된다. 또한 노년기에는 취미를 통해 젊은 시절 자신의 모습을 되찾을 수도 있다.

이와 관련하여 학자들이 495명의 사람들을 34년 동안 관찰하며 연구를 진행한 적이 있다. 연구 결과, 노년층(66세에서 89세 사이)의 취미가 34년 전 그들이 처음 실험을 시작했을 때의 취미와 거의 똑같다는 사실을 발견했다. 정원 가꾸기, 독서, 외식 등으로 여가 시간을 보내는 80대들은 사실 평생 동안 같은 취미 활동을 해왔던 것이다.[6] 물론 몇 가지 예외는 있었다. 나이가 많은 사람들 중 몇몇은 양로원에서 제공하는 수업들 덕분에 스퀘어 댄스 같은 새로운 취미를 갖게 된 경우도 있었다. 하지만 대부분은 젊었을 때의 취미를 지속하고 신체적 여건이 여의치 않게 되면 그제야 취미 활동을 멈췄다. 가령 젊었을 때부터 낚시를 좋아했던 사람들은 여러 질환들이 발생하기 시작하는 70대가 된 이후부터는 대부분 낚시를 하러 가지 않는 것이다.

심리학의 한 학파에서는 우리가 평생 같은 취미 활동을 유지하는 것은 나이가 들면서 발생하는 사회적 지위 상실, 가족과 지인의 죽음 등과 같은 어려움을 극복하기 위한 하나의 대응기제라고 말한다. 조지 매덕스와 로버트 애틀리는 노년층이 심신이 약해졌을 때도 그들의 행동, 특히 여가 활동에 있어 일관성을 보인다는 사실을 관찰했다. 이를 '노화의 계속성 이론'이라고 한다. 사람들은 과거 자신들이 했던 행동과 활동에 근거하여 나이 듦에 따라 나타나는 변화에 적응한다는 것이다.[7]

오늘날에는 인터넷 습관을 통해서 그들이 언제 취미를 갖게 되는지를 알아볼 수 있다. 인터넷은 새로운 취미를 소개하고 규칙적으로 취미 활동을 하는 데 필요한 기술을 익힐 수 있는 귀중한 수단이다. 유튜브만 보아도 악기를 연주하는 방법, 코바늘 뜨기를 하는 방법, 테니스 채를 잡는 방법 등을 가르쳐주는 영상들로 가득하다.

벤은 사람들이 인생의 어느 시기에 취미를 갖게 되는지를 보다 잘 이해하기 위한 실험을 했다. 컴스코어 플랫폼을 통해 인구의 단면을 대표하는 8만 가구에 관한 익명의 사용 정보를 수집했다. 그런 후 알렉사라는 웹 순위 서비스를 통해 선정된 상위 50개의 웹사이트에서 사람들이 얼마나 시간을 많이 보내는지에 관해 세밀히 살펴봤다. 이 사이트에는 스포츠, 미술, 음악, 여행, 수집, 공예 등과 같은 여가 활동 분야가 포함되어 있다. 벤은 20대들이 인터넷으로 취미와 관련된 자료를 얻는 데 다른 연령층보다 많은 시간을 보낸다는 사실을 발견했다. 20대는 전체 인터넷 사용 시간의 1퍼센트가량을 취미 관련 사이트에 할애하는 반면, 30대의 경우에는 그 절반 정도밖에는 되지 않았다. 즉, 1인 평균 인터넷 사용 시간을 기준으로 20대들이 취미 관련 사이트

를 이용하는 시간은 연간 934분이고, 이들보다 나이가 많은 사람들은 연간 588.5분 정도다.[8]

어째서 사람들은 나이가 들면서 취미를 갖지 않게 되는 걸까? 그 이유 중 하나는 취미 활동을 하려면 그와 관련한 새로운 기술을 습득해야 하기 때문이다. 비록 재미를 위해 취미 활동을 하는 것이지만, 일반적으로 취미와 관련된 기술을 배우는 데는 일정 수준의 시간과 에너지가 요구된다. 취미학자는 자동차 수리나 제빵 같은 취미가 누군가에게는 직업이 될 수 있다는 점을 지적했다.

내가 20대 때 갖게 된 취미에는 가파른 학습 곡선이 포함되어 있다. 우동을 여행했던 경험을 떠올려 보면, 그때 나는 여행 계획을 짜는 방법, 교통편 관리, 식중독을 일으키지 않는 현지 음식 찾기, 불가피한 상황을 대비한 신속한 판단력 같은 중요한 것들을 배우고 있었던 것이다. 그 덕분에 지금의 나는 여행 계획을 짤 때 별다른 스트레스를 받지 않고, 언어가 통하지 않는 나라를 돌아다니는 것도 불편해하지 않는다. 하지만 기타 연주나 사진 촬영처럼 지금 내가 배우기에는 시간도 많이 들고 복잡한 취미들이 분명 존재한다.

나이가 들면 새로운 분야로 이직하는 것만큼이나 새로운 취미를 갖는 데 필요한 기술을 배우는 것이 무섭게 느껴질 수도 있다. 또 나이가 들수록 그만큼 새로운 기술을 배우는 데 어려움을 느낀다는 연구 결과도 있다. 우리의 뇌 구조는 나이가 들면서 서서히 바뀌는데, 이는 무언가를 새롭게 배우는 것을 어렵게 만든다. (이 부분에 대해서는 다음 장의 습관 형성 파트에서 더 다루도록 하겠다.) 하지만 이 외에도 사회적인 책임감이 늘어나면서 실질적인 문제들이 생겨나기도 한다. 그렇기에 현재의 나 역시 기분 내키는 대로 새 취미를 가질 수는 없다. 휴가와 주말을 잘 계산해야 하고 벤과 엘라와 관련된 스케줄 사이에 새 취미를 어떻게 끼워 맞출지도 생각해봐야 한다. 또 취미 활동에는 많은 돈이 들기도 한다. 주택 대출금과 엘라의 대학 학비까지 고려해야 하는 지금 상황에서 새로운 취미 활동은 우리 가족 예산에 부담을 주는 일이다.

이 같은 사실을 미리 알았다면 20대 때 좀 더 신중하게 취미를 골랐을 것이다. 그때는 그저 닥치는 대로 여가 시간을 보냈는데, 시집 읽기부터 드럼 수업, 예술영화 관람까지 다양했다. 나는 친구들의 취미에도 관심이 많아서 시험 삼아 해보기도 했다. 한번은 세상에서 가장 긴 미완성 목도리를 뜬 적도 있었다. 케이틀린이 기본 뜨개질 방법을 가르쳐줬는데 마감을 하는 방법까지는 결국 배우지 못했다. 또 케이트의 초대로 타호 호수 근처로 스노슈잉을 타러 간 적도 있다. 그런데 다른 사람들보다 속도가 느렸던 나는 결국 숲 한가운데 혼자 낙오되었다. 이런 모든 경험들은 가치 있고 중요했지만, 나는 이런 활동들에 충분한 시간을 투자하지는 않았다. 그 결과 이것들은 내 취미가 되지 않았고, 결국 내 삶에서 지워져버렸다. 따라서 내가 평생 뜨개질이나 스노슈잉을 할 일은 없을 것이다. 당장에 그것을 습득하기 위해 혼신의 노력을 하지 않는 한 말이다.

((줄어드는 여가 시간))

오늘날의 20대들에게는 더더욱 취미 생활을 영위할 시간이 없다. 데이터에 의하면, 현대 역사상 처음으로 여가 시간이 늘어나는 대신 줄어들고 있다고 한다. 수십 년 동안 경제학자들은 기술의 발달로 근로자들의 근무일수와 근무주수가 줄어들고, 그 덕분에 근로자들이 취미 활동을 하고 가족과 즐기는 시간이 많아질 거라고 예상했다. 하지만 예상은 빗나갔다. 1990년대부터 사람들의 일은 줄어들기는커녕 늘어났다. 특히 전문직 커리어를 꿈꾸는 학사 취득자들의 경우가 그랬다. 그렇다면 왜 이러한 상황이 된 것인지 알아보고, 거기에 맞서야 하는 이유에 대해 생각해보는 게 중요하다.

역사적으로 자유 시간은 대부분 상위층만이 누릴 수 있는 특권이었다. 그 외의 사람들은 시간이 날 때마다 일을 해야만 했다. 밭을 경작하거나 가죽 무두질을 하는 등 생계를 유지하기 위해서라면 무엇이든 했다. 역사학자들은 인류가 노동 시간과 여가 시간을 분리하겠다는 개념을 처음 갖기 시작한 것은 산업 혁명 시기부터였다고 한다. 이때부터 개인의 시간이 고용주에게 팔거나 스스로를 위해 쓰지 않는 하나의 상품이 된 것이다.[9]

하지만 100년 전에도 공장 노동자들은 종종 주 6일간 하루 10시간에서 12시간을 일했다. 이 데이터는 이들의 자유 시간이 굉장히 제한적이었다는 것을 뜻한다. 십자수, 정원 가꾸기, 우표 모으기와 같은 오늘날 우리가 생각하는 전형적인 취미 활동은 당시 상류 특권층이 만든 것이다. (이것은 취미에 대한 개념이 마치 빅토리아 시대에 멈춰 있는 듯했던 엘리스 선생님을 생각나게 만든다.) 실제로 경제학자 소스타인 베블런은 돈을 벌기 위함이 아닌 즐거움을 위해 필요한 기술을 배우고, 그런 활동을 즐길 수 있는 계급을 '유한계급leisure class'이라고 표현했다.

지난 세기 동안 많은 것들이 변했다. 오늘날에는 휴가를 기본적인 인권으로 간주하는데, 이는 내가 앞서 언급한 것처럼 여가 시간이 인간의 심신을 더 건강하게 만든다는 의학적 데이터가 있기 때문이다. 기술 발전으로 인해 20세기 직장 노동과 가사 노동 시간은 줄게 되었고, 반면 여가 시간은 꾸준히 증가하게 되었다. 1965년과 2003년 사이, 남성들은 직장에서 보내는 시간이 줄어듦에 따라 주당 6.2시간 이상의 여가 시간을 얻게 되었다. 여성의 경우 사회생활을 통해 보내는 시간이 늘긴 했지만, 그만큼 가사와 육아에 소비하는 시간이 줄어들어 순수 여가 시간이 주당 4.9시간 증가했다.[10]

정부가 수천 명 미국인들의 삶을 수십 년 동안 관찰한 미국인 시간 사용 조사의 가장 최근 데이터에 따르면, 미국인들은 하루 평균 5시간 13분을 여가 시간으로 보낸다고 한다.[11] 여기에는 취미와 사교 활동 둘 다에 소비되는 시간이 포함되었는데, 가끔 겹치기도 한다. 현재 미국인은 한 주에 평균 35시간 이상 혹은 연간 2,000시간 가까이 자유 시간을 보낸다. 실제로 그렇게 느껴지진 않겠지만, 사실이다.

그런데 이제부터 이야기가 복잡해지기 시작한다. 지난 100년 동안 여가 시간의 양이 단순히 늘어났다고 해서 그 시간을 모두 취미 활동을 위해 쓸 수 있는 것은 아니다. 한 연구에 따르면, 인구 전반에 걸쳐 여가 시간의 양이 늘어났긴 했지만, 그 시간을 통째로 할애하여 무언가를 즐기기보다는 파편적으로 쓰게 되었다고 한다. 특히 근로 시간 사이에 휴식 시간을 끼워 맞춰야 하는 교대 근무자들에게서 이런 현상이 일어난다. 또한 맞벌이 가정에서는 여전히 남성들보다 여성들이 가사 노동 및 육아에 더 많은 시간을 할애하고 있기 때문에 결과적으로 여성들은 여가 시간에 방해를[12] 받아 편히 쉬지 못하고 전반적인 만족감도 덜하다.[13]

게다가 관련 연구들을 살펴보면 여가 시간은 사실상 줄어들고 있다고 해석할 수 있다. 경제학자들이 처음 이런 경향을 발견한 것은 1990년대 초반이었다. 이들은 역사상 처음으로 고학력자들이 저학력자들보다 더 많은 일을 하고 있음을 깨달았다.[14] (다시 말해서 베블런의 '유한계급'이란 개념은 더 이상 맞지 않게 된 것이다.) 그리고 점점 더 많은 인구가 고학력과 전문직을 추구하다 보니 사회 전반에 걸쳐 여가 시간은 실제로 감소 추세에 있다. 맙소사!

연구원들은 이러한 결과가 나온 이유를 알아내려 여전히 노력하고 있다. 우선 한 가지 이유로는, 기술은 저임금 노동자들의 여가 시간을 늘려준 만큼 고임금 노동자들의 여가 시간을 늘리지 못했기 때문이다. 예를 들어 자동화와 기계는 법조계나 의학계보다는 공장이나 농업 분야에서 인간의 노동 양을 급격히 줄여 주었다. 하지만 우리가 앞장에서 이미 다루었듯이 사회학자들은 특히 교육에 많은 시간과 돈을 투자한 사람들 사이에서 노동 문화가 많이 변하고 있음을 지적했다. 점점 더 많은 사람들이 자신의 정체성과 자아감을 직업에 연관시키며 모든 노력을 거기에 쏟아 붓고 있다. 〈애틀랜틱〉 기자인 데릭 톰슨은 다음과 같이 말했다.

"대학 교육을 받은 엘리트에게 [노동]은 일종의 종교, 빛나는 정체성, 탁월성, 공동체로 바뀌고 있다."[15]

현재 20대들은 부모나 조부모 세대에 비해 취미 활동에 소비하는 시간이 적다. 연구에 따르면, 여가 활동은 우리를 더 행복하고 건강하게 해주며 스트레스에 잘 대처하게 만들어준다고 한다. 그로 인해 업무와 관련된 과제들을 해결하는 능력 또한 향상되고 과도한 업무를 억제할 수 있다. 그러나 더 중요한 것은 일 외적인 부분에서 자신의 의미와 정체성을 찾을 수 있게 해준다는 것이다. 그리고 이것은 우리의 정신 건강에 큰 도움이 된다.

((평생 취미를 만들고 싶다면))

그렇다면 실제로 그렇게 할 수 있는 방법은 무엇일까? 삶에서 취미를 위한 공간은 어떻게 형성할까? 또한 새로운 취미는 어떻게 만들 수 있을까?

30살이 되었을 때 나는 진정으로 사랑하는 일을 찾았고, 그래서 그 일에 내 모든 걸 던질 수 있었다. 그 후 엘라를 낳으면서 그나마 있던 약간의 자유 시간마저 엘라를 돌보는 데 써야 했다. 내 인생은 좋은 일들로 가득했지만, 그 안에 새로운 취미가 낄 자리까지는 없었다.

사실 여유가 될 때마다 다채로운 취미 활동을 했던 나의 20대가 문득 그립기는 하다. 대학원 시절 어느 늦은 저녁, 에세이를 쓰다 지친 나는 룸메이트 앨런의 방에 갔다. 그때 앨런의 컴퓨터 스피커에서 마이너스 더 베어라는 밴드의 노래가 흘러 나왔는데, 정말 좋았다. 우리는 밤늦도록 바닥에 앉아 그 밴드의 앨범에 수록된 노래들을 하나씩 들었다. 그 후로 5년 동안 앨런과 나는 마이너스 더 베어와 다른 인디 밴드들이 샌프란시스코에 공연을 하러 올 때면 꼭 보러 갔다. 이렇게 그때 당시는 매 순간이 즐거웠다.

20대 때 기른 취미로 인해 나는 주변 세상에 대한 호기심이 더 커졌다. 그리고 나 자신에 대해서도 배우게 되었다. 나를 살아 있도록 그리고 행복하도록 해주는 것이 무엇인지, 내게서 창의성을 이끌어낸 것이 무엇인지를 알게 된 것이다. 나는 이런 것들을 되찾고 싶었고, 내게 그 방법을 알려줄 누군가를 찾고 싶었다. 취미와 중요한 일들 간의 균형을 완벽히 잡은 사람을 말이다. 그리고 나는 그 사람을 찾고야 말았다. 샌프란시스코로 출장 갔을 때, 나는 35살의 미시간대학교 경영대학 스튜어트 손힐 교수를 만났다. 그는 대화를 시작한 지 얼마 되지 않아 갑자기 주제를 바꿔 자신의 삶에 대해 말하기 시작했다. 나는 그의 이야기를 좀 더 듣고 싶었다.

스튜어트는 10년마다 새로운 취미를 만들려 노력한다고 했다. 이 모든 것은 20대 때 시작되었는데, 당시 그는 여러 가지 일본 무술을 배워 가장 높은 급수를 따려고 했다. 30대 때 그는 새로운 도전으로 눈을 돌려 가죽 재킷을 입은 바이커들과 오토바이를 타고 전국을 횡단했다. 40대 때는 비행기 조종사 자격증을 따기 위해 공부하기 시작했다. 현재 스튜어트는 휴식 시간의 대부분을 하늘에서 보내고 있다.

나는 그가 그렇게 많은 취미 생활을 어떻게 다 하면서 살 수 있는지 궁금했다. 스튜어트는 직업상 학생을 가르치고 연구를 하는 동시에 행정 업무도 봐야 했다. 또 남편과 아빠로서의 의무도 지고 있다. 보기에는 쉬울 것 같았지만 그와 아침을 먹으며 이야기를 해보니 절대 그렇지 않다는 걸 알 수 있었다. 그는 자신이 처음 무술에 관심을 가졌던 20대 때, 취미를 삶의 중심에 놓겠다는 결심을 했다고 한다. 스튜어트는 여가 시간에 하는 활동들이 바쁘고 정신없는 삶 속에서 정서적으로 균형을 이루게

도와주고, 지적 호기심을 자극하는 핵심적인 역할을 한다고 믿는다. 그래서 그에게는 취미 생활이 삶의 우선순위가 된 것이다.

하지만 이런 노력들이 항상 쉽지만은 않았다. 그는 직업적으로 다음 스텝을 밟기 위한 막대한 양의 연구를 진행하는 것만으로도 하루가 부족하다고 느낄 때가 있었다. 그는 무엇보다 일을 중시하는 문화에서 동떨어진 좀 별난 사내가 된 것 같은 기분이 들기도 했다.

"무술을 연마할 때 저녁 레슨을 받은 적이 있었어요. 낮에 수업이 끝난 후 학생들이나 동료들과 이야기할 때가 있는데, 5시만 되면 그들이 무슨 이야기를 하건 저는 가방을 싸서 나갔죠. 그럼 사람들은 저를 이상한 눈으로 쳐다보곤 했어요. 다른 교수들이랑은 달랐으니까요. 하지만 남들이 저에 대해서 어떻게 생각하는지는 신경 쓰지 않기로 했어요. 일 외에 또 다른 삶이 있는 이상한 사람이라고 생각해도 전 괜찮았어요."

스튜어트는 취미가 중요한 이유와 취미를 삶의 일부로 만드는 방법에 대해 생각했다. 그는 내게도 몇 가지 유용한 조언을 해줬다.

((취미의 플러스 작용))

우리 문화에서 취미는 '해야 할 일' 목록의 가장 마지막 항목에 줄을 그은 후에야 할 수 있는 사치처럼 느껴지기도 한다. 하지만 스튜어트는 취미를 가지고 싶다면 그걸 위해 시간과 노력을 들여야 한다고 말한다. 연구 자체가 그 사람의 정체성으로 여겨지기 쉬운 교수 사회에서, 그에게 취미란 자신의 행복과 온전한 정신을 위해 아주 중요한 것이다. 일을 시작한 지 얼마 되지 않았을 때 스튜어트는 주변의 많은 동료들이 저널에 자신의 논문이 실리지 않으면 무너져 버리는 모습을 수없이 봐왔다. 어떤 동료들은 더 잘할 수 있었는데 하는 생각에 우울해하며 아예 그 분야를 떠나 버릴까 고민하기도 했다.

스튜어트 역시 불안감에 휩싸이곤 했지만, 몇 시간씩 본업과 상관없는 활동을 하다 보니 자신의 일을 더 넓은 시각으로 바라볼 수 있게 되었다. 그가 취미를 통해 만나는 사람들은 학계에만 종사하는 사람들이 아니었다. 그 사람들은 스튜어트가 그날 사무실에서 무얼 해냈건, 혹은 해내지 못했건 아무런 관심이 없었다. 도장에 있을 때나 바이커들과 길 위에 있을 때 그는 교수로서의 정체성을 벗어버릴 수 있었다. 아니, 더 중요한 것은 취미 활동을 하다 보니 저절로 일 생각이 나지 않게 되었다는 사실이다.

"저는 취미를 선택할 때 굉장히 고도의 집중력을 요하는 걸 선택하는 경향이 있어요. 무술을 할 때 집중하지 않으면 상대에게 얼굴을 맞을 수 있죠. 또 오토바이를 타거나 비행기를 조종할 때 집중을 안 하면 정말 죽을 수도 있어요. 여러 가지를 생각하지 않고 오로지 눈앞에 있는 것에만 집중하도록 정신을 훈련하면 마음이 차분해져요."

우리는 취미가 자신의 삶에 어떤 가치를 더해 주는지를 기억해야 한다. 취미는 우리를 편안하게 해주고, 자신의 일을 넓은 시각으로 바라볼 수 있게 도와줄 수 있다. 또 세상에 대한 우리의 호기심을 채워줄 수도 있고, 창의성을 발휘할 기회를 주기도 한다. 스스로 그 취미 활동을 하는 이유에 대해 잘 알고 있다면, 오후 5시에 자리를 뜬다고 동료들이 곁눈질을 해도 자신의 취미를 지켜낼 수 있을 것이다.

인생에서 취미 활동이 차지하는 시간을 생각해보면, 취미라는 것은 아주 신중하게 선택해야만 한다. 그러기 위해서는 일이나 가정에서는 드러나지 않는 자신의 모습을 발전시키거나 표현할 수 있는 활동을 골라야 한다. 즉, 어려우면서도 자신에게 익숙한 취미를 선택한다. 예를 들어 스튜어트는 자신의 몸을 한계로 밀어붙이는 활동을 즐긴다는 걸 스스로 알게 되었다. 동시에 그는 자신이 내성적이라는 걸 인지했다. 그는 높은 강도의 신체 활동을 하되, 팀 스포츠보다는 혼자 할 수 있는 것들 위주로 취미를 정했다. 스튜어트는 이런 취미 활동을 통해, 특히 여러 사람들과 많이 부딪힌 긴 하루의 피로를 풀 수 있었다.

취미를 정한 후에는 장애물을 극복하는 것이 중요하다. 스튜어트는 자신의 취미들을 하나씩 숙달해 나가는 데서 즐거움을 느낀다. 하지만 나이가 들어가면서 그 역시도 새로운 기술을 완벽히 익히기까지 더 많은 시간이 걸리는 것을 직접 경험했다. 40대 때 비행 수업을 듣기 시작했을 무렵, 스튜어트의 반에는 그의 나이의 반밖에 되지 않는 청년들도 있었다.

"젊은 친구들의 조종 기술은 단연 저보다 뛰어났어요. 그들을 따라잡기 위해 저는 더 열심히 그리고 더 많이 연습해야 했죠. 좌절감을 관리하는 것도 비행을 배우는 과정의 한 부분이었어요."

하지만 나이가 든 뒤에 기술을 배울 때 좋은 점도 있다. 신경과 의사들은 새로운 기술을 배우면 노화에 의한 인지 저하를 늦출 수 있고, 심지어 노년기에도 새롭게 뇌세포 성장을 자극한다는 걸 발견했다. 한 연구에 따르면, 단기기억과 장기기억을 모두 필요로 하는 디지털 사진이나 퀼팅 같은 복잡한 기술을 배운 노인들에게서 세 달 후 전반적으로 대대적인 기억력 향상이 나타났다.[16] 즉, 평생 새로운 기술을 배우기 위해 노력하면 정신을 민

첩하고 맑게 하는 데 도움이 되는 것이다.

스튜어트는 물론 실제적인 어려움도 있을 것이라고 말한다. 그는 결혼을 하고 아이도 있다 보니, 취미 생활과 가족과의 시간 사이의 균형을 맞춰야 했다. 아내의 걱정에 스튜어트는 오토바이 타는 것을 그만두기로 결심했다. 이후 그는 위험하긴 하지만 보안 장치가 더 많은 비행으로 관심을 돌렸고, 그의 아내는 조금이나마 마음의 평화를 되찾을 수 있었다. 딸이 태어났을 때 그는 더 이상 다양한 취미를 가질 수 없음을 깨달았고, 그래서 현재는 한 가지 취미만 유지하고 있다. 그리고 딸이 크면 딸과 함께 새로운 취미 활동을 하리라 마음먹고 있다.

"비행을 한 지도 벌써 10년이나 됐어요. 새로운 취미를 고를 시기가 된 셈이죠."

((일찍 그리고 자주))

나는 스튜어트의 이야기에 깊은 감명을 받았다. 그와의 대화를 통해 내가 깨달은 점은 취미란 단순히 생기는 게 아니라는 것이다. 취미 생활을 위해서는 철저한 계획과 헌신이 필요하다. 스튜어트는 20대 때 자신의 취미들이 지닌 가치를 알아봤고, 30

대, 40대가 되어 삶에서 책임질 것들이 늘어났을 때도 취미를 위한 시간을 마련할 수 있었다. 만일 당신이 지금 20대라면 스튜어트처럼 해볼 것을 권한다. 그러면 여가 시간 동안 자신의 흥미와 열정을 기반으로 한 활동을 할 수 있을 것이다. 앞으로 당신의 삶에 취미 활동을 어떻게 조화시킬 것인가에 대해 생각해보자.

하지만 나처럼 이미 20대를 지났고 오랫동안 이 부분에 대해서 소홀했던 사람도 있을 것이다. 그렇다고 절대 늦은 것은 아니다. 취미를 갖고 싶다면 그것을 위한 시간을 마련해야 한다. 나는 종종 밤이나 주말에도 일을 하곤 했는데, 그건 에디터가 그렇게 해주길 원해서가 아니었다. 나 스스로가 일하는 게 즐겁고 잘하고 싶어서였다. 나는 일을 조금 쉬엄쉬엄해도 큰일이 나지는 않는다고 생각을 고쳐먹기로 했다. 그래서 변화를 위해 안 해봤던 걸 해보기로 했다. 일을 마치면 자리를 박차고 나와 슬랙 업무 프로그램 알람과 이메일 알람을 꺼버렸다. 그러자 갑자기 내게도 자유 시간이 생겼다. 문제는 그 시간에 무얼 하느냐이다.

어느 저녁, 엘라가 잠들자마자 나는 인스타그램을 훑어보다가 한 포스트에 시선을 멈추었다. 붉은 배경 위에 강렬하게 '작별'이라고 적힌 이 포스트의 내용은 바로 17년차 밴드 마이너스 더 베어의 은퇴 소식이었다. 그 순간, 20대 때 그들의 공연을 쫓

아다니던 게 얼마나 즐거웠는지 기억났고, 왜 그걸 그만두었는
지에 대해 생각해봤다.

처음 마이너스 더 베어의 음악을 들은 지 12년 후, 나는 이들
의 마지막 공연 티켓을 두 장 샀다. 10월의 어느 목요일 밤, 벤과
나는 보모에게 엘라를 맡긴 뒤 우버를 타고 보스턴 시내에 있는
파라다이스 록 클럽으로 향했다. 우리는 바에서 술을 주문했다.
잠시 뒤 무대에 밴드가 등장했고, 귀에 익숙한 노래가 흘러나왔
다. 집에서 얌전히 자고 있는 아이도, 주택대출금이나 우리의 시
간을 모조리 잡아먹는 직업이 없던 예전의 그때로 돌아간 기분
이었다.

이것은 굉장히 강력한 기분이었다. 이와 관련하여 신경과 의
사들이 뇌 영상 촬영을 하면서 젊었을 때 들었던 노래를 다시
들으면 처음 그 노래를 들었을 당시의 감정과 기분을 느끼게 되
는 걸 발견했다. 그게 얼마나 먼 과거이건 상관없이 말이다. 우
리가 가장 좋아하는 노래는 우리에게 마약과 같은 역할을 하는
데, 뇌의 쾌락회로를 자극하고 도파민, 세로토닌, 옥시토신 같은
기분 좋은 신경전달물질을 분비시킨다.[17] 내가 그 노래를 사랑한
만큼, 그것은 나에게 강력한 신경화학성 마약이 되는 것이다.

그날 밤, 내 몸은 도파민으로 가득 찼다.

CHAPTER 3

ROCKET

지금 운동을
시작해야 하는 이유

나는 수업 시작 십분 전 피트니스 스튜디오에 도착했다.

차를 타고 나가기 전, 거울 앞에 서서 어떤 옷을 입을지 한 시간 동안이나 고민했다. 지난주 인터넷으로 주문한 네 벌의 비싼 운동복을 한 벌씩 입어보고는, 결국 허벅지에 메시 절개가 있는 붉은색 뱀가죽 레깅스와 거기에 어울리는 상의를 입기로 했다. 수업 시작 전, 등과 다리 뒷부분의 근육을 풀어주고 있는 사람들을 훑어보니, 내 옷차림이 조금 과하단 생각이 들었다. 다들 후줄근한 티셔츠와 반바지 차림이었다. 나만 혼자 동떨어진 기분이다. 하지만 그럴 수밖에 없다. 이런 곳에서 운동을 하는 건 34년 인생에서 처음 겪는 일이기 때문이다.

연구진은 사람들이 20대 후반의 어느 시점에 이르면 평생 이어갈 운동 습관을 기르게 된다는 것을 발견했다. 그리고 이 운동 습관은 사람들의 건강과 장수에 영향을 미친다.[1] 보통은 25살이 되면 우리 뇌가 기억하고 있는 패턴들이 그대로 굳어지면서 새로운 패턴이 만들어지는 것을 방해한다. 그런데 데이터에 의하면 사람들의 활동량은 20대 때부터 서서히 줄어들게 되므로, 대체로 좋은 습관보다는 나쁜 습관이 몸에 배는 것이다.[2] 이것은 정확히 나를 설명하는 말이었다. 10년 전, 수많은 면접과 데이트, 자동차 여행으로 가득했던 그 시절의 내 주식은 팝콘, 라면, 초콜릿이었다. 운동이란 것은 내 머릿속 어떤 곳에도 존재하지 않았다.

요즘 들어 알게 된 사실은 나이가 들어도 새로운 취미를 갖는 게 가능하다는 것이다. 물론 어려운 일이긴 하다. 내가 난생 처음 운동을 하기로 마음먹은 이유는 엘라를 낳은 지 일 년이 다 되어 가는데도 여전히 임신 전보다 몸무게가 20킬로그램이나 더 나가기 때문이었다. 이건 내게 조금은 놀라운 일이었다. 20대를 보내는 동안 나의 몸무게는 신체질량지수로 따지면 건강한 편에 속했고, 별다른 신경을 쓰지 않아도 몸무게는 크게 변함이 없었다. 거의 앉아서만 지내는 생활 습관이나 잘못된 식습관도 내 허리둘레에는 아무런 영향을 주지 못하는 듯했다. 하지만 30대가 되자 무서울 정도로 모든 게 변했다. 이제는 휴가 때 조금 잘 먹기만 해도 곧장 바지 사이즈를 한 치수 올려 입어야 했다. 이렇게 되자 스스로가 몸을 관리하지 못하는 것 같아 당황스럽기까지 했다. 나는 계속되는 악몽에도 시달렸는데, 집 밖으로 나올 수도 없을 만큼 살이 쪄서 외식을 가기 위해 벤이 크레인으로 나를 꺼내주는 꿈을 꾸기도 했다.

어떤 조치든 빨리 취하지 않으면 이 같은 악몽이 현실이 되지 않으리란 법도 없을 것 같았다. 체중 감소 연구원들은 근육, 뼈, 장기를 유지시키는 에너지의 양인 기초대사율이 25살 때부터 줄어들기 시작한다는 것을 발견했다.[3] 그리고 이후 10년마다 기초대사율은 2퍼센트 혹은 그 이상 감소해 나간다.[4] 실제로 이것은 현재 내가 소모하는 칼로리의 양이 10년 전보다 일일 50칼로리에서 100칼로리 정도 줄었다는 걸 뜻한다. 뉴욕대학교 의과대학의 체중관리 센터장 홀리 로프튼은 많은 사람들이 30대가 되면서 몸무게가 증가한 후에야 자신의 몸이 얼마나 많이 변했는지를 깨닫게 된다고 말한다. 그는 이런 변화에 맞서기 위해서는 칼로리 섭취를 줄이거나 신체 활동을 늘리는 것밖에 없다고 덧붙였다. 나는 현실을 깨닫기 시작했다. 크레인에 실려 집 밖으로 나가는 일만큼은 막기 위해 내가 두려워하는 운동과 마주해야만 했다.

내가 운동에 대해 공포를 갖기 시작한 것은 중학교 때로 거슬러 올라간다. 10대 때 나는 확실히 운동에 재능이 없었다. 체육 시간마다 농구장과 축구장을 숨이 차게 뛰어다녔을 뿐, 공은 제대로 만져보질 못했다.

나는 8학년 때 싱가포르 전국 체력장에서 거의 낙제를 할 뻔했다. 연습으로 1마일 반 정도를 뛰자 옆구리가 결려 오기 시작했다. 학창 시절 운동 선수였던 아버지는 이런 내 모습이 그저 놀라웠을 것이다. 아버지는 운동에 재능이 있었는데 크리켓, 축구, 하키, 배드민턴, 골프 심지어 탁구까지 잘하셨다. 아버지의 어릴 적 흑백 사진을 보면 대부분 반바지 차림으로 팀원들과 환하게 웃고 계셨다. 아버지는 소속 팀의 주장을 맡기도 하셨는데, 트로피를 너무 많이 받아서 식구들은 그걸 다 어디에 보관해야 할지 고민할 정도였다. 나 때문에 우리 가족은 저녁 식탁에 다 같이 모여 앉아 내가 체력장에 통과해서 보충 수업을 받지 않도록 함께 고민해야 했다. 아버지는 인내심을 갖고 주말마다 나를 공원에 데리고 가 낙제만 겨우 면할 정도의 기록이 나오도록 달리기 연습을 도와주셨다. 아버지는 나와 함께 뛰다가 내가 숨이 차서 더 이상 뛰지 못하면 또 함께 걸어 주셨다.

시간이 흐르고, 더 이상 이와 같은 운동을 할 필요가 없는 시기에 이르자 나는 그간 내 어깨를 짓누르고 있던 무거운 짐이

사라진 것 같은 느낌이었다. 스피닝, 발레핏, 필라테스가 유행이었던 20대 때도 나는 무슨 전염병이라도 되는 듯 운동을 피해 다녔다. 남자친구가 데이트로 하이킹이나 암벽 등반을 가자고 하면 나는 정중히 거절했고, 저 사람과는 절대 맺어질 수 없겠다는 결론을 내렸다.

그랬던 내가 뱀가죽 레깅스 차림을 하고 이 세련된 스튜디오에 왜 오게 된 걸까? 이것은 절망의 몸짓과 다름없었다. 일주일 전쯤, 나는 비참한 오후를 보냈다. 칵테일파티에 가기 위해 입을 옷을 고르느라 옷장에 있는 드레스란 드레스는 다 입어 봤지만 맞는 게 하나도 없었던 것이다. 좌절한 나는 곧장 집 근처 피트니스 스튜디오를 검색했다. '완벽한 몸매 변신'을 약속하는 스튜디오의 이름이 검색 결과에 걸렸다. 나는 즉시 그곳에 등록했다.

그리고 나는 이곳에 와 있다. 오후 5시 30분, 이마 위로 붉은색 머리가 구불거리는 근육질의 남자, 조니 브라보가 문을 열고 들어왔다. 남자는 큰 소리로 수업 시작을 외치더니 그 안에 있는 모든 사람들과 힘차게 하이파이브를 했다. 이 스튜디오의 특징은 모든 회원들이 모니터를 사용하는 것이다. 회원들은 자신의 심박수가 오르내리는 걸 화면을 통해 실시간으로 관찰할 수 있다.

그가 교대로 웨이트 트레이닝, 조정, 러닝에 관한 운동 방식을 설명하는 동안 나는 눈이 흐릿해졌다. 그는 내게 열정적으로 엄지를 치켜세우며 미소를 지었다. 비어 있는 러닝머신을 찾은 나는 시속 2마일로 달리기 시작했다. 내 심박수는 빨간색으로 표시된 위험 구간까지 올라갔다. 내 옆에 60대에 가까워 보이는 남자는 시속 7.5마일로 달리고 있었다. 그런데 땀도 흘리지 않았고, 심박수도 여전히 파란색의 안정 구간에 머물러 있었다. 나는 속으로 '이러다가 곧 죽겠구나' 하고 생각했다.

'내가 심장마비로 러닝머신에서 굴러 떨어져도 그는 저기서 아무렇지도 않게 벤 헤일런 노래를 크게 틀고 있겠지. 나를 들것에 실고 가는 구급대원에게조차 하이파이브를 하자고 할 거야.'

((다이어트용 운동 말고))

피트니스 스튜디오에 등록한 것은 몸무게 관리를 위한 최후의 보루였다. 오프라 윈프리부터 기네스 펠트로까지 운동은 우리 모두가 꿈꿔 온 날씬한 몸매를 얻을 수 있는 길이라고 말한다.[5] 그렇다면 실제로 과학은 운동과 체중 조절의 관계에 대해 어떻게 말할까? 의학 학술지를 찾아보니 운동은 특히 신진대사량이 낮아지기 시작하는 나이부터 몸무게를 줄여주는 데 매우 효과적이라고 한다.[6] 이건 내게도 좋은 소식이었다. 30대에 들어선 이후 내 몸무게는 매년 천천히 증가하기 시작했다. 임신으로 7킬로그램이 늘기도 전부터 말이다. 그러나 연구자들은 몸무게를 많이 줄이기 위해서는 운동과 함께 칼로리 제한을 병행해야 한다고 설명한다.[7] 그러니까 운동을 하는 동시에 케이크 섭취도 줄여야만 한다는 뜻이다.

내 식습관에 고칠 점이 많다는 건 나 스스로도 인정한다. 20대 때 직접 요리를 해서 균형 잡힌 식사를 하기에는 너무 바빴다. 그렇다 보니 끼니는 주로 테이크아웃으로 해결했다. 특히 스트레스를 받으면 군것질을 많이 했는데, 항상 초콜릿과 팝콘에 손이 갔다. 그러나 이것은 비단 나만의 문제가 아니었나 보다. 이와 관련하여 대대적으로 진행된 한 연구에 따르면, 사람들은 독립을 하는 시기인 20대 초반에 주로 나쁜 습관을 갖게 된다고 한다. 18세에서 25세 사이의 사람들 가운데 60퍼센트는 과일과 채소를 충분히 섭취하지 않고, 또 이들 중 39퍼센트는 하루 세 끼를 규칙적으로 먹지 않는다. 또 동일 연령대의 사람들 중 60퍼센트는 초콜릿, 과자, 탄산음료 등의 건강하지 않은 간식을 일일 4회 이상 섭취하고 있다.[8] 나는 이런 나쁜 식습관을 20대에 이어 30대까지도 계속 유지해 오고 있다. 하지만 엘라가 태어나면서부터 나쁜 생활 습관을 바꾸고 영양가 있는 음식을 만들려고 노력했다. 하지만 이건 나를 위한 게 아니라 엘라를 위한 것이었다.

좋은 소식은 식이요법과 운동을 병행하면 확실히 살이 빠진다는 것이다. 브라운대학교에서는 최소 13킬로그램을 감량하고 유지한 성인 만 명 이상의 식습관을 오랜 기간 연구한 결과, 감량에 성공한 사람들 사이에서 몇 가지 공통점을 발견했다. 그들은 칼로리 섭취를 제한하고, 고열량 음식을 멀리하며, 먹는 양에 신경을 썼다. 하지만 더 중요한 점은 식이요법과 규칙적인 운동을 병행했다는 점이다. 다시 말하면, 운동은 체중 감소 가속과 체중 감소 유지의 핵심이다.[9]

운동에 관한 다양한 연구들을 살펴본 후, 나는 운동이 가진 여러 장점에 비하면 체중 감량은 그저 빙산의 일각이라는 걸 알게 되었다. 여러 연구에 의하면, 규칙적으로 운동을 한 사람들은 여러 종류의 암, 2형 당뇨, 고혈압, 뇌졸중, 알츠하이머와 같은 심각한 질병을 예방할 수 있다. 그런데 그중에서 가장 내 눈길을 끈 것은 규칙적인 운동을 통해 수명이 몇 년 정도 연장될 수 있다는 점이었다.

수십 년 동안 의사들은 운동이 장수에 도움이 된다고 추측해 왔지만, 이렇다 할 결정적인 증거를 찾진 못했다. 하지만 1989년 하버드대학교에서 이루어진 획기적인 연구를 통해 꾸준한 운동 습관이 수명 연장에 직접적인 영향을 미친다는 결정적인 증거를 발견한다. 연구원들은 35세에서 74세 사이의 하버드대 졸업생 1만 6,939명을 12년에서 16년 동안 추적 관찰했다.[10] 이들은 관찰 대상자들의 대학 시절 건강 기록을 살펴보고, 신입생 때 신체검사 결과를 연구했다. 또한 학교 대표팀 선수를 한 적이 있으면 그런 사실을 표시해 두었고, 그렇지 않은 사람들의 경우에는 그들의 운동량에 대해서 조사했다. 그들이 졸업한 후에는 우편을 통해 정기적으로 설문을 실시하여 건강 상태와 질병 여부에 대해서 조사했다. 시간이 흘러 연구원들은 하버드대 동문회로부터 사망 통지를 받게 되었고 사망한 관찰 대상자들의 사망 원인을 확인할 수 있었다. 연구원들은 신체 활동이 많은 사람들에게서 조기 사망률이 낮게 나타나는 것을 발견했다. 즉, 주당 500칼로리에서 3,500칼로리를 연소시키는 사람들은 심장 질환 및 호흡기 질환에 의한 조기 사망 확률이 낮았다. 연구원들은 80대에 접어들더라도 앉아서 생활하기보다 충분히 운동을 해주면 수명이 최대 2년 정도는 더 늘 수 있다고 말한다.

얼마 전까지만 해도 이런 말들은 나에게 아무런 의미가 없었다. 노년에 고작 몇 년 더 살 수 있을지 없을지에 대해서는 별 관심이 없었기 때문이다. 하지만 엘라가 태어남과 동시에 모든 게 바뀌었다. 엘라가 아직 어리긴 하지만 가끔 나는 엘라가 대학에 갔을 때, 결혼을 했을 때, 혹은 아이를 낳았을 때 과연 내가 몇 살일지 생각해보곤 한다. 나이가 들어서 다만 몇 년이라도 더 건강하게 엘라와 시간을 보낼 수 있다면 나는 무엇이든 할 것이다. 그리고 이것을 실현시켜줄 입증된 방법은 바로 운동이었다.

((건강 재설정 버튼))

연구를 진행하는 동안 하버드 연구진은 예상치 못한 정보를 발견했다. 수천 명의 일생을 분석한 결과, 그들이 어렸을 때 혹은 대학생 때 얼마나 활동적이었는지는 생명을 몇 년 더 연장시키는 데 아무런 영향을 주지 않았다. 연구에 의하면 인생의 초반 20년 동안 아무리 많은 운동을 했더라도, 그로 인한 긍정적인 영향은 인생의 말년까지 이어지지 않는다. 하지만 25세에서 35세 사이에 형성하는 운동 습관은 장수에 직접적인 영향을 미친다. 다시 말해, 건강하게 오래 살기 위해서는 이때 제대로 된 운동 습관을 기르는 것이 중요하다.

한 예로, 연구원들은 어린 시절의 대부분을 운동을 하며 보낸 학교 대표팀 선수들이 대학교 때 운동을 전혀 하지 않은 사람들보다 더 건강하거나 오래 사는 건 아니라는 사실을 발견했다.

즉, 이 선수들의 수명은 대학 졸업 후 이들의 생활 태도에 달려 있는 것이다. 만일 대표팀 선수들이 졸업을 한 후 운동을 그만두면, 이들의 사망 위험은 운동을 전혀 하지 않았던 다른 동창들과 같아지게 될 것이다. 반대로 대학교 때는 특별히 운동을 많이 하진 않았지만 졸업 후 꾸준히 좋은 운동 습관을 기른 사람들은 수명이 몇 년 더 연장될 수도 있다.

이 같은 연구 결과는 선천적으로 운동을 잘하는 사람들일지라도 건강과 장수에 있어서는 그렇지 않은 사람보다 별로 유리한 게 없음을 시사하기도 한다. 피구 팀을 짤 때 항상 꼴찌로 뽑혔던 나 같은 사람들에게도 건강하고 오래 살 수 있는 기회가 아직 있는 셈이다. "장수를 하기 위해서는 건강한 체질을 물려받는 것보다 적절한 운동을 지속적으로 하는 것이 더 중요하다"라고 연구원들은 말한다.

이 모든 사실이 내게는 그저 놀랍기만 했다. 나는 어린 시절에 운동을 거의 하지 않아서 아마도 수명이 몇 년은 단축되었을 거라고 생각했다. 또 평생 건강을 유지하기 위해서는 어릴 때 운동을 하는 것이 무엇보다 중요하다는 말을 지겹게 듣곤 했다. 나는 전 영부인인 미셸 오바마의 '렛츠 무브!' 운동을 통해서도 그렇게 배웠다. 미셸 오바마는 전국을 다니며 아이들의 신체 활동 시간을 늘리기 위해 노력했는데, 한번은 일곱 살 아이들과

홀라후프를 하기도 하고, 〈엘렌 드제너러스 쇼〉에 출연해서 중학생들과 함께 운동을 하기도 했다. 의학 보고서를 읽어본 나는, 어릴 때 운동을 하면 소아비만과 당뇨 같은 심각한 질병을 예방할 수 있다는 사실을 분명히 알 수 있었다. 하지만 어릴 때의 운동 습관이 성인이 되어서까지 건강이나 장수를 보장해주진 않는다.

이 말은 곧 우리 모두는 20대 중반에 건강을 다시 설정할 수 있는 버튼을 갖는다는 뜻이다. 나처럼 어린 시절 체육 시간을 피하려고만 했던 사람들에게는 좋은 소식이 아닐 수 없다. 성인이 된 후에도 우리는 노년까지 지속할 수 있는 건강한 운동 습관을 기를 또 다른 기회를 얻게 되는 것이다. 반면 어렸을 때 운동을 좋아하던 활동적인 사람들 역시 건강한 운동 습관을 30대와 그 이후까지 이어 가기 위해서 계획적인 선택을 할 필요가 있다. 과거에 운동을 얼마나 했는지와는 상관없이, 우리 모두는 20대 때 앞으로의 건강을 결정할 기회를 얻는다.

((지금 운동을 멀리하면))

이제 현실을 직시할 시간이다. 20대 때는 운동을 우선시하기가 매우 어렵다는 것을 나도 잘 알고 있다. 머리로는 그것이 얼마나 중요한지 잘 알고 있다 해도 말이다. 이 시기에는 운동만큼이나 신경 써야 하는 크고 작은 중요한 일들이 많다. 몇 달에 한 번씩은 존재적 딜레마를 겪기도 한다. 왜 사람들은 아이를 갖는 것일까? 틴더에서 만난 그 남자가 과연 내 소울 메이트일까? 날마다 결정할 일들은 또 왜 이렇게 많은 건지. 이 회사에 꼭 지원을 해야 할까? 면접에는 뭘 입고 가지? 이 사람이랑 또 만나 볼까? 이런 사소하면서도 중요한 일들이 피트니스를 하고 말겠다는 다짐을 물거품으로 만든다.

나는 또래 중에서도 특히나 운동량이 없는 편이었지만, 데이터에 의하면 대부분의 사람들이 20대를 보내면서 점점 운동을 덜하게 된다고 한다. 어렸을 때나 대학생 때 운동을 사랑했던 사람일지라도 이 시기를 거치는 동안에는 규칙적으로 운동하기가 어려워진다. 연구원들이 오랜 기간 진행한 연구를 보면, 18세에서 29세 사이의 사람들에게서 '지속적 운동 저하 양상'이 나타나는 것을 볼 수 있다.[11] 일반적으로 이 현상은 남성들보다는 여성들에게서 더 많이 나타나지만, 남녀 모두 운동량이 감소하는 것은 사실이다. 그러다가 30대에 들어서면서 이후 35년 동안 운동량이 제법 안정적으로 유지된다.[12] 만약 28세 때 소파에 앉아 맥주나 마시면서 세월을 보냈다면, 68세가 되었을 때도 똑같은 모습으로 앉아 있을 확률이 높다. 이것은 앞서 25세에서 35세 사이에 형성되는 운동 습관이 인생에 큰 영향을 미친다는 하버드대 연구를 뒷받침해 주는 부분이다. 이 모든 자료를 통해 우리는 30대 초반의 사람들이 일상적으로 유지하는 운동 습관은 의식적으로 바꾸려고 노력하지 않는 한 평생 이어질 수 있다는 걸 알 수 있다.

내 남편이 바로 이런 경우에 속한다. 나와 달리 벤은 어렸을 적 놀랍도록 활동적인 아이였다. 고등학교 때를 비교해보면 우리는 완전히 다른 세계에 살았다. 내가 말하기 대회를 준비했다면, 벤은 타구 연습을 하거나 땅볼을 잡으러 다녔다. 내가 대학교에서 벤을 만났을 때, 그는 아주 건강한 모습이었다. 벤은 항상 안뜰에서 프리스비를 하거나 공강 때마다 농구를 하곤 했다. 하지만 데이터가 예측한 대로 벤의 운동량은 조금씩 줄어들었다. 게다가 박사 과정에 참여하면서 벤은 시간을 내서 달리기를 하거나 교내 스포츠 팀에 참가하는 일이 더욱 어려워졌다. 최근에는 가족에 대한 의무 때문에 또다시 그때와 같은 상황을 마주하고 있다. 오늘날 바쁜 직장일과 우리의 모든 관심을 독차지하는 아이 사이에서 벤은 운동을 아예 포기한 듯했다.

또한 어릴 적부터 팀 스포츠를 좋아했던 벤은 나와는 다른 어려움도 있었다. 벤에게 운동은 단순한 스포츠와는 달랐다. 벤이

야구를 좋아한 이유는 그것을 통해 느끼는 경쟁심과 팀원들 간의 결속력 때문이었다. 건강은 야구로 인해 얻는 부차적인 것일 뿐이었다. 하지만 몸매 유지를 위해 성인들이 하는 운동의 대부분은 달리기나 근력 운동과 같이 주로 홀로 하는 것들이다. 내가 하는 그룹 운동은 다른 사람들과 같이 하는 것이긴 하지만, 수업만 끝나면 다들 황급히 가 버리기 일쑤다. 이런 운동들은 벤에게 전혀 매력적으로 다가오지 않았다.

서던캘리포니아대학교의 건강 및 운동 과학자 숀 소렌슨은 벤과 같은 사람을 '운동선수 카우치 포테이토'라고 지칭한다. 그와 그의 동료는 일련의 연구를 위해 500명의 학생과 졸업생들을 대상으로 운동 습관을 관찰했다.[13] 관찰을 통해 그는 전직 운동선수들도 운동을 하지 않은 사람들만큼이나 앉아서만 생활하는 삶을 살 가능성이 있다는 것을 발견했다. 카우치 포테이토가 되어버린 운동선수들과 인터뷰를 진행하면서, 숀 소렌슨은 오늘날 운동선수들이 매우 어린 나이부터 운동을 배우기 시작하며 지속적인 지도와 철저하게 짜인 훈련 프로그램을 따르고 있다는 것을 알게 되었다. 대학 진학을 하고 나면 이와 같은 관리는 한층 더 심화된다. 이와 관련하여 코치, 물리치료사, 영양사, 스포츠 심리학자 등이 연계해서 선수 지원에 나선다. 그런데 이런 선수들이 대학을 졸업한 후 자기 마음대로 생활할 수 있는 자유를 얻게 되면 오히려 대다수의 선수들이 혼자 운동하는 걸 힘들어한다. 소렌슨은 가족, 코치, 팀원 등 운동을 하게끔 만드는 외적인 동기가 많은 선수일수록 자신이 운동을 해야 하는 본질적인 동기를 찾기 힘들어한다고 말한다.

또한 앞에서도 말했듯이, 어릴 때나 대학교 때 운동을 한 것만으로는 건강과 수명에 아무런 영향도 끼치지 못한다. 20대 이후에도 지속적으로 운동을 하지 않는다면 말이다. 이것은 고강도 운동을 하는 선수들에게도 마찬가지로 적용된다. 2015년 엘리트 대학생 선수들의 수명을 조사한 연구에서 선수들이 운동을 하는 시기에는 몸이 굉장히 건강하지만, 그것이 나이가 들어서까지 이어지는 것은 아니라는 것을 발견했다. 즉 "대학생 운동선수들은 경쟁 스포츠에서 은퇴를 한 후에도 꾸준히 운동 패턴을 유지해야만 건강한 삶을 살 수 있다"고 결론지었다.[14]

20대 후반, 벤과 나는 둘 다 몸매가 썩 좋은 편은 아니었다. 어릴 적 뛰어난 운동선수였던 그와 팀 스포츠를 할 때면 늘 벤치에 앉아 있던 내가 어째서 똑같은 처지에 놓이게 된 건지 나로서는 알 길이 없었다. 우리는 둘 다 일을 하느라 많은 시간을 보냈고, 식사는 주로 사 먹었다. 주말이 되어도 밖으로 산책 나갈 시간조차 갖기 어려웠다.

무서운 것은 건강하지 않은 습관이 우리에게 부정적인 영향을 끼치는 데는 그리 오랜 시간이 걸리지 않는다는 것이다. 2017년 블루크로스 블루실드 보험사는 보험에 가입한 21세부터 36세 사이 5,500만 명의 사람들에 관한 데이터를 분석했다. 이를 통해 27세를 기점으로 많은 사람들의 건강이 나빠지기 시작한다는 것을 발견한다.[15] 연구진들은 이것이 일반적인 노화보다 더 심각한 수준의 악화라고 말했다. 그 나이대의 많은 사람들은 갑작스럽게 평균보다 높은 수준의 비만, 당뇨, 우울증, 내분비 및 심혈관계 질환을 경험한다. 이런 데이터가 나에게, 혹은 당신에게 해당될 수도 있다고 생각해보면 이는 정말 무서운 일이다.

대부분의 사람들은 20대 때 운동을 하지 않게 되는 것이 얼마나 쉬운지 잘 모르고 있다. 자신도 모르는 사이에 그렇게 되어버리기 때문이다. 예를 들어 회사에서 흥미로운 프로젝트에 동원되어 장시간 일하다 보면 저녁 조깅은 건너뛰게 되고, 새로운 도시로 이사를 가면 새로운 헬스클럽에 등록하지 않게 된다. 또한 사랑에 빠지면 그 사람과 매 순간 함께 있고 싶은 마음에 토요일 아침 농구는 자연스럽게 빠지게 된다.

하지만 아는 것은 힘이다. 이 시기에 활동량이 감소된다는 사실을 알게 되면, 우리는 자신의 일상생활에 대해 더 많은 경각심을 가질 수 있다. 스스로가 언제부터 대부분 시간을 앉아서 보내게 된 것인지 관찰해볼 수 있는 것이다. 운동하는 습관을 기르기 위해 더 많은 노력을 해볼 수도 있다. 또 만약 나처럼 20대의 시기를 놓쳐버린 사람이라면, 이제라도 늦지 않았으니 시작하면 된다. (하지만 지금 보다시피 더 많은 의지가 필요할 것이다.)

((새로운 습관 설계하기))

그렇다면 운동하는 습관을 어떻게 기를 수 있을까? 이와 관련하여 많은 연구 자료들이 있다. 10년이 넘도록 신경과학자들은 습관 형성과 관련한 과학에 매료되어 왔다. 우리의 뇌 활동을 연구한 결과, 신경학자들은 새로운 행동을 학습하고 그것을 습관으로 만들기 위해 대뇌피질의 여러 영역 사이에서 연결을 발생시키는 복잡한 신경학적 과정이 작용한다는 것을 발견했다. 또 이들은 적절한 신호와 보상을 통해 새로운 습관을 형성하도록 뇌를 훈련시킬 수 있다는 사실을 알게 되었다.

우선 신경학자들은 나이가 어릴수록 새로운 습관을 형성하는 것이 쉽다는 것을 발견했다. 태어나면서부터 25살이 될 때까지 우리의 뇌는 계속해서 형성된다. 그렇기 때문에 이 시기에 새로운 개념이나 행동을 배우기가 더 쉬운 것이다.[16] 새로운 것을 배울 때 우리는 뇌의 여러 부분을 연결시키는데, 신경학자들은 이를 '신경로'라고 부른다. 간단한 예를 들어, 우리가 만일 새로운 단어를 보면 시각 피질에 있는 일부 뉴런들은 단어의 철자를 기록하고, 청각 피질에 있는 뉴런들은 단어의 발음을 인지하게 해준다. 그리고 뇌의 연합영역에 있는 뉴런들은 이 새로운 단어를 우리가 기존에 알고 있는 것과 연관 지을 수 있도록 해준다.[17] 어릴 때 우리의 뇌는 이런 신경망들을 만들기 위해 더 많은 가소성을 지니고 있다. 따라서 아이들이 비교적 쉽게 새로운 언어를 배울 수 있는 것이다.

하지만 20대 중반이 되면서 변화가 일어나기 시작한다.[18] 같은 신경로를 계속해서 많이 사용할수록 이 신경로는 뇌의 더 깊은 곳으로 이동하게 된다. 이 말은 신경로가 고정되기 시작한다는 것이다. 이에 따라 우리의 뇌는 새로 신경로를 만들기 위해 노력하기보다는, 이미 갖고 있는 것을 다시 사용하려는 경향이 있다. 세계적인 신경과학자 타라 스와트의 말을 빌리자면 우리의 뇌는 "본질적으로 게으르"기 때문이며, 마음대로 할 수 있도록 둔다면 뇌는 가장 에너지 효율이 좋은 경로를 고를 것이라고 한다.[19] 또한 습관을 기르는 것은 본질적으로 배우는 과정을 의미하기 때문에, 나이가 들수록 새로운 습관을 갖기가 더욱더 어려운 것이다.

이와 같은 신경학적인 이유 외에도 우리의 20대가 건강한 습관을 형성하는 데 있어 중요한 시기인 이유는 더 있다. 20대가 되면 대부분의 사람들이 처음으로 자신의 생활방식을 통제하게 된다. 이전까지는 주로 다른 사람들에 의해 우리의 일과가 정해 졌다. 어릴 때는 부모님이 잠잘 시간을 정하거나, 코치가 시키는 대로 연습이나 운동을 하면 됐다. 대학에 가서도 밥은 학교 식당 에서 먹는다. 하지만 20대 초반이 되면 우리는 홀로서기를 위해 세상에 내던져진다. 그때부터는 스스로 잠잘 시간과 일어날 시 간을 정하고 끼니마다 무얼 먹을지 고민하기 시작한다. 그리고 운동을 할 것인지도 결정해야 하고, 만일 하기로 결정했다면 바 쁜 스케줄 속에 운동할 시간을 어떻게 끼워 넣을지도 생각해야 한다. 세계적인 베스트셀러 《습관의 힘The Power of Habit》의 저자인 찰스 두히그는 20대 때는 모든 습관을 '가질 수 있다'라고 말했 다.[20]

20대 때 운동 습관을 기르는 것이 훨씬 쉬운 데에는 여러 이 유가 있다. 현재 30대인 나는 완전히 새롭게 습관을 형성해야 할 뿐만 아니라, 지난 10년 동안 내 삶에 깊이 뿌리내린 수많은 습관에도 맞서야 한다. 하지만 지금 이 순간에도 운동의 필요성 에 대해서 심각하게 받아들이지 않는다면, 40대가 되고 50대가 되어 아무리 노력을 한다 해도 그때는 운동 습관을 형성하는 게 더욱 힘들어질 것이다.

((습관의 세 영역))

결국 나는 첫 운동을 가까스로 마쳤다. 내가 러닝머신 위에서 죽음의 문턱까지 다녀온 후, 조니 브라보는 스튜디오 안에 있는 사람들 모두에게 바벨을 들고 스모 스쿼트를 시켰다. 그건 마치 무슨 중세 고문 같았다. 다음 날, 내 허벅지는 고통의 비명을 질러 댔다. 무릎을 굽히고 앉으려고만 하면 참을 수 없는 고통이 밀려와 6시간마다 소염진통제를 먹고 침대에 하루 종일 누워 있었다.

그러고 나니 두 번째 수업을 가고 싶은 마음이 전혀 생기지 않았다. 수많은 연구 자료들을 통해 운동이 중요하다는 것을 머리로는 알고 있었다. 하지만 다음 운동 수업 시간을 예약하기 위해서 헬스클럽 어플리케이션을 켤 때마다 나도 모르게 핑곗거리를 생각하게 됐다. 내일 갈까? 잠도 중요하잖아! 그냥 자는 게 좋겠어. 며칠 후에 마감해야 할 중요한 업무가 있지 않았나? 이런 핑곗거리를 생각하기 이전에 나에게는 이미 바꾸기 힘들어 보이는, 매일매일 반복되는 일상생활이 있다. 나는 아침에 일어나자마자 엘라의 등교를 돕고, 하루 종일 일을 한 후 저녁식사를 차린다. 여기에 한 시간 운동을 끼워 넣는 것쯤이야 별로 대수로운 일은 아니겠지만, 막상 하려니 엄청난 일처럼 느껴졌다.

이건 단지 나의 상상이 아니었다. 새로운 습관을 기르는 것은 매우 어려운 일이다. 앞서 나열한 신경학적 이유들뿐만 아니라, 실제로도 우리 뇌의 저항성은 종종 정당화와 핑계로 이어지곤 한다. 습관의 신경학에 대해 수년간 연구해온 두히그에 따르면, 우리의 뇌는 최대한 자동으로 조종되도록 만들어졌다. 그래서 우리는 과도하게 많은 결정을 내리지 않아도 된다. 습관 덕분에 기상, 샤워, 양치, 안전벨트 착용, 자동차 시동 걸기 같은 행동들은 생각을 거치지 않고 할 수 있다. 만약 이 모든 행동들을 할 때마다 생각을 거쳐야 한다면 우리는 쉽게 지쳐버릴 것이고, 업무상 힘든 일을 할 때처럼 고도의 인지 능력을 필요로 하는 상황에 집중을 못할 수 있다. 이처럼 우리의 뇌는 우리의 습관과 일상이 변하는 걸 적극적으로 막는다. 만약 당신의 뇌가 운동을 하고자 하는 자신의 좋은 의도를 방해하는 듯한 느낌이 들었다면, 그것은 실제로 그런 것이다.

그렇다면 사람들은 어떻게 새로운 습관을 만들 수 있는 것일까? 두 번째 운동 수업을 가는 것뿐만 아니라, 운동을 아예 생각도 할 필요 없는 습관적 행동으로 만들기 위해서 나는 무엇을 해야 할까? 두히그는 신경학자들의 말을 빌려 모든 습관에는 세 가지 구성 요소가 있다고 말한다. 행동을 시작하게 만드는 신호,

행동 그 자체 그리고 그 후의 보상이 바로 그 세 가지다. 마지막 과정인 보상은 초반의 습관 형성에 있어 중요한 부분이다. 하지만 시간이 흐르면서 행동이 자동적으로 실행될수록 보상의 중요성은 점차 줄어든다.

간단한 예로, 원숭이들이 새로운 습관을 기르기 위해서 어떻게 훈련을 받는지 알아보자. 실험에서 신경과학자들은 원숭이들 앞에 컴퓨터 모니터를 두었다. 모니터 화면에 색이 나타날 때 원숭이가 화면에 있는 색과 같은 색의 버튼을 누르면 원숭이들이 좋아하는 블랙베리 주스를 소량 얻을 수 있다. 하지만 시간이 지나면서 원숭이들이 화면과 같은 색의 버튼을 누르는 것은 습관적 행동으로 자리 잡는다. 심지어 맛있는 주스라는 보상이 따르지 않았을 때도 원숭이들은 같은 색의 버튼을 눌렀다. 이때 과학자들이 원숭이의 뇌를 연구해보니 버튼 누르기에 관여하는 신경로가 전보다 두꺼워진 것을 발견했다.

두히그는 인간이 새로운 습관을 만들 때도 이와 비슷한 양상이 나타난다고 한다. 우리는 신호와 보상의 시스템을 통해 특정 행동을 하도록 뇌를 속일 수 있다. 그러다 시간이 지나면 그 행동은 습관화되기 때문에 보상은 더 이상 필요 없게 된다. 많은 연구를 통해 이 같은 전략은 운동 습관을 만드는 데 큰 효과가 있다는 사실이 밝혀졌다.

두히그는 뉴멕시코 주립대학교의 2002년 연구를 인용하여 사람들이 어떻게 운동 습관을 형성하는지에 대해 살펴봤다. 연구원들은 일주일에 적어도 세 번 이상 운동을 하는 266명을 관찰하였는데, 이들 중 대부분은 내가 그랬던 것처럼 충동적으로 운동을 시작했다. 또 일부 실험자들의 경우에는 단순히 자유 시간을 보내기 위해, 혹은 스트레스를 해소하기 위해 운동을 시작하기도 했다. 하지만 어떤 사람들은 운동을 습관으로 만들지 못한 반면, 어떤 사람들은 운동을 습관화했는데, 그럴 수 있었던 이유는 구체적인 신호와 보상이 있었기 때문이었다. 행동이 자동적으로 몸에 배려면 신호와 보상이 둘 다 필요하다. 여기서 신호란, 예를 들면 아침 식사 전에 신발 끈을 묶거나 오후 5시에 러닝을 하기 위해 일을 줄이는 것 등 어떤 것이든 포함된다. 보상은 자신이 진심으로 즐기는 것이라면 무엇이든 가능하다. 조깅으로 수 마일을 달린 후 느끼는 성취감부터 운동 후 저녁 식사 때 먹는 디저트까지 말이다.

두히그는 장시간 달리기를 하고 난 뒤에 분비되는 엔도르핀 같은 운동 고유의 보상은 대부분의 사람들로 하여금 운동을 계속하도록 만드는 동기가 되지 못한다고 말한다. 따라서 처음부터 운동을 끝낸 후 나 자신을 위한 보상을 정해두는 것이 도움이 된다. 가령, 조그만 초콜릿 같은 걸로 말이다. 대부분의 사람들은 살을 빼기 위해서 운동을 하기 때문에 이런 보상은 직관에 반하는 행동이긴 하다. 하지만 이렇게 하는 목적은 특정 신호('5시다')와 반복적 행동('3마일 달려야지!') 그리고 보상('초콜릿')을 연결하도록 뇌를 훈련시키는 것이다. 앞서 말한 원숭이들처럼 그 행동은 점차적으로 몸에 깊이 배어서 더 이상 보상을 받지 않아도 된다.[21]

이 모든 것들은 내게 무척 흥미로운 이야기였다. 나는 스스로에게 좀 더 직접적이고 신나는 보상을 주기로 결정했다. 그것은 바로 옷이었다. 매번 운동이 끝난 후, 나는 새로운 운동복을 한 벌씩 샀다. 그럴 만도 했던 것이, 첫 수업에 입고 간 붉은색 뱀가죽 레깅스를 사기 전까지 그럴듯한 운동복이 하나도 없었다. 그 후 몇 주 동안 나는 매 수업마다 파란 메탈 소재의 옷부터 가죽처럼 보이는 검정색 바지와 매듭이 복잡한 윗도리까지 눈에 띄는 운동복을 입고 갔다. 피트니스 스튜디오에서 패션에 조금이라도 관심이 있는 사람이 나뿐이란 사실을 굳이 신경 쓰지 않으려고 노력했다.

이런 전략은 꽤 효과가 있는 듯했다. 그렇다고 쉬운 일은 아니었지만 말이다. 첫 2주 동안 나는 반드시 운동을 가야 한다고 스스로를 설득해야 했다. 그러나 얼마 지나지 않아 운동을 가는 것이 내 여가 시간을 갉아먹는 일임을 알게 되었다. 오후에 책을 읽거나 저녁 메뉴의 레시피를 훑어볼 시간이 줄어들었기 때문이다. 하지만 그럼에도 불구하고 나는 겨우겨우 일주일에 세 번씩 5시 30분 수업에 참석했다. 운동에서 돌아오면 나는 인터넷으로 귀여운 레깅스, 양말, 탱크톱 등 새 운동복을 고르며 스스로에게 보상을 주었다. 한 달이 지나자, 드디어 운동은 반복적 행동으로 자리 잡게 되었다. 월요일, 수요일, 금요일 5시가 되면 나는 자동적으로 운동복을 갈아입고 문 밖으로 나갔다. 하지만 새로운 운동복을 고를 수 있다는 기대감은 더 이상 엄청난 동기가 되지 못했다. 사실 그 즈음 내 옷장이 운동복으로 가득 채워지긴 했다. 그래서 결국 나는 운동 수업 후 새로운 운동복을 쇼핑하는 일을 멈췄다.

((삶이 바뀌는 시간들))

두히그는 모든 습관이 똑같이 만들어지는 것은 아니라고 말한다. 연구원들은 다른 습관들을 연달아 변화시키는, 즉 연쇄 반응을 작동시키는 힘을 지닌 습관들이 있다는 것을 발견했다. 두히그는 이런 습관을 '핵심 습관'이라고 칭했다. 운동이 바로 그런 핵심 습관 중 하나이다. 두히그는 이렇게 말한다.

"전에는 굉장히 어렵고 무섭게 느껴졌던 운동 등을 통해 삶을 바꾸는 방법을 배우게 되면 … 다른 모든 것에 대한 자신의 관리 능력을 다시 검토하게 된다."[22]

그런 일이 나한테도 일어났다. 운동을 시작하기 전부터 나는 가족을 위해 더 자주 요리를 해주고 영양가 있는 식단을 짜려고 노력해왔다. 하지만 규칙적으로 피트니스 스튜디오에 가면서 나는 완전한 변화란 불가능한 것이 아님을 믿게 되었다. 영화관에 가서도 팝콘을 먹지 않고, 저녁 메뉴를 파스타에서 구운 연어와 채소로 바꾸는 등 내게도 이렇게 강한 의지가 있다는 걸 깨닫게 된 것이다.

일 년이 지난 후에도 나는 여전히 피트니스 스튜디오를 규칙적으로 다니고 있다. 그 결과, 내 몸무게는 거의 임신 전으로 돌아와 있었다. 하지만 어쩌면 이보다 더 중요한 것은, 그 어느 때보다도 강해졌다는 기분이 든다는 것이었다. 나는 매주 운동을 가면서 더 빠른 속도로 더 오래 달릴 수 있게 되었다. 어떨 때는 더 높은 무게의 웨이트를 잡고 있는 나를 발견하기도 했다. 나는 이런 것들이 나의 일상생활에 어떤 영향을 미쳤는지 한눈에 알아챌 수도 있었다. 엘라를 안고 다니는 게 예전보다 수월해졌고, 공항에서 비행기를 놓치지 않기 위해 뛰어다녀도 숨을 헐떡이지 않고 게이트에 도착할 수 있었다.

이건 나에게 있어 정말 놀라운 변화였다. 평생 동안 나는 스스로를 지구상에서 걸어 다니는 사람들 중 운동과는 가장 거리가 먼 사람이라고만 생각해왔다. 민첩성이나 근력 같은 것은 말할 필요도 없이 말이다. 하지만 오늘날 나는 매주 규칙적으로 헬스클럽에 다니는 사람이 되었다. 이와 동시에 나 스스로에 대해 알고 있는 모든 걸 다시 생각해보게 됐다. 신진대사가 급격히 낮아지기 전, 그리고 성인으로서 나의 일과가 고정되기 전인 10년 전에 미리 운동을 시작했다면 더 좋았을 것이다. 하지만 운동을 시작하기에 너무 늦은 나이란 없다는 걸 나 스스로가 증명했다. 심지어 몇 년 동안 혹은 나처럼 평생 운동을 하지 않았어도 말이다. 그리고 운동이 주는 긍정적인 영향은 몇 십 년간 지속되어 나이가 들어서도 튼튼하고 건강한 몸을 유지시켜줄 것이다.

무엇보다 가장 충격적인 사실은 나 스스로가 운동을 약간 즐기고 있다는 것이다. 나는 더 이상 중학교 때 피구를 하던 기억을 떠올리지 않았다. 실제로 나는 매 수업마다 머리 위에서 터져 나오는 테크노 음악에 맞춰 가장 빠른 속도로 러닝머신을 뛰는 순간이 기다려졌다. 조니 브라보는 조심스럽게 음악을 내 속력에 맞췄다. 엔도르핀이 마구 분비되는 기분이다. 조니는 나가는 문 앞에 서서 나에게 열정적인 하이파이브를 건네기 위해 이두근을 들어 올리고 있었다. 나는 숨이 턱까지 차고 땀으로 흠뻑

젖었지만, 몸에 남아 있는 기운을 마지막 한 방울까지 짜내서 그
의 손바닥을 쳤다.

CHAPTER 4

ROCKET

누구와 사랑하고,
언제 결혼할 것인가

벤과 나는 인디아 팰리스라는 식당의 프라이빗 다이닝 룸에 앉아 있었다. 식당 안 가구들은 전부 붉은색 벨벳으로 뒤덮여 있고, 모퉁이 한편에는 커다란 황금빛 코끼리상이 자리를 차지하고 있다. 누가 틀었는지 발리우드* 최고 인기곡이 흘러나왔다. 굉장히 흥겨운 분위기였지만, 식당 내부에 사람이라고는 우리 둘뿐이라 조금은 지나친 감이 있었다. 우리는 18세기 무굴 황제의 왕좌를 본뜬 의자에 앉아 있었다. 이렇게까지 극진한 대접을

---

*   Bollywood, 뭄바이의 옛 지명인 봄베이와 할리우드의 합성어로 양적으론 세계 최대를 자랑하는 인도의 영화 산업을 일컫는 단어다.

받을 줄 몰랐던 나는 하필 트레이닝 바지를 입고 갔다.

그래도 허리가 고무줄로 된 이 벨벳 트레이닝 바지가 요긴하긴 했다. 우리 앞에 놓인 긴 테이블 위에는 내 평생 봐왔던 것 중 가장 많은 음식이 펼쳐져 있었다. 사모사, 파코라, 처트니가 마치 산처럼 쌓여 있었다. 큰 터번을 쓴 네 명의 웨이터가 아홉 개나 되는 은 접시를 테이블 위에 늘어놓았다. 그들은 한껏 기대에 찬 얼굴을 하고 있었는데, 우리의 임무는 그 요리들을 모두 맛보는 것일 터였다. "혹시 저 사람들이 착각한 건 아니겠지?" 웨이터들이 룸에서 나가자 나는 벤에게 이렇게 속삭였다. "이게 지금 결혼식이라고 생각하는 건가?"

물론 아니었다. 인디아 팰리스는 이번이 단순 시식이라는 걸 알고 있었다. 착각한 것은 우리였다. 보통 식당을 예약할 때 결혼식 케이터링을 고려 중이라고 말하면, 식당 관계자들은 되도록 많은 양의 음식을 선보이려고 애를 쓴다. 때문에 이럴 경우 반드시 빈속으로 가야 한다는 것을 우리가 모르고 있었던 것이다. 보통 때의 벤과 나라면 탄두리 치킨과 난에 정신이 팔렸을 것이다. 하지만 이것은 요 며칠 동안 벌써 네 번째 시식이었다. 우리는 전날 밤 그리츠와 콜라드까지 곁들인 바비큐 립을 먹었다. 또 그제 밤에는 필레 미뇽 스테이크, 오리 구이와 연어로 포식을 했다. 이러다가 결혼 서약을 하기도 전에 둘 중 하나는 심장마비로 죽을지도 모르겠단 생각이 들었다.

((그와 결혼하기까지))

벤과 나는 대학교 신입생 때 처음 만났는데, 이후 우리는 딱 10년이 지나 스물아홉 살이 된 해에 약혼을 했다. 결혼식은 벤의 고향인 애틀랜타에서 치를 예정이었으므로, 애틀랜타로 날아가 일주일간 결혼 준비를 했다. 우리가 대학교 때부터 사귀었단 이야기를 들은 케이터링 업체 직원과 웨딩 플래너는 어릴 때 소울 메이트를 만나는 건 엄청난 행운이라고 한참을 떠들어 댔다. 솔직히 지난 10년간 쉽지 않았지만, 나는 그런 말을 굳이 해서 분위기를 망치고 싶지 않았다. 우리는 격정적으로 싸우기도 했고 눈물 바람이 일 때도 있었다. 또 악을 쓰기도 했고, 상담을 받기도 했다. 그러고 보면 누군가가 내 삶의 동반자인지 아닌지를 확인하는 과정은 굉장한 스트레스를 유발한다.

우리의 시작은 대학교 커플의 정석 그대로였다. 나는 농구 경기를 하고 있는 벤을 보고 귀엽다고 생각했다. 드라마 〈섹스 앤 더 시티〉에서 배운 것이 있다면, 바로 남자가 먼저 데이트를 신청할 때까지 기다려서는 안 된다는 것이었다. 그날 저녁, 나는 벤을 찾아가 내 전화번호를 알려주고는 전화하라고 했다. 놀랍게도 벤은 전화를 했다. 우리는 이후 바에서 만났고, 며칠 후 헝가리안 페이스트리 숍에 가서 커피를 마셨으며, 센트럴파크에서 오랜 시간 산책을 하기도 했다.

그 후로 우리는 내내 붙어 다녔다. 잔디밭에 앉아서 같이 책을 읽고, 도서관 서가에서 키스를 하기도 했다. 또 어떤 날에는 대학생 때나 열을 올릴 만한 문제를 가지고 소리 높여 싸우기도 했다. 예를 들면 '어떻게 정치 시위도 가지 않는 사람과 사귈 수 있지?', '비틀스를 안 좋아하는데 나하고 잘 맞겠어?'와 같은 문제들이다.

졸업을 하고 난 뒤, 우리 사이에 차츰 균열이 생기기 시작했다. 미래에 대한 이야기를 할 때마다 항상 추한 싸움으로 끝이 났다. 근본적인 문제는 우리 둘 다 결혼이란 주제를 어떻게 다뤄야 하는지 몰랐던 것이었다. 우리는 정말 결혼이 하고 싶은 걸까? 이 사람과 결혼하고 싶은 게 맞을까? 만일 그렇다면 언제 해야 할까? 20대 중반이었던 우리는 이런 질문에 대한 적절한 답을 내놓기엔 여러 가지로 부족했다. 그래서 답을 내놓는 대신 우리는 서로를 향해 마구 쏘아붙였다. 그렇게 몇 달 동안 우리는 행복할 때보다 그렇지 않을 때가 더 많아졌다. 어느 날, 함께 차를 타고 가던 우리는 정지 신호 앞에서 대기하고 있다가 그대로 이별을 맞았다. 몇 달 후, 벤은 정반대편 도시로 날아가 버렸다. 스물다섯 살의 우리는 그렇게 혼자가 되었다.

우리의 이야기가 어떤 엔딩을 맞았는지는 이미 알고 있을 것이다. 벤과 나는 결국 다시 서로에게로 돌아갔다. 3년간 헤어져 있는 동안 우리는 각자의 커리어를 다지고 다른 사람들을 사귀기도 했다. 이때 명확하게 알게 되었다. 나는 벤의 친절함과 명석함을 그리워하고 있었다. 하지만 그중에서도 가장 그리웠던 것은 나를 제대로 이해해주는 누군가와 함께하는 순간들이었다. 평생을 함께 사랑할 사람을 찾을 때 많은 사람들이 말하는 부분이 바로 서로에 대한 이해이다. 그렇게 생각하니 벤은 언제나 내 사람이었다. 스물여덟 살, 나는 변덕스러운 성격의 영국 조각가와 헤어지고 벤에게 전화를 걸었다. 그는 전화를 받았다. 당시 벤은 만나는 사람이 없었고, 그도 나를 다시 만나고 싶어 했다. 며칠 후, 그는 나를 보러 캘리포니아로 왔다. 그리고 몇 달 후에 우리는 약혼을 했다.

20대 후반 즈음 결혼을 하는 것은 밀레니얼 세대의 전형적인 특징이다. 오늘날 미국 성인[1]의 절반 그리고 대학을 나온 미국인의 65퍼센트[2]는 결혼을 한다.

결혼을 하지 않은 밀레니얼 세대 중 70퍼센트는 결혼을 하고 싶어 한다.[3] 하지만 미국인들은 그 어느 때보다도 결혼을 뒤로 미루고 있다. 성별에 따른 평균 결혼 시기는 여성들은 28세, 남성들은 30세다.[4] 연인들은 결혼을 하기 전까지 약 6년 반 정도 길게 연애하는 경향이 있다.[5] 다시 말하면, 20대에게 연애와 결혼에 대한 고민은 초미의 관심사라는 뜻이다.

((소울 메이트를 찾을 확률))

우리 세대는 사랑하는 사람을 만나서 그 사람과 결혼하는 것을 당연하게 여긴다. 하지만 실제로 이는 굉장히 새로운 개념이다. 역사학자 스테퍼니 쿤츠는 자신의 저서 《진화하는 결혼Marriage, A History》에서 이렇게 말했다.[6]

"역사적으로 사랑처럼 깨지기 쉽고 비합리적인 것을 기반으로 배우자를 택하는 것은 상상도 할 수 없는 일이었다."

결혼은 사회적 질서 안에서 사람들의 경제적 안정과 지위를 보장해주는 실질적인 계약이었다. 보통의 사람들은 배우자를 고르는 데 있어 선택의 폭이 넓지 않았다. 만약 남자나 여자 쪽의 가족에 의해 정해진 결혼이 아니라면, 남자나 여자는 적절한 집안 출신이나 지참금을 낼 형편이 되는 사람들 중에서 배우자를 선택해야만 했다. 쿤츠는 역사적으로 많은 부부들이 서로 사랑했다는 증거가 있긴 하지만, 이는 함께 살면서 일을 하고 가정을 이루다 보니 자연스럽게 서로 사랑하게 된 것이라고 한다. "사랑은 덤이었지 필수는 아니었다"고 쿤츠는 이야기했다.[7]

사랑만 갖고 결혼한다는 개념은 불과 200년밖에 안 된 것이다. 심지어 지난 몇 십 년 동안에도 이런 개념은 일반적이기보다는 숭고한 이상에 가까운 것이었다. 여성들이 경제적 독립을 이루기 전까지 결혼은 애정보다는 여성들을 후원해줄 누군가를 찾는 일이었다.

어떤 사람들에게 사랑은 고려의 대상조차 되지 않았다. 1967년에 조사된 바에 의하면, 여성들의 76퍼센트가 가족을 부양할 수만 있다면 사랑하지 않는 남성과 결혼할 의향이 있다고 답했다.[8]

이런 관점에서 보면 밀레니얼 세대나 Z세대는 완전히 다르다. 사회적 관습이 급격하게 변화하면서, 요즈음에는 결혼을 하지 않고 성관계를 맺거나 아이를 갖는 것이 더 널리 용인되었다. 결혼은 더 이상 성인이 되는 통과의례로 여겨지지 않는다. 오늘날 일을 하는 여성은 전체의 47퍼센트[9]에 달하고, 대학을 졸업하는 비율도 남성보다 여성이 더 높다(여성은 34퍼센트, 남성은 26퍼센트).[10] 이와 같은 데이터는 여성들이 경제적 안정을 위해 더 이상 남편에게 의지할 필요가 없어졌다는 것을 의미한다. 이런 이유에서 사람들은 더 자유롭게 사랑만 보고 결혼할 수 있게 된 것이다. 이 외에도 우리는 성적 매력, 정서적 교류, 공통적 가치관 등을 기반으로 배우자를 선택할 수 있다.

좋은 소식이라면 대부분의 사람들은 결국 자신에게 맞는 사람을 찾는다는 것이다. 결혼한 미국인들 가운데 대다수, 즉 88퍼센트는 평소 가장 친하게 지내던 친구와 결혼했다. 그리고 이들의 약 60퍼센트는 자신들의 관계에 굉장히 만족해한다.[11] 밀레니얼 세대와 Z세대의 경우에는 그 비율이 65퍼센트로 더 높게 나타난다. 즉, 우리는 매우 운이 좋다. 우리는 사랑하는 사람뿐만 아니라 좋아하는 사람과도 결혼을 할 수 있는 역사상 첫 세대이기 때문이다.

오늘날 사람들은 결혼에 대해 바르게 접근해 가고 있는 듯하다. 이혼율은 40년 만에 최저로, 결혼 1,000건 가운데 이혼이 16건 정도에 그친다. 주로 밀레니얼 세대가 이런 추세를 주도하고 있다. 지난 10년 동안 이혼율은 18퍼센트 하락했고, 이 비율은 앞으로도 계속해서 줄어들 것으로 예측된다.[12] 사회학자들은 밀레니얼 세대의 대다수가 연인과 결혼에 이르기까지 꽤 오랜 시간을 보내기 때문에, 그 시간 동안 자신의 진정한 짝을 찾고 성숙함을 기르며 경제적 안정을 이뤄서 결혼의 역경을 이겨 낼 수 있는 힘을 얻는다고 본다. 이건 무척 고무적인 소식이다! 만약 지금 당신이 평생의 짝을 찾고 있다면, 그 짝을 찾을 확률은 어느 때보다도 높다.

((우리가 결혼하는 이유))

오늘날 대다수의 사람들에게 있어 결혼은 필요에 의한 것이 아닌 선택이 되었다. 그래서 점점 더 많은 사람들이 결혼을 생략하고 있다. 1960년대에는 18세 이상의 미국인 가운데 약 90퍼센트가 결혼을 했던 반면, 현재는 그 수치가 50퍼센트에 맴돌고 있다.[13] 결혼을 한 번도 하지 않은 미국인의 비율은 현재 20퍼센트로 역사상 가장 높은 수치다.[14] 하지만 겁먹을 필요는 없다. 이들 중 많은 수가 오래된 연인과 충분히 행복한 관계를 유지하고 있거나 함께 살고 있다. 이들은 그저 결혼이라는 서류 작업만 건너뛰는 선택을 한 것이다. 오늘날 18세에서 24세 사이의 사람들 가운데 9.4퍼센트는 자신의 연인과 결혼을 하지 않은 채 함께 살고 있고, 25세부터 34세 사이의 경우에는 그 비율이 좀 더 높은 14.8퍼센트에 달한다.[15]

그러면 오늘날 사람들은 무엇 때문에 결혼하는 것일까? 결혼을 하는 이유는 지극히 개인적인 문제이지만, 한편으로는 모든 분야에서 그 이유를 찾아볼 수 있다. 종교적인 이유도 있을 수 있고, 세금을 절약하기 위해 결혼하는 사람도 있을 것이다. 그러나 결혼을 하는 압도적인 이유는 바로 사랑이었다. 조사에 응한 미국인들 가운데 대다수인 88퍼센트가 결혼을 하는 가장 중요한 이유를 사랑이라고 했고, 그다음으로는 평생의 헌신(81퍼센트), 동지애(76퍼센트)를 꼽았다.[16] 결혼에 관한 한 미국인들은 여전히 굉장한 로맨티시스트다.

이 외에도 결혼은 실질적인 이점을 가지고 있다. 미국인의 절반은 아이를 갖는다는 것이 결혼을 선택하는 중요한 이유가 된다고 믿는다.[17] 실제로 한 연구에 의하면 결혼을 하면 부모로서 아이를 키우기 좋은 환경을 만드는 데 도움이 된다고 한다. 결혼한 가정의 아동 빈곤율은 11퍼센트인 반면, 이성 동거 가정과 미혼모 가정의 경우에는 빈곤율이 각각 47퍼센트와 48퍼센트로 높게 나타난다.[18] 또한 결혼하지 않은 부모 사이에서 자라는 아이들은 우울증을 겪거나 학교를 그만둘 확률이 높다.[19] (그러나 이런 통계는 결혼을 결심한 사람들이 그렇지 않은 사람들보다 처음부터 자산이 더 많았다는 사실을 반영하지 않고 있다는 점을 명심해야 한다. 자산의 여부로 인해 결혼한 가정의 아이와 그렇지 않은 가정의 아이에 대한 단순 비교는 복잡해질 수 있다.)

그렇기는 하지만 결혼 여부는 분명히 아이를 키우는 환경에 차이를 만든다. 가령 부부는 규모의 경제 면에서 유리한 위치에 있다. 부부는 지출을 공동으로 부담하고 집과 차 같은 자산에 함께 자금을 투자한다. 이런 요인과 더불어 애초에 어떤 사람들이 결혼을 결심하느냐에 따라 결혼한 사람들은 결혼하지 않은 사람들보다 더 많은 자산을 가진 경향이 있다. 실제로 28퍼센트의 사람들은 결혼을 해야 하는 이유 중 하나로 경제적 이점을 꼽기도 했다.[20]

인구조사국에 따르면, 2010년 55세에서 64세 사이의 결혼한 부부의 순자산은 평균 26만 1,405.21달러에 달했다. 반면 같은 연령대 미혼 남성의 순자산은 평균 7만 1,428달러, 미혼 여성의 경우에는 3만 9,043달러였다. 나는 싱가포르에 사는 오지랖 넓은 이모들이 경제적 안정을 위해서는 반드시 결혼을 해야 한다고 이야기할 때마다 짜증이 났다. 지금이 도대체 몇 세기인데 그런 사고방식을 지녔단 말인가. 인정하기는 싫지만, 내 노후의 경제 여건에 대한 이모들의 걱정은 어쩌면 이 같은 사실에 입각했던 것일지도 모르겠다.[21]

또한 결혼은 건강에도 좋은 것으로 나타났다.[22] 미혼자들에 비해 기혼자들은 더 오래 살고 우울증에 걸릴 확률이 낮다. 뇌졸중과 심장마비도 마찬가지다. 또 이미 많이 진행된 암을 뒤늦게 발견할 확률이 낮고, 암을 극복해서 오래 살 확률도 높다.[23] 의사들은 이러한 결과에는 여러 이유가 있다고 믿는다. 우정과 같은 가까운 인간관계가 건강에 좋은 영향을 미친다는 사실도 이와 관련 있다. 이에 관한 이야기는 뒤에서 다뤄볼 것이다. 또 다른 이유는 배우자가 있는 사람들은 스스로를 더 잘 돌보려고 하기 때문이다. 결혼한 사람들은 위험을 감수하지 않으려 하고, 건강한 음식을 먹으며, 병원을 더 자주 찾는다.[24] 여기에 대한 한 예로, 나는 최근에 벤의 등에 난 반점 때문에 병원에 가서 진찰을 받으라고 했다. 그는 나를 진정시키기 위해 결국 병원에 갔고, 반점은 아무것도 아닌 걸로 판명이 났다.

결혼을 고민하고 있는 사람들에게 이런 장점들은 부차적인 것으로 핵심적인 고려 사항은 아닐 것이다. 하지만 결혼이 미래의 우리 삶에 어떤 영향을 주는지에 대해 아는 것은 분명 가치 있는 일이다. 특히 사랑을 공표하고 싶다면 말이다.

((내 사람인지 알아보는 방법))

데이터에 의하면 대부분의 사람들은 결혼을 하기 원한다. 미국인의 절반은 이미 결혼을 했고, 또 결혼하지 않은 사람들의 절반은 언젠가는 결혼을 하고 싶어 한다.[25] 하지만 우리 세대에 들어 자신에게 맞는 배우자를 찾는 일은 과거에 비해 여러 가지

면에서 더 복잡해졌다. 좋은 가장이 될 만한 사람인지 판단하는 것은 내 연인이 평생의 진정한 사랑인지를 확인하는 것보다는 훨씬 쉬운 문제이다.

사랑에 빠진다는 것은 주관적인 경험이다. 하지만 연구원들은 현대 사회에서 두 사람의 사랑을 연결해주는 것이 무엇인지에 대해 몇 가지 의견을 제시했다. 그중 하나는 '소울 메이트'라는 개념이다. 미국인들의 3분의 2는 실제로 소울 메이트가 있다고 믿는다.[26] 이는 오랜 세월에 걸쳐 여러 문화에 뿌리내리고 있는 개념이다. 《심포지엄 The Symposium》에서 플라톤은 인간이 원래는 네 개의 팔, 네 개의 다리 그리고 하나의 머리에 얼굴이 두 개 달린 모습이었다고 한다. 그런데 가장 강력한 신인 제우스가 이 인간들을 반으로 갈라서 모든 사람들이 자신의 반쪽을 찾도록 만들었다는 것이다. 이런 이야기는 여전히 우리의 상상력을 강하게 자극시키고, 우리가 어떤 배우자를 원하는지 잘 보여주고 있다.

연구진은 사람들이 소울 메이트에 대해 말할 때, 일반적으로 자신을 이해해주는 사람을 의미하는 경향이 있다는 사실을 발견했다. 그들은 종종 비슷한 환경에서 비슷한 시선으로 세상을 바라보기 때문이다. (사람마다 각각 한 명의 소울 메이트가 있다고 믿었던 고대 사람들과 달리, 오늘날 대부분의 사람들은 특별한 유대감을 공유할 수 있는 파트너가 많을 수도 있다고 생각한다.) 미국인의 61퍼센트가 자신의 파트너와 서로 비슷해야 한다고 말한다.[27] 연인들끼리 공통점과 차이점을 둘 다 겸비해야 한다고 믿는 소수파도 있다. 결국 대부분의 사람들은 만난 지 얼마 안 된 연인이라도 친근하게 느낄 수 있는 사람을 찾는다는 것이다. 즉, 우리는 본능적으로 우리를 이해하고 우리와 같은 세계관을 공유하는 사람을 찾는다.

하지만 '비슷'하다는 것의 진정한 의미가 무엇일까? 다른 사람과의 공통점을 찾을 수 있는 방법은 많다. 예를 들어 중산층 출신인지 혹은 노동자층 출신인지를 따지는 사회경제적 요인이 있을 수 있고, 종교나 정치적 견해와 같은 세상을 바라보는 시선에 대한 기준도 있을 수 있다. 또 내성적 또는 외향적인 성격도 있다.

사회과학자들이 관계에서 나타나는 모든 차원의 공통점에 대해 연구한 결과, 이것은 전부 결혼과 연관이 있다는 걸 발견했다. 오랜 시간에 걸쳐 연구원들은 사람들이 자신과 비슷한 사람과 결혼하려는 경향이 있음을 관찰했다. 이를 과학적 용어로 '동류 교배'라고 한다. 이 개념은 동물의 왕국에도 적용된다. 사랑에 대해 우리는 온갖 고상한 의미를 부여하지만, 사실 인간이 짝을 찾는 행위는 우리가 생각한 것보다 훨씬 더 원숭이나 무당벌

레의 그것과 비슷하다. 또한 오늘날 그 어느 때보다 동지애를 갖고 결혼하는 사람이 많아진 상황에서 이 같은 경향은 점점 더 흔해지고 있다. 연구들은 사람들이 자신과 비슷한 환경, 가치, 성격을 지닌 사람과 만나 사랑에 빠져 결혼할 확률이 높다는 것을 발견했다. 게다가 모든 면에 걸쳐 비슷한 점이 많을수록 결혼 생활은 더 행복해지는 경향이 있다.

최근 한 연구에 따르면, 신혼부부가 종교적 그리고 정치적 믿음을 공유하는 경향이 있다고 한다.[28] 다른 연구에서는 이런 신혼부부들이 비슷한 수준의 자선 의식을 갖고 있는 경향이 있다는 걸 발견하기도 했다.[29] (그도 그럴 것이, 갖고 있는 돈으로 집 계약금을 내려고 했는데 배우자가 고래 살리기를 위해 그걸 모두 기부했다고 생각하면 꽤나 짜증이 날 테니 말이다.) 밀레니얼 세대와 Z세대에게 가장 흔히 보이는 동류 교배의 예는 비슷한 교육 수준과 잠재적 소득을 기준으로 하는 것이다. 이는 비교적 새로운 현상이다. 1980년대까지는 많은 수의 여성들이 대학을 가지 않았기 때문에 배우자와 같은 수준의 교육을 받은 경우가 거의 없었다. 하지만 우리 세대는 자신과 비슷한 수준의 교육을 받은 배우자를 선택할 수 있다.

왜 이런 식의 짝짓기가 일어나는 것일까? 그 이유 가운데 한 가지는 고등교육을 받는 시기와 우리가 인생의 배우자를 찾는 시기가 겹쳐지기 때문이다. 페이스북의 데이터 과학자들은 페이스북을 이용하는 대졸자 부부의 28퍼센트가 같은 대학을 다닌 것을 발견했다.[30] 졸업을 한 후에는 직장이나 사교 모임에서 자신과 비슷한 교육 수준의 사람을 만날 확률이 높다. 또 사람들이 비슷한 교육 수준을 지닌 사람들을 찾는 경향이 있는 것도 사실이다. 예를 들어 데이트 애플리케이션에서 사용자들은 공통적으로 자신보다 교육 수준이 떨어지는 사람을 걸러낸다.[31]

행복한 결혼 생활을 위해 자신과 비슷한 사람을 선택하는 것은 좋은 전략이다.[32] 심리학자들은 비슷한 교육 수준과 사회경제적 배경을 가진 사람들은 서로에게 끌리는 경향이 있다고 본다. 그 이유는 이런 삶의 경험들이 자신의 정체성과 태도를 형성하는 데 큰 역할을 하기 때문이다. 예를 들어 중산층에서 성장한 두 사람은 돈의 가치나 이상적인 가사 분담에 대해 비슷한 생각을 공유할 가능성이 높다. 육아, 돈, 종교, 정치 등과 같은 핵심적인 문제와 관련해서도 부부가 비슷한 견해를 갖고 있다면 결혼 생활에서의 갈등을 최소화시킬 수 있다.[33] 물론 모든 부부에게는 어떤 영역에 있어 차이점이 분명 존재한다. (이 덕분에 관계가 흥미로워질 수 있는 거니까!) 하지만 이런 큰 문제에 관한 다툼은 휴가지 선택이나 데이트 코스 짜기와 같은 개인적 취향의 차이보다 결혼 생활에 더 치명적일 수 있다. 같이 영화를 볼 때마다 단 한 번도 의견이 일치한 적 없는 나와 벤을 보면 쉽게 알 수 있을 것이다.

한 연구에 따르면 연인들은 보통 비슷한 성격의 파트너를 찾는 경향이 있고 서로 비슷한 점이 많을수록 행복감을 느낀다고 한다.[34] 이것은 당신이 새로운 경험에 얼마나 개방적인지, 당신이 얼마나 느긋한 성격인지, 또 당신이 얼마나 사교적인지와 같은 것들을 말한다. 이런 성격적인 측면은 관계 초반보다 결혼을 한 이후에 더 중요하게 작용한다. 사람들은 비슷한 가치를 통해 연인이 되고 시간이 지나 결혼을 하게 되지만, 부부가 된 이후의 관계는 성격적 차이를 얼마나 잘 극복하느냐에 달려 있다는 것이다.

이 연구들을 통해 알 수 있는 한 가지 중요한 핵심은 당신의 근본적인 가치와 가족에 대한 비전을 공유하는 사람을 만나 결혼하면 행복해질 가능성이 높다는 것이다. 다만 문제는 스스로가 원하는 게 무엇인지를 알기까지 시간이 걸릴 수 있다는 점이다. 자기 스스로를 이해하기까지는 충분한 시간과 경험이 필요하기 때문에 더딜 수밖에 없다. 그렇다고 연애를 하기도 전에 모든 걸 다 알아내야 한다는 건 아니다. 대신, 새로운 관계를 맺을 때마다 자신에 대해서 배운 것을 살펴봐야 한다. 내가 아이를 원하는지, 내 업무의 강도가 얼마나 센지, 종교가 나에게 어떤 의

미인지 등에 대해서 말이다. 자신에게 중요한 것이 무엇인지, 당신이 살면서 무엇을 원하는지를 알고 싶다면, 시간을 내어 찬찬히 살펴보자. 이 정보들은 상대방과 더 진지한 관계로 이어갈 것인지, 혹은 그 사람과 결혼할 것인지를 결정하는 데에 도움이 될 것이다. 또한 자신과 상대방이 모든 일에 있어서 똑같은 자리에 있을 수 없다는 걸 명심하자. 하지만 갈등이 일어날 가능성이 있는 영역을 미리 알아두면 그 부분에 대해서 상대방과 이야기를 나누어볼 수 있고, 그런 차이점이 과연 헤어져야 하는 이유가 되는지 혹은 관계 회복을 위해서 노력할 수 있는 부분인지를 함께 결정할 수 있다.

((인터넷 중매))

우리 세대는 소울 메이트와 결혼하게 된다고 믿는다. 또한 우리는 그 소울 메이트가 어디에 있든 그들을 찾도록 도와주는 온라인 데이트 기술을 만들어 냈다. 이런 플랫폼을 통해 사람들은 연령, 외모, 교육 수준 등 자신의 선호를 기반으로 원하는 사람을 쉽게 찾을 수 있다. 이 시스템은 우리가 관심 가는 사람의 프로필을 클릭하거나 그 프로필을 오른쪽으로 넘겨 호감을 표시하는 등의 행동을 학습해서 그 데이터를 기반으로 우리가 좋아할 만한 상대를 계속해서 추천한다. 오늘날 인터넷은 미국에서 가장 효과적인 중매인이 되었다. 2017년 이성 커플의 39퍼센트와 동성 커플의 60퍼센트는 온라인으로 자신의 파트너를 만났다.[35] 미디어에서는 주로 20대들이 단순히 즐기기 위해 데이팅 애플리케이션을 사용하는 것처럼 묘사하지만, 데이터는 전혀 다른 실상을 보여준다. 최근 한 연구에 따르면 밀레니얼 세대의 63퍼센트와 Z세대의 70퍼센트는 진지한 상대를 찾기 위해 온라인 데이팅 애플리케이션을 실행한다.[36]

온라인 연애의 시초는 인터넷 초창기로 거슬러 올라간다. 1995년 인터넷 익스플로러가 등장하면서 그해 온라인 데이팅 서비스인 매치닷컴Match.com 사이트가 개설되었다. 얼마 지나지 않아서 인터넷은 제이데이트Jdate, 이하모니eHarmony, 오케이큐피드OKCupid, 그라인더Grindr, 틴더Tinder, 범블Bumble 같은 온갖 종류의 데이트 사이트들로 홍수를 이루었다. 하지만 오랫동안 온라인 데이트에는 낙인이 찍혀 있었다. 이런 사이트를 이용하는 사람들의 대다수가 매력적인 사람이 아닐 거라고 여기기도 했다. 하지만 Z세대와 밀레니얼 세대에게 데이팅 애플리케이션은 그저 평범한 것이 아니었다. 이 애플리케이션들은 미국인들이 연인을 만나기 위해 가장 많이 찾는 수단이 되었다. 특히 사람을 선택하는 데 있어 그 폭이 좁은 사람들에게 도움이 된다. 예를 들어, 작은 도시 출신이거나 나이가 있는 이성애자 그리고 가장 많게는 LGBTQ* 공동체의 사람들이 그런 경우다.

그러나 온라인 데이팅 애플리케이션이 활성화되면서 오프라인상에서 로맨틱한 관계를 형성하는 게 어려워졌다.[37] 즉, 마트 계산대에 서 있다가 혹은 커피숍에서 누군가와 이야기를 하면서 사랑을 찾을 확률이 적어진 것이다. 과거에는 사람들이 친구, 동료, 가족의 소개 혹은 고등학교, 대학교, 교회 같은 곳에서 파트너를 만나곤 했는데, 지난 12년 동안 이런 장소에서 연인을 만나는 경우가 급격히 줄어들었다. 그보다는 스마트폰이 더 효율적으로 파트너를 소개해주다 보니 친구들이 나서서 소개팅을 해줄 이유가 줄어든 것이었다. 만약 벤과 내가 지금 대학교를 다니고 있다면, 농구 경기 후 내가 벤에게 관심을 표현했을 때 벤이 날 거절했을지 모른다. 대신 그는 스마트폰을 집어 들고 틴더나 매치닷컴에서 데이트 상대를 찾았을 것이다.

온라인 데이트라는 게 시작된 지 얼마 되지 않았을 때 사회과학자들은 사용자들에게 수백만 가지의 선택권을 제공하면 그

---

* 성소수자들을 지칭하는 용어로 레즈비언Lesbian, 게이Gay, 양성애자Bisexual, 트랜스젠더Transgender, 성 정체성에 혼란을 느끼는 사람 혹은 성소수자 전반Questioning, Queer을 의미한다.

들이 학교나 주변에서는 절대 만날 수 없는 전혀 다른 배경의 사람들과 만나 연애하고 사랑에 빠질지 궁금해했다.[38] 하지만 선택지가 끝없이 주어지는 경우, 온라인 데이트 이용자들은 다양한 면에서 자신과 비슷한 사람들을 찾았다. 예를 들어 학력[39], 인종[40], 종교[41] 그리고 정치적 이념[42] 같은 부분에서 말이다. 우리가 앞에서 다룬 것처럼 이는 사람들이 오프라인에서 파트너를 찾는 것과 비슷한 양상이다.[43] 인터넷은 단지 나의 성향을 솔직하게 드러내서 나와 비슷한 사람을 만나는 걸 용이하게 해주는 것이다. 또한 광범위한 가능성을 탐색할 수 있게 해준다.

또한 연구원들에 의하면, 온라인 데이트 이용자들은 그 선택지 속에 '야심찬' 인물들을 두어 명 포함시키는 경향이 있다고 한다. 이성애자들의 경우 남성들은 자신보다 어리고 더 매력적인 여성을 고르고, 여성들은 나이가 많고 부유한 남성을 고른다. 물론, 전혀 놀라운 일은 아니다! 우리는 데이트 상대를 고를 때 굉장히 속물이 되기도 한다. 한 연구는 다음과 같이 밝혔다.

"사용자들은 계급 내에서 자신의 위치를 알고 그에 따라서 행동한다. 그러는 동시에 좀 더 호감이 가는 상대를 차지하기 위해서 조심스럽게 경쟁한다."[44]

야망이 있는 이용자들에게 행운을 빈다. 하지만 많은 관심을 받는 이용자들은 자신과 마찬가지로 많은 관심을 받는 사람과 연인이 되는 경향이 있다는 것을 명심하도록 하자. 원래 세상은 그런 법이다.

그럼에도 불구하고 온라인 데이팅에 관한 연구는 전반적으로 좋은 소식을 전하고 있다. 인터넷으로 인해 이상적인 연애 상대를 찾는 일이 그 어느 때보다도 쉬워졌다. 온라인 데이팅의 문제라면 아마 너무도 잘 풀리는 게 문제일 것이다. 일부 온라인 데이팅 이용자들은 이런 플랫폼에서 너무 많은 상대와 연결되어 당황스러웠던 적이 있다고도 말한다. 《현대 사랑학: 탐구 Modern Romance: An Investigation》의 저자 아지즈 안사리는 온라인 데이팅 이용자들을 인터뷰했는데, 많은 사람들이 지나치게 많은 선택지에 대해 부정적인 대답을 했다. 이용자들의 대다수, 특히 남성보다 여성들의 경우 데이트 신청이 너무 많아 선택에 마비가 올 지경이고, 어떤 사람과 관계를 더 지속해야 할지 선택하지 못한다고 한다.

안사리는 또한 온라인 데이팅 이용자들의 기준이 너무 높아져서, 실제 데이트를 하는 상대가 꽤 괜찮은 사람임에도 좀 더 나은 사람을 만날 수 있을 거라는 희망 때문에 그 데이트를 포기하려는 사람이 많다는 점을 발견했다. 그 결과, 이용자들은 그 누구와도 공감대를 형성하지 못한 채 데이트만 하다가 지치게 된다. 그에 대한 해결책은 바로 천천히 하라는 것이다. 안사리는 자신의 책을 통해 이렇게 말했다.

"대부분의 사람들은 누군가를 처음 만나면 그 사람만의 독특한 가치에 반하기는커녕 그것을 알아보지도 못한다. 상대방의 깊이 있고 특징적인 면모들은 첫 번째 데이트만 계속해서 알 수 있는 것이 아니라, 관계를 발전시키는 과정에서 겪게 되는 경험이나 친밀한 만남을 통해 점차적으로 드러나는 것이다."[45]

기술은 연애의 과정에서 인간성을 배제시키고, 사람을 교체할 수 있는 것처럼 보이게 만들며, 궁극적으로는 진정한 관계를 형성할 가능성을 낮춘다. 어떤 사람과 데이트를 할까 고민이라면 좀 더 시간을 갖고 그 사람에 대해서 천천히 알아보자. 그리고 딱히 완벽하진 않았더라도 데이트가 싫지 않았으면 그 사람에게 또 한 번 기회를 줘보는 건 어떨까?

아니면 내 친구 매트가 해본 걸 시도해보자. 매트는 어떤 사람과 몇 번 데이트를 하고 자신과 잘 맞으면 한 달 동안은 서로 그 상대하고만 데이트를 하자고 제안함으로써 관계가 발전할 기회를 갖는다. 그렇게 한 달을 보낸 뒤 서로의 관계를 재평가한다. 때에 따라 매트나 그의 상대는 관계를 더 지속하지 않기로 결정하기도 했다. 하지만 결국 그는 그 방식을 계속 따름으로써 현재의 약혼녀를 만났다. 그는 상대방에게 관계에 대한 출구를 제시하면서 그 관계에 많은 투자를 하기로 결정한 사람들과 함께할 가능성을 높인 것이다.

((가장 이상적인 결혼 시기))

내가 막 스물일곱 살이 되었을 즈음, 이상한 일이 일어났다. 오랫동안 전단지나 고지서만 가득했던 내 우편함에 집배원이 다른 우편물을 넣기 시작한 것이다. 친구들의 약혼 파티, 웨딩 샤워, 피로연을 알리는 두툼하고 알록달록한 초청장이 바로 그 것이었다. 나는 무방비한 상태에서 당하고 말았다. 다들 수년간 은 결혼 계획 같은 건 없어 보였는데 말이다. 내 페이스북 피드 에는 친구들의 새로운 직장이나 이직을 축하하는 내용들로만 가득했었다. 그런데 하룻밤 사이 피드는 다이아몬드 반지와 6단 케이크로 도배되어 있었다. 초청장들을 받았을 당시 몇 년 동안 연애를 쉬고 있었던 나는 제일 먼저 이런 생각을 했다. 이럴 수 가! 나도 빨리 남편감을 찾아야 해! 지금 스타벅스에 앉아 있는 내 옆의 저 남자도 애인이 없으려나?

그때를 생각해보니 그럴 만한 시기이긴 했다. 20대를 보내는 동안 나와 친구들은 일하는 사이사이 연애를 했다. 그러던 중 몇 몇은 연인과 더 진지한 사이가 되었다. 간혹 어떤 커플들은 동거를 시작하기도 했다. 앞서 봤듯이 동거 비율은 몇 십 년 동안 꾸준히 증가해왔다.[46] 현재 대학 교육을 받은 여성들이 첫 아이를 갖는 나이는 평균 30.3세다.[47] 그리고 우리가 본 것처럼 이런 여성들 대부분은 가정을 이루기에 앞서 결혼을 할 것이다.

이런 상황은 한 가지 질문을 유도한다. 결혼 최적기라는 게 과연 존재할까? 간단하게 대답하면, 있다. 경제학자들이 수치를 분석한 결과 28세에서 32세 사이에 결혼한 부부들이 나중에 이혼할 확률이 가장 낮은 것으로 나타났다.[48] 이런 이야기가 무섭게 들릴 수 있다는 것은 알지만, 내가 그랬던 것처럼 지레 겁을 먹어 오늘 오후에 당장 결혼을 해야겠다고 책을 집어 던질 필요는 없다. 연구원들은 다양한 경험과 특성을 가진 엄청난 수의 사람들을 대상으로 수치를 낸 것이기 때문이다. 따라서 이 시기를 전후로 하여 결혼한 부부들 역시 충분히 행복한 결혼 생활을 유지할 수 있다. 이런 수치들이 표면적으로 보여주는 것이 아닌, 그 안에 내포하고 있는 결혼에 대한 동향이나 습성을 이해하는 것이 훨씬 가치 있는 일이다.

사회과학자들은 늦게 결혼한 부부들이 훨씬 안정적이고 결혼 생활을 오래 지속하는 경향이 있다고 오랫동안 믿어 왔다. 이와 같은 보편적인 통념은 늦은 나이에 결혼을 하면 그 시간만큼 스스로를 더 잘 알게 되어 자신에게 잘 맞는 최상의 배우자를 고를 수 있다는 것이다. 또한 더 성숙하여 결혼 생활의 어려움을 잘 극복해나간다는 것이다. 하지만 몇 년 전, 사회학자 니콜라스 울핑거는 한 가지 흥미로운 현상을 발견했다. 미국 가족성장 조사기관의 10년 치 데이터를 연구해보니, 30대 초반을 넘겨서 결혼하는 경우 이혼율이 조금씩 증가한다는 것이었다. 서른두 살 이후 결혼이 일 년씩 늦어질 때마다 이혼율도 5퍼센트 정도 증가했다. 이것은 교육 수준, 종교, 지역, 연애 경험에 상관없이 동일하게 나타난다.

이처럼 이혼율이 증가하는 원인에 대해 데이터는 확실한 답을 제공하진 않지만, 울핑거는 이에 대한 몇 가지 이론을 제시했다. 그중 하나는 결혼을 진심으로 하고 싶어 한 사람들은 30대 초반까지 이미 결혼을 했을 확률이 높고, 이들은 결혼 생활을 지키기 위해 무엇이든 하는 경향이 있다는 것이다. 또 다른 가능성으로는 연애에 어려움을 겪는 사람들은 20대 때 연인과 만나고 헤어지는 것을 반복하기 때문에 그만큼 결혼이 늦어진다는 것이다. 울핑거는 다음과 같이 말했다.

"30대까지 결혼을 원하는 사람들 가운데 30대가 넘은 사람들은 결혼 생활을 잘해내기 힘든 사람일 수도 있다. 일반적으로 늦게 결혼을 하면 결혼 생활을 잘해나갈 수 있는 적합한 배우자감들은 이미 다 떠나가 버리고, 그 결과 남겨진 사람들 사이에서 만남이 이뤄진다."[49]

우린 여기서 무엇을 배울 수 있을까? 우선, 만약 이상적인 결혼 시기에 대한 데이터 때문에 충격을 받았다면 이는 결혼에 관심이 있다는 것을 의미할 수도 있다. 즉, 결혼을 한다면, 그것도 심지어 30대 혹은 그 이후에 한다 해도 이런 사람들은 관계 형성을 위해 최선을 다할 것이고, 특히 험난한 시기도 잘 극복하려고 노력할 것이다.

그렇다고 완벽한 배우자가 나타날 때까지 무작정 기다리진 말자. 그런 사람은 결코 존재하지 않는다. 모든 관계는 노력과 타협이 필요하다. 그리고 관계가 제대로 시작되기도 전에 이별을 한다면, 그 관계를 유지하기 위해 나만큼이나 동기 부여가 된 상대방을 찾을 기회를 놓치는 것일 수도 있다. 또 한 가지, 만약 자신이 20대이고 계속해서 이별을 한다면, 문제의 근본을 파악하기 위해 상담이나 치료를 받아보도록 하자. 연애에 관한 심각한 문제를 30대까지 이어 간다면 배우자를 찾기가 점점 더 어려워질 것이다.

오늘날 20대들은 소울 메이트와 결혼할 확률이 높은 세상에 살고 있다. 역사학자 스테퍼니 쿤츠는 최근 인터뷰에서 이렇게 말했다.

"젊은 사람들은 항상 자신이 사랑할 수 있는 사람과 결혼하길 꿈꾸고 있어요. 하지만 그건 굉장히 비현실적이죠. 그래서 역사적으로 가장 위대한 사랑 이야기의 끝은 비극인 거예요."[50]

그런데 사회학자들은 사회의 모든 사람들이 동등하게 결혼할 수 있는 건 아니란 사실을 발견한다. 결혼에 관한 데이터를 보면 부유하고 교육 수준이 높은 미국인들은 가난하고 교육 수준이 낮은 사람들에 비해 결혼할 확률이 월등히 높다. 그러나 항상 그런 것만은 아니었다. 1970년대 이전에는 사회 계급과 상관없이 미국인의 대다수가 결혼을 했고, 결혼 생활을 유지했다.[51] 그러다 1990년대 즈음부터 엄청난 반전이 일어났다.[52] 갑자기 대학 공부를 한 사람들의 혼인율이 높아지기 시작했고, 대학 교육을 받지 않은 사람들의 대다수는 결혼을 하지 않게 됐다. 오늘날 대학 교육을 받은 미국인의 65퍼센트가 결혼을 하는 반면, 고등학교까지만 졸업하거나 그 이하의 교육을 받은 사람들이 결혼하는 경우는 절반에 그친다. 그리고 이런 격차는 점점 벌어지고 있다.

연구원들은 높은 교육 수준 자체가 사람들을 결혼으로 이끄는 것이라고 믿지 않는다. 대신 미국 내에서 점점 커져 가는 빈부격차가 진짜 문제라고 생각한다. 대학 교육을 받은 미국인들은 잠재적 수익이 더 높다. 그리고 돈이 있으면 지속적이고 안정적인 애정 관계를 형성하기가 더 쉽다. 반면에 돈이 없으면 결혼식을 올리거나 집을 사고 가정을 이루기가 어렵다. 최근 한 연구에 의하면, 20대 미혼자의 3분의 1이 경제적 상황으로 인해 사랑을 찾지 못한다고 말했다.[53]

사회학자 빅터 첸은 저소득층 지역 사람들이 결혼과 관련하여 어떤 문제를 겪는지에 대해 관찰했다.[54] 남성 수감율이 높은 지역에서는 남편을 선택할 수 있는 폭이 줄어든다. 특히 실직 상태의 남성들은 바람직한 배우자로 인식되지 않는다.[55] 최근 한 연구에서는 1990년대와 2000년대에 공장 일자리가 사라진 지역에서 혼인율이 하락했다는 것을 발견할 수 있었다.[56] 첸은 이런 지역의 여성들이 적절한 배우자를 찾지 못함에도 불구하고 때때로 아이를 낳길 원하고, 이로 인해 미혼모가 증가하게 된다는 사실을 발견했다.

교육과 경제적 안정은 이혼을 피할 수 있게 해준다. 사실 일부 사회학자들은 오늘날 결혼을 사치품이라고 부르기도 한다.[57] 결혼한 여성들 가운데 대학 학위 소지자의 78퍼센트는 최소 20년 이상 결혼 생활을 유지하고 있는 반면, 고등학교 졸업자 혹은 그 이하의 교육 수준을 가진 사람들은 겨우 40퍼센트만이 20년 이상 결혼 생활을 유지하고 있다.[58] 부분적으로 이는 대학 교육을 받은 사람들이 비교적 늦게 결혼함으로써 그만큼 갈등을 해결할 수 있는 성숙함을 길렀기 때문이라고 볼 수 있다.[59] 또 충분한 자산이 있는 부부들은 문제가 있을 때 상담을 받을 여유가 있다.

사회과학자들은 특히 현재를 살고 있는 세대들이 아이까지 있다 보니 이 같은 결혼 추세로 미국의 계층 분리가 악화될 것을 우려했다.[60] 오늘날 경제적으로 안정된 사람들은 결혼을 해서 가정을 이루는 확률이 높은데, 그렇지 못한 사람들의 경우에는 결혼을 하지 않은 채 아이를 갖기도 한다. 노동 계층 엄마에게서 태어난 자녀의 36퍼센트는 혼외 자녀인데 반해, 부유한 엄마에게서 태어난 아이의 경우에는 13퍼센트만이 혼외 자녀이다.[61] 앞장에서 봤듯이 결혼한 부모의 자녀들이 편부모 가정에서 자란 아이들보다 부유하게 성장하는 경향이 있다. 우리는 이를 통해 악순환이 일어나는 것을 목격하고 있는 것이다. 역사학자 스테퍼니 쿤츠는 말한다.

"안정적이고 가치 있는 관계를 형성하는 데 있어 사람들 사이의 격차가 점점 벌어지고 있습니다. 그런 점이 굉장히 염려스럽습니다.”

그러나 쿤츠는 결혼 제도는 항상 변해왔다는 점을 지적했다. 현재의 결혼 추세는 미국 내에서 심화되는 경제적 불균형과 관련이 있다. 만일 상황이 개선되고 중산층이 번영하게 되면 더 많은 사람들이 자신들이 꿈꿔온 행복한 애정 관계를 찾을 수 있을 것이다.

“여기서 쟁점은 언제까지 사람들에게 경제적 부담을 가중하여 그들이 꿈꿔 온 튼튼한 관계를 계속해서 짓밟아 버릴 것인가입니다.”[62]

애틀랜타의 유월은 변덕스럽다. 덥고 모기가 들끓기도 한다. 하지만 나와 벤이 결혼식을 올린 그 날은 선선하고 쾌청했다.

결혼식을 준비하는 데 몇 달이 걸리든 간에 막상 식을 올리는 당일은 쏜살같이 지나가 버린다는 걸 사람들은 말해주지 않는다. 내 기억 속 나의 결혼식은 들러리들의 드레스 색이었던 핑크빛과 오렌지빛으로만 희미하게 남아 있다. 나는 벤과 그의 어머니가 며칠 전 함께 만든 웨딩 캐노피 아래에서 작은아버지의 주례로 결혼식을 올렸다. 나의 아버지는 결혼식을 올리기 일 년 전에 돌아가셔서, 가장 친한 친구인 알렉스가 나를 데리고 입장해주었다. 하지만 작은아버지의 설교부터 피로연 연설에 이르기까지 나는 그날 곳곳에서 아버지가 나와 함께 계시다는 걸 느낄 수 있었다.

벤과 나는 샴페인을 많이 마시면서도 예복을 더럽히지 않으려고 노력했다. 전문 디제이였던 나의 또 다른 친구 알렌은 턴테이블을 준비해서 60년대부터 70년대에 유행한 노래를 틀었다. 그 음악들은 나이가 많은 하객들도 자리에서 일어나 무대로 나와 춤을 추게 만들었다. 우리 삶의 각기 다른 영역에서 살아가던 사람들이 한데 모여 즐겁게 어울리는 모습을 보고 있자니 기분이 이상했다. 나의 사촌은 알렉스와 죽이 맞았고, 싱가포르 이모는 벤의 뉴욕 삼촌과 함께 깔깔거리며 웃고 계셨다.

그렇게 나의 결혼식은 끝이 났다. 벤과 내가 손을 잡고 정원의 벽돌 길을 걸어 나가자 하객들은 폭죽을 들고 일제히 일어섰다. 그리고 우리는 차에 올라타 호텔로 향했다. 허니문 스위트룸에 들어가자마자 벤은 내가 여러 겹의 실크 드레스를 벗는 걸 도와줬다. 나는 힐을 벗어던졌다. 그리고 우리는 바닥에 앉아 결코 로맨틱하지 않은 일을 했다. 벤과 나는 얼굴을 박고 포장 음식을 먹어 댔다. 또 우리를 위해 웨딩 플래너가 남겨 놓은 케이크 조각도 먹어치웠다. 웨딩 플래너의 센스가 돋보이는 순간이었다. 결혼식 내내 춤도 추고 하객들과 인사를 하느라 우리는 하루 종일 거의 먹질 못했다. 완전히 굶주린 상태였던 것이다.

그때부터 우리의 결혼 생활이 시작되었다. 서로가 평생의 동반자로 적합한지 알아보기 위해 몇 년을 노력한 후, 마침내 그 질문에 대한 답을 찾았다는 안도감을 느꼈다. 우리는 미래를 함께할 동반자로 서로를 선택했다. 살면서 무슨 일을 겪게 되건, 우리는 언제나 함께할 것이다.

그로부터 8년이 지났고, 우리는 여전히 서로를 이해하려고 노력하고 있다. 결혼을 해서 좋은 점은 실수를 저질러도 그걸 바로잡고 더 잘해낼 수 있는 시간적 여유가 생겼다는 것이다.

앞으로도 우리에게는 바닥에 앉아서 배달 음식으로 저녁을 먹을 날들이 많을 것이다. 처음 구매한 집으로 이사를 한 날, 우리는 가구가 오기를 기다리면서 그렇게 밥을 먹었다. 엘라를 낳고 집에 데려온 날도 우리는 갓난쟁이 엘라가 작은 아기 침대에서 낮잠을 자는 모습을 감격스럽게 바라보면서 조용히 바닥에서 식사를 했다. 결국 나는 이런 모든 순간들이 모여 결혼 생활을 이룬다는 것을 깨달았다.

CHAPTER 5

ROCKET

내가 진짜 원하는
가족의 모습은?

"리즈! 나 난자 얼리기로 했어! 아무래도 때가 된 것 같아."

나의 가까운 친구인 루시아나가 아르헨티나 부에노스아이레스에서 이런 문자를 보내왔다. 육아 휴직 중이었던 나는 휴대전화 메시지 알림이 울렸을 때 한 달 된 엘라를 무릎에 올려놓은 채 흔들의자에 앉아 있었다. 나는 겨우 엘라를 재워 놓고 나서야 시간을 내서 답장을 보낼 수 있었다.

나: 어머나! 세상에! 정말이야?!
루시아나: 응, 내 MBA 친구들도 모두 그러기로 했어. 선택의

폭을 넓힐 수 있는 좋은 기회인 것 같아. 안 그래?

루시아나와 나는 10년도 더 전에 서로 아는 친구를 통해 샌 프란시스코에서 처음 만났다. 우리는 영국 시대극을 향한 애정 과 미국 스포츠에 대한 무지함이라는 공통점 덕분에 빠르게 친 해졌다. 그 당시 20대 초반의 야심 찬 여성들이었던 우리는 어 떻게 하면 이 세상에 우리의 흔적을 남길 수 있을지에 대해 많 은 이야기를 나누곤 했다. 당시 나는 교수가 되기 위해 노력하고 있었고, 루시아나는 직장에서 반드시 성공하겠다는 포부를 지닌 컨설턴트였다.

루시아나와 나는 가끔 우리에게 아이가 있다면 그 아이들이 우리의 인생에 어떤 변수로 작용할지에 대해 이야기하곤 했다. 대부분의 사람들은 언젠가는 부모가 된다. 미국 여성의 86퍼센 트는 그들 인생의 어느 시점이 되면 아이를 낳는다.[1] (가족 조사는 보통 여성을 중심으로 이뤄지는데, 아빠보다는 엄마를 추적하는 것이 더 정확하고 쉽기 때문이다.) 하지만 우리 또래의 다른 여성들처럼, 루 시아나와 나는 가장 흔한 길을 따라가야 하는 게 영 내키지 않 았다. 부모가 된다는 것은 우리 두 사람의 인생에 필연적인 일이 아니라고 생각했다.

우리는 손톱 관리를 받을 때나 술을 마실 때면 아이를 낳고 싶은지, 또 만일 그렇다면 언제쯤 낳고 싶은지와 같은 이야기로 꽃을 피웠다. 그런데 사실 우리 둘은 서로 굉장히 다른 욕구를 갖고 있었다. 나의 경우에는, 서른다섯 살이 되기 전에 임신을 하기 위해 서둘렀다. 다니고 있던 병원도 엄마도, 다들 하나같이 여자는 서른다섯이 되면 생식 능력이 떨어진다고 말한다. 반면 루시아나는 자신의 20대와 30대를 커리어에 쏟고 싶어 했다. 당연히 그때 나와 루시아나는 앞으로 우리에게 무슨 일이 일어나게 될지 알지 못했다. 20대 중후반에 결혼하거나 아이를 가진 친구들도 거의 없었기 때문에, 우리 앞에 놓인 미래에 대해 더더욱 알 수가 없었다.

하지만 각자의 계획에 따라 충실히 살아온 나와 루시아나는 서로 다른 선택을 하며 완전히 다른 삶을 살게 되었다. 루시아나는 현재 서른다섯 살이다. 그녀는 빠르게 성장하고 있는 라틴아메리카 스타트업의 고위 간부가 되었고, 매달 멕시코시티, 리우데자네이루, 보고타로 출장을 다니고 있다. 몇 주 후, 그녀는 최대한 많은 난자를 만들기 위해 호르몬 주사를 맞을 예정이다. 반면 나는 서른여섯 살이 되었고, 한 시간 남짓한 점심시간 동안 급하게 마트에 가서 엘라의 수영 수업 때 쓸 캐릭터 물안경을 찾고 있었다.

((가족계획 세우기))

20대 때 세운 가족계획대로 살고 있는 사람은 비단 나와 루시아나뿐만이 아니었다. 사실 이건 일반적인 패턴이다. 2009년의 한 연구에 따르면 동일한 미국 여성 그룹을 40년 넘게 추적한 결과, 20대 초반의 여성 대부분은 자신이 몇 명의 아이를 갖고 싶은지를 굉장히 명확하게 안다.[2] 그리고 놀랍게도 이들 중 다수는 굉장히 정확하게 자신들의 비전을 실천한다. 67퍼센트는 두 명의 아이를 갖길 원했는데 실제로도 두 명을 낳았고, 12퍼센트는 셋 이상의 아이를 원했는데 역시 그대로 계획을 이뤘다. 두 명의 아이를 원했지만 한 명 혹은 아예 아이를 갖지 못한 그룹은 4퍼센트에 불과했다. 이 그룹은 출산 문제 혹은 고등 학위 취득과 같은 인생의 중요한 일로 인해 자신들이 세운 계획에 차질이 생긴 경우였다.

이 시기에 세우는 계획은 굉장히 중요하기 때문에 어떤 형태의 가족을 형성해야 자신이 행복할 수 있을지 시간을 들여 생각해봐야 한다. 우리는 가족 형성에 관한 한 역사상 그 어떤 세대보다 다양한 선택지를 갖고 있다. 당신이 결정해야 할 것들은 이런 것들이다. 우선, 자신이 아이를 원하는지 아니면 아예 부모가 되고 싶지 않은지 알아야 한다. 만일 아이를 원한다면, 아이를 직접 낳고 싶은지 아니면 입양, 위탁, 대리모를 통해 아이를 얻을 것인지 생각해야 한다. 그리고 마지막으로 아이를 직접 낳기로 결정했다면, 언제 아이를 가질지에 대해서도 고민해봐야 한다. 아이를 갖는 시기에 따라 서로 다른 장단점이 있기 때문이다.

자신의 이상적인 방향에 대해 일찍부터 고민하는 것은 가치 있는 일이다. 이는 인생의 다른 결정에도 영향을 미치기 때문이다. 만일 자신이 분명하게 대가족을 원한다거나 반대로 아이를 전혀 원하지 않는다는 점을 정해두면, 그 계획에 따라 자신과 같은 목표를 가진 배우자를 만날 수 있다. 만일 이미 진지하게 만나고 있는 사람이 있다면 대화를 통해 그 사람도 자신과 같은 생각을 지녔는지 확인해보고, 또 의견을 조율해볼 수 있을 것이다. 만약 아이를 분명히 원한다면, 아이가 생기기 전까지 여행을 하거나 커리어를 성취하는 등 그 시간을 잘 활용할 수도 있다.

이런 것들을 고민할 때 우리가 모든 걸 제어할 수 없다는 사실을 명심하자. 일은 항상 계획한 대로 되지는 않는 법이다. 예정에 없던 임신을 할 수도 있고, 반대로 아이를 갖기 위해 계획해도 임신이 잘 되지 않을 수도 있다. 또 함께 가정을 꾸릴 사람을 찾는 일이 생각보다 오래 걸릴 수도 있다. 이런 상황들 때문에 우리는 더 유연해지고 강해지기도 한다. 20대 초반에 세웠던 가족계획과는 완전히 다른 계획을 처음부터 다시 짜야 할 일이 생길 수도 있다.

하지만 중요한 것은 행복한 가정을 꾸리는 방법이 딱 한 가지만 있는 건 아니라는 점이다. 여러 방법을 통해 우리는 전 생애에 걸쳐 지속되는 사랑과 힘이 되어주는 관계를 형성할 수 있다.

((왜 아이를 갖는 걸까?))

가족을 형성하는 다양한 방식을 탐색하기에 앞서, 이 심오한 질문에 대한 답을 찾아야만 한다. 왜 우리는 아이를 가지려고 하는 걸까?

넓게 봤을 때 이것은 비교적 새로운 질문이다. 역사 전반에 걸쳐 인간은 가정생활에서 선택할 수 있는 게 많지 않았다. 사회적, 종교적 규범에 의해 사람들은 이성과 결혼을 해서 혈통을 잇고, 가계 소득에 기여하며, 가족 소유의 부를 물려받을 아이를 낳도록 강요받았다. 또 생물적 제한도 있었다. 1960년대 피임약이 널리 사용되기 전까지 성관계는 본질적으로 재생산과 연관이 있었기 때문에 성적인 관계는 모두 임신의 가능성을 갖고 있었다.

다행히 우리 시대는 과거보다 가족을 형성하는 데 있어 훨씬 더 많은 자유를 보장한다. 우리는 더 이상 종교나 사회적 의무에 얽매여 아이를 낳지 않아도 된다. 이로 인해 가족을 형성하는 이유가 전과는 매우 달라졌다. 우리는 누군가에 대한 의무감이 아닌 오로지 나 자신을 위해 가족을 만든다. 오늘날 아이를 가질 것인지 말 것인지와 같은 문제는 그 아이들로 인해 우리가 행복할 것인지 혹은 삶의 의미가 충족될 수 있을지에 달려 있다. 이는 우리의 경험, 가치, 성격, 정체성과 관련 있는 굉장히 개인적인 결정이다. 이에 따라 아이를 갖길 원하는 사람들의 동기는 개개인마다 매우 다르다. 자신이 원하는 바에 대해 고심하고, 이를 정리하여 자신의 생각을 분명하게 하는 것은 중요하다.

나의 사고 과정을 잠깐 살펴보면 이런 식이었던 것 같다. 나는 이 세상에 새로운 생명을 탄생시키는 경이로움을 경험해보고 싶었고, 나의 아이가 자신만의 상상력과 개성을 가진 한 개인으로 성장하는 모습을 보고 싶었다. 나는 그 아이와 사랑, 애정, 믿음의 관계를 형성해 나가는 것을 꿈꿨다. 또한 내가 커리어, 결혼 생활, 믿음을 통해 삶의 의미를 얻은 것처럼, 아이를 키우면 삶의 또 다른 목적을 갖게 될 거라고 믿었다. 아버지가 돌아가신 후, 내게 남겨진 아버지와의 추억을 다음 세대에 전해줄 수 있다는 것도 무척 아름다운 일이라고 생각했다.

우리가 형성하는 가족은 우리의 개별적인 욕구와 감정의 결과이지만, 다른 외부적인 요인들이 우리의 생각에 영향을 미치기도 한다. 사회 규범은 지금도 우리의 결정에 영향을 미친다. 데이터에 따르면, 우리는 가족계획을 세우는 데 있어 여전히 주변 사람들의 눈치를 본다. 1950년대에 아이가 있는 여성의 65퍼센트는 셋 이상의 아이를 낳았고, 미국인의 71퍼센트는 이런 가정의 형태를 이상적인 가족 규모라고 말했다. 이것은 우연이 아니었을 것이다.

현재로 돌아와 보자. 오늘날 아이가 있는 여성의 62퍼센트는 자녀가 두 명이고, 미국인의 50퍼센트가 이것을 이상적인 가족 규모라고 말한다.[3] 우리 세대에서는 아이를 전혀 낳지 않는 추세가 늘어나고 있다. 2018년 20세에서 45세 사이의 미국인 1,858명을 대상으로 한 조사에 따르면, 응답자의 절반은 아직 아이가 없다고 대답했다. 그 가운데 24퍼센트는 아이를 원치 않는다고 했고, 34퍼센트는 아이를 가질지 불확실하다고 답했다.[4]

돈은 또 다른 요인이 된다. 불경기 동안 사람들은 아이를 제대로 부양할 수 있을지에 대한 확신이 없었기 때문에 아이를 덜 낳는 경향이 있었다. 2008년 세계 경제 위기 여파로 미국 내 20대의 출산율은 15퍼센트가량 줄었다.[5] 하지만 경제 상황이 좋을 때도 출산과 양육 관련 비용의 증가는 중요하게 고려해야 하는 사항이다. 미국에서는 단순 분만 비용만 약 3만 달러에 달한다.[6] 그리고 18세가 될 때까지 아이를 부양하는 데 드는 비용은 23만 달러로 터무니없이 높은 금액이 소비된다.[7] 이는 천문학적인 숫자가 아닐 수 없다! 그 결과, 미국인들 중 많은 수가 돈 때문에 아이를 적게 낳는다고 한다.[8]

우리는 아이를 기쁨 그 자체라고 말하지만, 적어도 심리학적인 측면에서 행복 지수를 측정해보면 아이로 인해 부모가 덜 행복해진다는 증거가 굉장히 많이 존재한다.[9] 아이가 있는 사람들은 종종 결혼 생활과 심리적 안녕에 대한 만족감이 낮은 걸로 나타난다.[10] 영아를 키우느라 남편과 함께 있을 시간이 거의 없는 나도 이 점에 공감한다. 즉, 이것은 어떤 사람에게는 아이를 갖지 않을 충분한 이유가 될 수 있다. (하지만 이 부분에 대해서는 곧 다시 이야기하겠다.)

아이를 갖지 않는 사람들에게는 다 나름의 이유가 있다. 벤과 나는 늘 필요한 만큼 충분한 잠을 자지 못하고 양육비는 우리의 예산에 적잖은 타격을 준다. 또 우리는 둘 다 자신의 커리어에도 집중하기 위해 노력하고 있다.

그렇지만 반대로 엘라는 우리에게 새로운 기쁨을 주기도 한다. 비록 우리가 너무도 지친 나머지 몰골이 말이 아님에도 말이다. 엘라가 처음으로 세상을 보며 정원의 꽃이나 해질녘 분홍색으로 변한 하늘에 놀라는 모습은 우리를 행복하게 만든다. 잠들기 전에는 엘라가 가장 좋아하는 책을 읽어 주는데, 그때 들을 수 있는 엘라의 웃음소리도 참 좋다. 작가 제니퍼 시니어의 말에 의하면, 현대 부모들이 가진 모순은 아이를 키우는 것은 '모두 기쁨이지만 재미는 없다'는 것이다.[11]

아이를 갖기로 결정하고 30대 초반에 아이를 낳은 벤과 나는 일반적인 가족 형성의 길을 따라간 셈이다. 지난 몇십 년 동안 여성들은 엄마가 되는 시기를 지속적으로 늦춰 왔다. 평균 미국 여성은 현재 26세에서 30세 사이에 첫 아이를 갖는데, 이는 여성의 교육 수준에 따라 달라진다. 대도시에 살거나 대학원 학위를 소지한 여성들은 30대 초반까지 출산 시기가 늦어진다.[12] 많은 사람들이 생식 능력에 문제가 생기기 시작하는 30대 중반 이전에 출산하는 것을 목표로 하고 있다.

우리가 바로 그랬다. 벤과 나는 스물아홉 살에 결혼한 후, 늘 생물학적 시간에 쫓기는 것 같은 기분이 들었다. 아이로 인해 발생할 막대한 비용을 마련해두기 위해 우리는 커리어를 다지면서 저축을 해야 했다.[13] 벤과 나는 조직적이고 꼼꼼한 편이라 예산, 체크리스트, 임신 시기도 미리 생각해뒀다. 그리하여 나는 서른두 살이 되면서 배란기를 따지기 시작했고, 임신 준비를 위한 비타민을 챙겨 먹었다. "우리는 임신에 꼭 성공하고 말 거야."

나는 벤에게 이렇게 말한 뒤 하이파이브를 건넸다.

참 어리석은 생각이었다. 우리는 부모가 되기까지 무엇 하나 계획대로 되는 게 없다는 걸 그때 깨달았다. 처음 임신을 시도한 후 얼마 되지 않아 우리는 현실의 벽에 부딪히고 말았다. 나는 거의 바로 임신을 했지만 몇 주 후 하혈을 했고, 유산을 했다. 유산이란 게 평균적으로 15퍼센트가량 일어나는 흔한 일이기도 하거니와, 나이가 많을수록 유산할 확률이 높다고 한다.[14] 하지만 정작 우리에게 그런 일이 생기자 너무도 충격적이었다. 그 일을 통해 우리는 아이를 갖는 과정이 결코 우리의 예상대로 되는 것이 아닌, 정말로 두려운 길일 수 있다는 걸 깨달았다.

이후 나는 다시 임신을 하게 되었는데, 그게 바로 엘라였다. 임신 초반부터 나는 몸을 스스로 제어할 수 없었다. 맛과 냄새가 임신 이전과 모두 다르게 느껴졌다. 20분마다 소변을 봐야 했고 항상 피곤했다. 엘라는 내 배 속에 있을 때부터 자신만의 생각이 있던 아이였다. 엘라는 늘 움직였고 조그마한 그 발로 하루 종일 나를 살며시 찼다. 임신 3분기에 들어섰을 때는 모든 게 더 극적으로 변했다. 숨을 쉬기가 어려워졌고, 의사는 내게 제왕절개를 해야 할지도 모른다고 말했다. 당시 나는 그 말이 내 복부 근막을 절개하고 임시로 위장을 옮겨서 아이를 꺼내는 거라는 걸 정확하게 이해하지 못했다. 아뿔싸. 하지만 몇 주 후 엘라가 세상에 나왔다. 그리고 엘라는 완벽했다. 내 자궁에서 나와 모습을 드러낸 순간부터 엘라는 내가 본 아기들 중 가장 다양한 표정을 가진 아기였다. 벤과 나는 엘라를 향한 넘치는 사랑으로 주체할 수가 없었다. 우리는 그렇게 우리만의 가족을 이루었다.

20대 때 나는 아기가 어떻게 내 삶을 방해할 것인지에 대해 현실적인 감각이 없었다. 갓난쟁이를 돌보는 것은 내가 해본 일 중 가장 힘든 일이었다. 벤은 엘라의 기저귀 가는 일을 도맡아서 했고 틈틈이 집안일을 맡았다. 하지만 우리의 페미니스트적인 믿음에도 불구하고, 육아에는 엄마만이 할 수 있는 영역이 존재한다는 걸 깨달았다. 특히 아이가 어릴 때일수록 말이다. 나는 제왕절개를 받고 자그마치 6주 동안 제대로 걷거나 움직일 수가 없었다. 그런데 그때마저도 나는 엘라의 배를 채워 주기 위해 젖을 물릴 방법을 생각해야 했다. 엄마가 된 지 얼마 안 됐을 때, 나는 몇 번이나 자제력을 잃고 말았다. 그때마다 나는 엘라와 함께 울음을 터트렸고, 불쌍한 벤은 당황하며 우리를 쳐다보기만 했다.

나는 특히 엄마가 되면서 나의 커리어가 엉망이 되리라고는 상상도 하지 못했다. 엘라를 낳기 전, 나는 잡지에 글을 기고하는 꿈의 직업을 찾았다. 나는 밤낮 없이 글을 썼으며, 한 번에 여러 기사를 취재하기도 했다. 하지만 육아 휴직을 마치고 복직한 후, 나는 최소한의 일만이라도 끝내면 다행인 수준의 사람이 되어 있었다. 일을 하지 않는 모든 시간은 엘라는 돌보는 데 소비되었다. 만약 엘라가 아파서 어린이집에 보낼 수 없는 상황이 생기기라도 하면 나는 휴가를 내야 했다. 또 어느 날은 도저히 다른 도시까지 이동할 여력이 없어 강연이나 다른 일이 들어와도 거부해야 했다. 한번은 뉴욕에서 타이거 우즈를 인터뷰할 기회가 주어졌는데, 이 일을 위해 벤은 휴가를 냈고 우리는 6개월 된 엘라를 데리고 암트랙*에 몸을 실었다. 이후 또다시 출장을 거절해야 했을 때는 정말 악몽과도 같았다. 커리어상 도약해야 할 시점에 이 모든 일이 벌어진 것이다. 나는 작가로서 조금씩 커리어를 쌓아가는 상황이었고, 더 중대하고 야심찬 프로젝트를 맡기로 되어 있었다. 나는 수많은 출판 아이디어를 현실로 실현하고 싶었지만 그렇게 하기는커녕 집 사무실에서 윗도리를 벗고 끔찍하게 생긴 착유기를 매단 채 겨우겨우 일을 하고 있었다.

사회학자들은 엄마들이 직장에서 겪는 조직적 불이익을 '모성 패널티'라고 표현한다. 지난 몇십 년 동안 직장 내 여성들의 지위는 향상되어 왔다. 하지만 여성이 엄마가 되는 순간, 남성 동료들보다 뒤처지고 월급이나 승진의 기회 또한 적어진다. 이

---

*   Amtrak, 미국 여객 철도공사.

는 엄마들이 아빠들보다 일하는 시간을 줄여야 하거나, 휴가를 내거나, 승진을 거절하거나, 아이를 돌보기 위해 직장을 그만두기 때문이다.[15] 또한 부모 모두 전업으로 일을 해도 엄마들은 아빠들보다 집안일과 육아를 하는 데 시간이 두 배 가까이 더 든다.[16] 바로 이런 것들이 쌓여서 남녀 간의 거대한 임금 불균형을 만드는 것이다. 인구조사국은 일을 하는 엄마들의 임금 수준은 같은 상황에 있는 남성의 75퍼센트 수준밖에 안 된다는 것을 발견했다.[17]

갓 엄마가 된 사람들은 다양한 종류의 차별을 경험하게 된다. 엄마들에게는 늘 불성실한 직원이라는 편견이 뒤따르고, 회사에서는 아이를 가졌다는 이유만으로 여직원들에게 불이익을 주기도 한다. 스탠퍼드대학교의 한 연구에 따르면, 고용주들은 아이가 있는 여성이 같은 조건의 미혼 여성에 비해 능력은 10퍼센트, 업무에 대한 헌신은 12.1퍼센트 부족하다고 여긴다고 한다.[18] 이 같은 이유로 미혼 여성들은 아이가 있는 여성들보다 승진의 기회가 8.2배, 취업의 기회도 6배 더 높았다. 아이가 있는 여성은 미혼 여성에 비해 더 엄격한 시간 엄수 기준이 적용된다. 아이가 있는 여성은 월 3.16일 이상 지각을 하면 그로 인한 부정적인 평가를 받지만, 미혼 여성의 경우에는 3.73일 이상 지각을 해야 그와 같은 평가를 받는다. 아이가 있는 여성들이 자신의 일에 얼마나 헌신하고 있는지와는 상관없이 그들에게는 조금의 숨 돌릴 틈도 주어지지 않는다.

게다가 아이가 있는 남자들은 미혼 남성들보다 일에 대한 헌신도가 5퍼센트 더 높다고 여겨진다고 한다. 이건 말도 안 된다! 예를 들어 아빠들은 월 3.6일 이상 지각을 할 때 부정적인 평가를 받는 반면, 미혼 남성들의 경우 3.16일 이상 지각할 시 부정적인 평가를 받는다. 사회학자들은 이 같은 이중적 기준이 남성을 한 가정을 책임지는 가장이라고 여기는 데서 비롯한다고 본다. 남성들은 아이가 생기면 가정을 부양하기 위해 일에 더 헌신한다고 생각하는 것이다. 반면 엄마들의 경우에는 여전히 가정 내 양육자로만 비춰지기 때문에 엄마에게 아이는 일을 방해하는 요소로 여겨진다.

전문가들은 이런 고정관념과 임금 불평등 문제를 해소하기까지는 오랜 시간이 걸릴 것이라고 말한다. 구조적으로도 많은 변화가 일어나야 한다. 정부는 육아 보조금을 지급하거나 무상 보육을 제공하고 부모의 유급 육아 휴직을 보장해야 한다. 또한 회사들은 유연한 근로 시간과 근로 장소 정책을 시행하여 출산 및 육아 휴직 후 여성들이 더 쉽게 복직할 수 있도록 해야 한다. 그렇게 하면 남성들 역시 출산 후 아이를 돌보기 위해 휴가를 낼 때 도움이 될 것이다. 하지만 그런 날이 올 때까지 20대 후반에서 30대 초반에 아이를 낳기로 결정한 여성들은 지속적으로 직장 내 고정관념과 불평등에 직면할 수밖에 없다.

((얼릴 것인가, 말 것인가))

나: 그래, 그런데 언제부터 난자 냉동에 대해 생각했던 거야?

루시아나: 몇 년 전부터. 학교에서 친구들이랑 많이 이야기했거든.

나: 그랬겠구나. 커리어에 투자를 많이 했으니까.

루시아나: 응, 그리고 그에 따른 보상을 극대화하고 싶거든. MBA는 졸업 후 첫 해가 굉장히 중요해. 난자를 냉동해 놓으면 아이를 갖지 못하는 위험을 줄일 수 있잖아.

숙련된 경제학도인 루시아나는 때때로 살면서 겪게 되는 복잡한 일들을 경제적 구조로 풀어서 이야기하곤 한다. 이게 바로 내가 그녀를 좋아하는 이유다. 내가 남자친구와 헤어지거나 회사를 그만둘지에 대해 결정해야 할 때 루시아나는 이성적으로 문제점을 하나씩 세분화시켜서 말해주는데, 그걸 듣고 있으면 마음이 편해진다. 또한 내가 진정 원하는 것이 무엇인지를 생각할 수 있도록 도움을 준다.

루시아나는 아기를 좋아한다. 엘라가 태어난 지 몇 달 안 됐을 때도 선물 보따리와 함께 뽀뽀 세례를 퍼부어 주러 오곤 했다. 하지만 자신만의 가족을 만드는 일에 있어서는 감정과 결정을 논리적으로 구분 지었다. 그녀가 임신을 미루기로 결정한 이유 중 하나는 서른다섯 살 이후 첫 아이를 갖는 여성들의 경우, 이미 커리어를 꽤 성취한 상태여서 모성 패널티를 그나마 덜 받는다는 연구가 있기 때문이다.[19] 루시아나는 이미 자신의 커리어에 많은 시간과 돈을 쏟아 부었다. 그래서 그녀는 아이 갖기를 미루고 그 전에 좀 더 일을 해서 승진을 하는 게 맞다고 생각한다.

문제는 서른다섯 살이란 나이가 하필 생식 능력이 급격히 떨어지는 시기라는 것이다. 물론 정확한 것은 아니다. 1980년대 후반, 의사들은 서른다섯 살의 여성 200명 중 한 명은 다운증후군을 가진 아이를 낳을 확률이 있다는 걸 발견했다. 태아의 다운증후군 여부를 확인하는 양수 진단으로 유산할 확률 역시 200분의 1이었다. 하지만 이런 수치들은 더 이상 효력이 없다. 의료 기술의 발전으로 이 나이대 여성들이 다운증후군 아이를 출산할 확률은 350분의 1로, 또 양수 진단으로 인한 유산 위험률은 1,600분의 1로 줄어들었다.[20] 하지만 의료 시스템은 계속해서 서른다섯 살 이상의 여성을 '고령'이라고 부른다.

여성들이 매우 실제적인 생물학적 시계와 마주하고 있는 것은 사실이다. 여성들의 난자 개수는 태어날 때부터 정해져 있고, 사춘기부터 폐경기까지 다달이 한 개 혹은 두 개의 난자를 배출한다. 그러나 이 배란도 나이가 들면서 점점 줄어들어 임신을 하기가 어려워진다. 대규모로 진행된 한 연구에 따르면, 여성의 생리 주기상 임신 가능성이 가장 높은 날 성관계를 통해 임신을 할 가능성은 27세에서 34세 사이의 여성이 40퍼센트인데 반해, 35세에서 39세 사이의 여성의 경우에는 30퍼센트로 떨어진다.[21] 물론 명백한 차이가 있긴 하지만, 그렇다고 서른다섯 살이 되면 그 즉시 임신 가능성이 사라져 버리는 것은 아니다. 불임 전문의들은 여성이 40대 초반이 되면 자신의 난자를 통해 임신을 하는 것이 굉장히 어려워진다고 한다. 또한 30대 후반이 되면 유산부터 사산, 조산까지 여러 문제가 생길 확률이 높아진다.[22]

이런 문제들은 난자 냉동을 이용해서 피할 수 있다. 현대의 여성들은 이 같은 선택지를 갖게 된 최초의 세대다. 1986년, 싱가포르에서 최초로 냉동 난자로 아기가 태어났다. 그 후로 몇십 년 동안 이 방법은 낯선 동시에 초현대적인 것처럼 여겨졌다. 2000년대 초반이 되자 의사들은 난자에 해가 될 수 있는 화학 요법을 받아야 하는 여성들에게 이 시술을 제안하기 시작했다. 하지만 2012년이 되어서야 미국생식의학회에서는 이 시술을 '실험적' 시술 목록에서 공식적으로 제외시켰다.[23] 지난 몇 해 동안 난자 냉동 클리닉이 많이 생겨났지만, 아무래도 신기술이다 보니 시술하는 데 여전히 큰 금액이 필요하다. 1회 난자 채취 비용은 약 만 달러이며, 대부분의 의사들은 임신 확률을 최대화하기 위해 난자를 2~3회 정도 채취할 것을 권장하고 있다.

2014년 루시아나가 MBA를 하고 있을 당시, 사람들 사이에서 난자 냉동은 화두로 떠올랐다. 이는 특히 페이스북이 회사 직원 및 직원 배우자들에게 난자 냉동을 위해 약 2회 채취 비용인 2만 달러까지 지원하겠다는 발표가 있었던 탓도 있다. 이 같은 조치는 많은 논쟁을 야기했다. 난자를 냉동하면 여성들이 20대와 30대 때 회사에 더 많은 시간을 쏟을 수 있기 때문에 궁극적으로는 회사에 이익이 된다는 비판이 일었다. 또 일부에서는 페이스북이 지극히 개인적이어야 할 출산 시기에 관한 문제를 사실상 늦추도록 압박하는 것이라고도 했다. 페이스북은 이 같은 논란에 대해 직원들이 직접 요청한 정책이라며 방어 태세를 갖췄다.

전문 학위를 위해 수십 만 달러를 쏟아 부은 루시아나와 그녀의 학교 친구들 대부분은 이 문제에 대해 아주 바람직한 정책이라며 페이스북을 옹호했다. 이를 통해 여성들은 가임 기간 동안에도 아이에 대한 압박에서 벗어나 자신의 커리어를 더욱 잘 관리할 수 있게 된다는 것이다. 또 시술 가격이 지나치게 비싸다 보니 이런 정책을 통해 돈도 절약할 수 있다는 매우 긍정적인 반응이었다. 지난 몇 년간 샤넬, 롭스앤그레이 로펌, 베인앤드컴퍼니 등 여러 회사들이 직원 혜택 사항에 난자 냉동을 포함시켰다. 전문가들은 앞으로 난자 냉동이 굉장히 일반적인 시술이 될 것이라 믿고 있다.

자신의 일에 더 집중할 수 있다는 이점 때문에 난자 냉동을 선호하는 여성들도 있겠지만, 30대 중반까지 정착하고 싶은 사람을 만나지 못한 경우에도 이 방법을 선택할 수 있다. 2018년 연구에 의하면 난자를 냉동한 여성의 85퍼센트는 미혼이고, 이들 중 절반은 언제 배우자를 찾을 수 있을지 모른다는 불안감에 클리닉을 찾게 되었다고 답했다. 그다음으로 많은 경우가 이혼이나 이별로 인해 클리닉을 찾는 사람들이다. 연인이 있는 사람들 중에서는 지금 당장 아이를 원하지 않는 상대방 때문에 시술을 받는 경우가 많다고 한다.[24]

많은 여성들은 난자 냉동을 자신들의 생식 능력이 떨어진 후에도 아이를 갖게 해주는 일종의 보험으로 생각한다. 하지만 이 시술은 임신을 전적으로 보장해주지 않는다. 최근 영국인간생식배아관리국에서 실시한 연구에 따르면, 2016년 냉동 난자를 사용한 여성들 중 착상을 거쳐 임신까지 한 경우는 단 19퍼센트뿐이다.[25] 임신 성공 여부는 나이를 포함한 여러 요인에 달려 있다. 2017년 하버드대학교 의과대학에서 실시한 연구는 난자를 냉동시킬 당시 여성의 나이에 따라 정상 출산의 가능성이 줄어든다는 것을 발견했다. 예를 들면 28세에 스무 개의 난자를 냉동한 여성들은 정상 출산을 할 가능성이 94퍼센트였지만, 37세와 42세에 같은 양의 난자를 냉동한 여성들은 정상 출산할 가능성이 각각 75퍼센트와 37퍼센트였다.[26]

의사들은 난자 냉동 기술은 계속해서 진화할 것이고, 이에 따라 성공 확률도 높아질 것이라 믿고 있다. 또한 시술이 점점 일반화되면 가격 역시 하락하여 더 많은 여성들이 시술을 받을 수 있게 될 것이다. 어느 시점이 되면 20대 초반 여성들의 난자 냉동이 일반화되어, 그들의 삶이 어떤 방향으로 진행된다 하더라도 아이를 가질 수 있게 될 것이다.

루시아나: 10년 후에는 난자 냉동이 최고의 졸업 선물이 될 거야.

나: 엘라가 졸업할 때 꼭 기억해둘게.

루시아나: 그래, 루시아나 이모가 정장 한 벌하고 난자 채취 1회 비용은 내줄게.

((아이 없는 삶))

나는 스물다섯 살의 앤드루에 관한 기억이 하나 있다. 얼굴을 감싸는 구불거리는 금발 머리의 그는 흡사 캘리포니아 아도니스와도 같았다. 그는 주말 동안 캠핑을 하거나 바닷가에서 시간을 보냈다. 하지만 그는 우리가 생각하는 서퍼와는 달랐다. 샌프란시스코 신학대학원에서 목회자가 되기 위한 공부를 하고 있었기 때문이다. 내가 아는 대부분의 장로교회 목사들은 결혼을 했고, 아이들도 있다. 하지만 그것은 앤드루가 생각한 길이 아니었다. 그는 독서와 긴 산책으로 가득한 조용한 삶을 원했다. 따라서 자신의 집에서 어린아이의 발걸음 소리가 들리지 않아도 완벽하게 행복했다.

어느 날 저녁 앤드루와 나는, 버클리의 한 도로를 건너고 있었다. 그때 그는 자신이 아이를 원하지 않는다고 말했다. 당시 스물네 살이었던 나는 그의 말에 놀랐다. 나는 아이를 원하지 않는다고 그렇게까지 확신에 차서 말하는 사람을 그때까지 본 적이 없었다. 우리가 이런 대화를 나눈 지 얼마 되지 않아 앤드루는 미래의 아내 할리를 만났다. 둘은 산지 캠프에서 지도 교사로 함께 일했는데, 신앙심이 깊고 자연을 좋아한다는 점 그리고 결정적으로 아이 없는 삶을 바란다는 공통점을 통해 친해졌다. 할리는 아이들을 사랑한다. 그녀는 선생님이라는 직업으로 자신의 커리어를 쌓아온 사람이었다. 하지만 아이에게 필요한 관심을 주는 부모가 많지 않다는 걸 직접 목격하면서, 그녀는 앤드루처럼 부모가 되지 않기로 결정했다.

지난 몇십 년 동안 미국 사회에서 아이를 갖지 않은 부모들은 인구의 15퍼센트에서 20퍼센트 사이를 차지했다. 그중 약 10퍼센트는 아이를 가질 수 없는 불임 문제가 있는 사람들일 것이다. 하지만 선택적으로 아이를 갖지 않는 사람들이 점점 더 많아지고 있다. 경제학자들은 부유하고 학력 수준이 높은 사람들 사이에서 아이를 갖지 않는 비율이 높아지는 걸 발견했다.[27]

최근 뉴욕타임스와 시장조사 업체인 모닝 컨설트에서 실시한 연구에 따르면, 설문에 응답한 20세에서 45세 사이의 1,858명 중 12퍼센트는 아이를 원하지 않는다고 답했고, 17퍼센트는 아이를 원하는지 원하지 않는지 확실치 않다고 말했다. 아이가 없는 삶을 원하는 사람들에게는 여러 가지 이유가 있었다. 3분의 1은 단순히 아이를 원하지 않는다고 말한 반면, 4분의 1은 좋은 부모가 될 수 있을지 확신이 없기 때문이라고 답했다. 또 36퍼센트는 더 많은 여가 시간을 원해서라고 했다. 그러나 18퍼센트는 자신들의 커리어에 집중하고 싶어서라고 답했고, 14퍼센트는 업무가 너무 많아서 아이를 키울 여건이 안 된다고 했다.[28]

아이 없는 삶을 유지하는 것은 쉽지 않다. 미국 사회는 여전히 가족에 대해 전통적인 시각을 지니고 있다. 사회학자들은 아이들을 우리와 공동체 간의 관계를 깊게 만들어주는 '사회적 자본'의 중요한 원천이라고 표현한다. 갓난아기가 있으면 조부모나 형제들이 축하해주기 위해, 혹은 아이를 봐주기 위해 방문하기 때문에 가족 구성원과의 사이를 가깝게 만들어준다.[29] 친구 관계 역시 결혼을 하고 아이를 낳으면서 변하게 된다. 미혼인 사람들과 아이가 없는 부부들은 아이가 있는 친구들과 어울리는 데 어려움을 겪기도 하는데, 이는 아이가 있는 친구들은 온통 집안일에만 정신이 사로잡혀 있기 때문이다.

결혼을 하면 아이를 갖는다는 것은 일반적인 규범이기 때문에 아이를 갖지 않기로 한 사람들은 자신들의 선택에 대해 가족이나 친구들에게 변명을 해야 할 것 같은 기분이 들기도 한다. 기독교 공동체에서 하루의 대부분을 보내는 앤드루 또한 그랬다. 기독교 공동체는 가족의 형태에 대해 좀 더 보수적인 개념을 갖고 있다.

사회학적 연구를 통해 학자들은 사람들이 아이를 갖지 않기로 한 여러 이유를 살펴보았다. 이들은 자신의 일을 통해 깊은 만족감을 얻고 커리어에 대한 거대한 포부가 있는 경향이 있다. 또한 정서적 만족과 삶의 의미를 부여하는 연인과 행복한 관계를 맺고 있는 경우도 있다.[30] 하지만 무엇이 사람들로 하여금 부모가 되는 걸 포기하게 만드는지는 일반화하기 어렵다. 이는 특별한 이유를 바탕으로 한 개개인들의 사적인 결정이다.

어느 날, 나는 앤드루 그리고 할리와 함께 앉아 그들이 부모가 되지 않기로 결정한 이유에 대해서 이야기를 나누었다. 이미 그들은 자신들의 생각을 설명하는 데 도가 튼 상태였는데, 그 이유는 두 가지로 요약할 수 있다. 우선, 이들은 한 생명을 탄생시키는 것은 신성한 행위이며, 누군가를 친절하고 품위 있는 사람으로 키우는 것은 굉장히 어려운 일이라 믿고 있다. 많은 사람들은 완전함을 느끼기 위해 아이를 갖지만 앤드루와 할리는 우리가 아이에게 줄 수 있는 것이 아닌, 아이가 우리에게 줄 수 있는 것에 기대어 아이를 가져서는 안 된다고 믿는다. 앤드루는 이렇게 말했다.

"궁극적으로 나는 사회가 잘못된 질문을 하고 있다고 생각해. 아이를 원치 않는 사람들을 심문할 게 아니라 아이를 원하는 사람들을 심문해야지."

두 번째로 환경운동가로서 앤드루와 할리는 인간이 지구를 얼마나 체계적으로 망가트리고 있는지에 대해서 많은 생각을 했다. 이들은 채식주의자이고, 최대한 적게 소유하며, 강박적으로 재활용을 한다. 또 자동차를 거의 사용하지 않는다. 그러나 이들이 평생 지구를 보호하고 기후 변화에 맞서기 위해 한 이 같은 노력들보다도 더 영향력 있는 것은 아이를 갖지 않기로 결정한 것이라고 한다. 환경연구자들의 연구에 따르면, 아이가 한 명 줄어들면 아이에게 필요한 기저귀, 플라스틱 장난감, 옷, 음식은 말할 것도 없고 연간 58.6톤의 이산화탄소를 줄일 수 있다(차가 없으면 연간 2.4톤을, 채식 위주의 식사를 하면 0.82톤을 줄일 수 있다).

이런 연유로 앤드루는 아이를 한 명 낳는다는 것이 환경에 어떤 영향을 미칠지에 대해서 신중하게 생각해볼 필요가 있다고 믿는다. 이런 이유는 사람들 사이에 점점 보편화되고 있다. 아이를 원치 않거나 확신이 없는 사람들의 14퍼센트는 인구과잉이 걱정된다고 말했으며, 11퍼센트는 기후 변화가 우려된다고 했다.[31] 세계 각지의 밀레니얼 세대 중 지구온난화에 대한 걱정 때문에 각국의 수장들이 기후 문제를 해결할 때까지 아이를 낳지 않겠다는 소위 출산 파업에 들어간 사람들도 있다.

앤드루는 이런 문제를 20대 때 결정하는 게 중요하다고 생각했다. 그것이 그의 연애나 결혼 상대에게 영향을 미치기 때문이다. 연구원들에 따르면, 부부끼리 아이를 갖는 것에 대한 의견이 달라서 이혼을 하는 경우도 있다고 한다.[32] 때에 따라 몇 명의 아이를 가질지에 대해 의견이 갈리기도 하고, 한쪽은 아이를 갖고 싶지 않지만 다른 한쪽은 이를 반대할 수도 있다. 아이를 갖고 싶은 욕구는 압도적일 수 있다. 심리학자들에 의하면, 아이를 가질 수 없는 남성과 여성에게서 상실감, 우울증, 소외감 등이 나타나는 것으로 보고되고 위험을 감수하는 행동을 더 많이 하는 경향이 있다고 한다.[33] 일부 커플들은 관계가 진지해지기 전까지는 아이 문제에 대해 거의 이야기하지 않는다. 이는 모든 사람들이 아이를 원한다고 믿거나, 둘 중 한 명 또는 둘 다 아직 자신이 원하는 것이 무엇인지 결정하지 못했기 때문이다. 이런 소통의 오류는 제법 심각한 갈등과 고통으로 이어질 수 있다.

앤드루는 현재 태평양 북서부에 있는 작은 교구에서 목사로 지내고 있으며, 할리는 산림 지도자로 일하고 있다. 이들의 삶에는 타인을 위한 공간이 많이 있다. 이 말은 문자 그대로 혹은 상징적으로 해석될 수 있다. 둘은 정기적으로 친구들을 초대해서 행사를 열기도 하고, 지인들 역시 그들의 집에 오랫동안 머물다 가기도 한다. 이들의 삶은 빌딩 블록, 과자 부스러기, 침 범벅이 된 우주복으로 어질러진 나와는 다른 방식으로 충만하다.

((다양한 가족))

앤드루와 달리 나의 또 다른 친구 벤(내 남편과 헛갈리지 말 것)

은 자신이 아빠가 되고 싶다는 걸 확실히 알았다. 우리는 버클리 대학원에서 처음 만났는데, 그때도 그는 애정이 듬뿍 담긴 목소리로 언젠가는 꼭 가족을 이룰 거라고 말했다. 하지만 우리 둘은 벤과 같은 동성애자 남성에게 그것이 얼마나 힘든 일인지 정확히 알지 못했다. 1,070만 미국 성인의 4.3퍼센트는 동성애자 혹은 트랜스젠더이다.[34] 2017년 전체 LGBTQ 성인의 10퍼센트는 동성 배우자와 결혼했고, 그 수치는 조금씩 증가하고 있다. 그러나 이들은 아이를 갖는 문제에 있어 거대한 장애물에 직면해 있다.[35]

벤과 그의 배우자 크리스는 얼마 전 아들 로만의 첫 번째 생일을 맞이했다. 로만은 동성 부부가 키우는 약 20만 명의 아이들 중 한 명이다.[36] 나와 벤은 아이들끼리 한 살밖에 터울이 나지 않아서 종종 육아에 대해 이야기하곤 한다. 그는 소파에서 낮잠을 자는 로만의 사진을 내게 보내고, 나도 미끄럼틀을 타는 엘라의 사진을 그에게 보낸다. 이런 건 어린 아이를 키우는 부모들 사이에서 흔히 볼 수 있는 일이다. 하지만 내가 엘라를 낳는 과정은 꽤 간단했던(또 보험 처리도 되었고) 반면, 벤은 로만을 얻기까지 수많은 시간과 돈을 써야만 했다.

벤은 현재 LGBTQ 사람들에게 아이에 대한 가능성을 미리 고려해야 한다고 충고한다. 가족에 대한 비전을 공유할 수 있는 사람을 만나야 하는 것뿐만 아니라, 그것을 실현하기 위해서는 많은 돈이 필요하기 때문이다. 그는 LGBTQ 부모들이 입양, 위탁 또는 대리모 중 어떤 방법으로 가족을 형성하든 간에 예기치 못한 비용 문제에 부딪힐 것이라고 말한다.

벤은 크리스와의 세 번째 데이트 때 중요하다고 생각하는 순서에 따라 다음과 같은 세 가지 질문을 했다. 일부일처를 원하는가? 아이를 갖고 싶은가? 규칙적으로 하이킹을 갈 수 있는가? (벤은 하이킹을 사랑한다. 이건 그에게 있어 타협의 여지가 없는 문제이다.) 크리스는 이 세 질문에 모두 그렇다고 대답했고, 이들은 일 년 안에 아이를 가질 최선의 방법에 대해 고민했다. 둘은 처음에는 다른 LGBTQ 사람들처럼 위탁이나 입양을 계획했다. (동성 부부는 이성 부부에 비해 위탁은 6배, 입양은 최소 4배 더 많이 한다.)[37] 그들은 미국 입양 기관이 눈에 보이는 걸 상당히 중요시한다는 걸 알게 되었다. 그래서 이들은 입양 절차를 시작하기도 전에 이성 부부들의 삶을 최대한 따라 했다. 두 사람은 수많은 가족들이 모여 사는 시애틀 주거 구역에 집을 샀다.

하지만 이들은 입양 시스템이 LGBTQ에게 편파적으로 적용될 수 있다는 사실을 그 후에 알게 되었다. 미국 이외, 특히 아프리카와 아시아에서는 동성 부부가 아이를 입양하는 것을 명백히 금지하고 있다. 미국은 2015년 판결에 따라 동성 결혼과 더

불어 동성 부부의 아이 입양 또한 합법화되었다. 그러나 실제로 입양 기관은 동성 부부를 은근히 차별한다. 가정 방문 때 괜한 트집을 잡아서 임의로 LGBTQ 부부를 거부하거나 그들을 입양 가능 순위에서 미뤄 버리기도 한다. 벤과 크리스는 합법적인 입양 시스템에 따라 최선을 다했다. 하지만 계속해서 여러 가지 장애에 부딪혀야만 했다.

　결국 이들은 대리모를 선택하기로 결정했다. 하지만 이 방법은 다른 동성 부부와 마찬가지로 이들에게 윤리적으로 많은 문제를 안길 수 있다.[38] 우리는 대체 어느 시점부터 대리 출산을 강요의 한 형태라고 할 수 있는 걸까? 만일 여성이 심각한 재정 문제에 시달리고 있다면, 그 여성이 자발적으로 다른 사람의 아이를 임신하는 선택을 한 거라고 볼 수 있을까? 아니면 그녀는 선택의 여지가 없었기 때문에 자신의 몸을 희생하는 걸까? 벤과 크리스는 많은 밤을 지새우며 이 문제에 대해 고민했다. 결국 이들이 생각한 해결책은 돈을 필요로 하지 않는, 실제로 임신 경험을 즐길 수 있는 사람을 찾는 것이었다.

　현재 동성 부부에게 대리 출산을 허용하는 주는 19개뿐이고, 15개 주에서는 이를 적극적으로 금지하는 법이 없어 동성 부부들이 대리 출산을 하고 있다.[39] 벤과 크리스가 찾은 대리모는 로스앤젤레스에 거주했는데, 캘리포니아주는 동성 부부의 대리 출산과 관련한 진보적 법을 갖추고 있어서 이들이 대리 출산을 하는 데 굉장히 이상적인 상황이었다.[40] 벤은 이렇게 말했다.

"후보 여성은 유치원 선생님이고 열여섯 살짜리 딸이 있어. 직접 가정을 꾸릴 수 없는 사람들에게 도움을 주는 걸 기쁘게 생각하는 사람이야. 그녀는 우리에게 이런 말을 했어. '매년 세 살짜리 아이들 한 무리가 우리 반에 배정이 돼요. 저는 그 아이들과 멋진 한 해를 보내죠. 저는 아이들을 사랑하고 그 아이들에게 세상에서 살아남는 법을 가르쳐요. 그런 후 아이들이 다음 선생님을 만날 때가 되면 이별을 하죠. 저는 대리모도 이와 같은 거라고 생각해요. 아홉 달 동안 아이를 품은 후 그 아이가 인생의 다음 단계로 이동할 수 있게 보내주는 거라고 말이죠.'"

미국에서 대리모를 통해 태어나는 아이는 매년 750명이지만, 대리 출산은 여전히 많은 곳에서 논란의 대상이 되고 있다.[41] 대부분의 유럽 국가와 미국의 일부 주에서는 출산에 따른 대가가 있건 혹은 그것이 이타적 대리 출산이건 상관없이 윤리적인 이유로 대리 출산을 금지하고 있다. 대리 출산이 합법인 주의 경우 대리모는 아이 한 명당 최소 2만 달러의 금액을 받을 수 있고, 경험이 많은 대리모는 더 많이 벌 수 있다.[42] 대리모의 나이가 젊을수록 무사히 아이를 출산할 확률도 높아진다. 대리 출산 기관은 일반적으로 아이가 이미 있는 여성들을 대리모로 정한다. 그 이유는 아이가 있는 여성들은 보통 아이를 갖고 그 이후에 일어날 상황에 대해 충분히 인지할 수 있기 때문이다. 20대 여성들은 젊고 건강해서 임신 성공률이 높으므로 필수 조건만 충족되면 대리모로 가장 선호된다. 대리 출산에 관한 한 연구는 대리모의 평균 연령이 스물여덟 살이라는 점을 발견했다. 이 여성들은 대부분 결혼을 했고, 자녀가 둘 혹은 셋이 있으며, 가계 수입은 6만 달러 미만이었다.[43]

적합한 대리모를 선정하는 것은 벤과 크리스가 앞으로 결정해야 할 수많은 복잡한 선택 중 하나에 불과했다. 이들의 다음 문제는 정자와 난자를 어떤 조합으로 사용하느냐 하는 것이었다. 이들은 둘 다 여자 형제가 있었고, 그녀들은 벤과 크리스가 아이를 가질 수 있도록 난자를 기증하고 싶어 했다. 결국 이들은 벤의 정자와 크리스의 여자 형제의 난자를 이용하기로 했다. 크리스의 여자 형제는 루시아나가 경험했던 것과 비슷한 난자 채취 과정을 거쳤다. 그런데 이번에는 난자만 얼리는 것이 아니라 정자와 난자로 만들어진 배아를 냉동시켰다. 이 배아는 이후 대리모의 자궁에 이식될 것이다.

이 과정은 대리모 비용, 보험, 난자 채취, 배아 냉동을 포함해서 거의 13만 달러의 비용이 소요된다. 벤과 크리스는 별도의 변호사를 세 명이나 고용했다. 한 명은 부부를 위한 변호사였고,

또 다른 한 명은 대리모 그리고 마지막 한 명은 크리스의 여자 형제를 변호한다. 변호사 선임에도 역시 비용이 추가된다. 크리스는 테크 기업에서 일하는데, 그의 회사는 불임에 대하여 매우 진보적인 혜택을 지원해주고 있어서 직원 누구든 난자를 냉동하거나 입양을 원하면 현금으로 1만 3,500달러를 지원했다.

"지원받을 수 있어서 다행이었어. 그런데 슬프게도 그 지원금은 전체 비용에 비하면 아주 소액이었지."

벤이 말했다. 다행히도 크리스와 벤은 막대한 비용을 예상하여 몇 년 전부터 저축을 하고 있었다. 이와 같은 모든 애정 어린 준비 과정을 통해 로만이 세상에 태어나게 된 것이다. 로만은 벌써 전문 등산가가 되어 있었다. 그건 모두 로만을 베이비본 아기 띠에 태워서 워싱턴주 산들을 돌아다닌 아빠들 덕분이었다.

나는 LGBTQ 부모들의 이야기를 들으면 항상 감동한다. 벤과 크리스 같은 부모들은 대부분 가족을 형성하기 위해 거대한 장애를 극복해야만 한다. 하지만 이들의 경험은 타인과 평생에 걸친 유대감을 구축하고 싶다는 인간의 심오한 욕구를 드러내기도 한다. 나는 이번 장을 쓰면서 LGBTQ 가족을 위한 평등촉진 기관인 가족평등위원회 가족구성부 대표 트리스탄 리즈와 이야기를 나눴다. 그는 트랜스젠더 남성 처음으로 자신의 임신과 출산 과정을 다른 사람들에게 공개했다. 이를 통해 그의 가족은 용기를 북돋아 주는 수많은 편지를 받았고, 또 증오의 편지 또한 많이 받았다. 하지만 트리스탄은 여전히 그의 이야기를 공유하는 게 중요하다고 생각했다. 그로 인해 가족의 형태에 대해 고정관념을 가진 사람들이 재고해볼 기회를 가질 수 있다고 믿었기 때문이다.

그는 자신의 일을 통해 현대 사회에서 가족이 형성되는 방법이 매우 다양하다는 것을 알게 되었다. 신기술과 현대 규범의 변화로 인해 우리는 현재 창의적인 방법으로 가족을 형성할 자유를 누리고 있다. 의학이 발달함에 따라 난자 냉동이나 대리 출산을 하기도 하고 입양 또는 위탁을 통해 다른 사람의 아이를 돌보기도 한다. 혹은 단순히 서로가 서로를 사랑하고 지지하는 긴밀한 공동체의 삶을 살 수도 있다.

"모든 사람들이 가족을 만들고 싶다는 욕구에는 제한이 없다고 여겨야 해요. 실제로도 그래야 하고요. 다른 사람들과 지지와 사랑의 관계를 형성하고 싶은 욕구가 있는 사람들에게 있어, 가족은 이를 이루어줄 훌륭한 방법이죠."

트리스탄은 내게 말했다.

나는 엘라를 낳기 전까지 사랑과 지지의 관계를 형성한다는 의미를 제대로 이해하지 못했다. 나는 부모가 된다는 것은 아이에게 내 모든 걸 쏟아 붓고, 그 아이를 사랑해주며, 내가 가진 모든 걸 아이에게 주는 것이라고 늘 상상했었다. 그리고 분명 이건 맞는 말이다. 하지만 나의 어린 딸이 우리를 얼마나 이해하고 사랑해줄 수 있는지는 미처 깨닫지 못했다. 병원에서 엘라를 데리고 집으로 왔을 때 벤과 나에게는 변화가 생겼다. 우리 부부는 이미 10년 이상을 함께한 사이였지만, 엘라가 생김과 동시에 갑자기 더 강력하게 엮인 듯한 느낌이 들었다. 그렇게 우리는 공동체가 되었다.

CHAPTER 6

ROCKET

내 인생에
꼭 필요한 사람들

나는 가장 친한 친구인 앨런, 알렉스와 버클리에 위치한 작은 집에서 5년 동안 함께 살았던 적이 있다. 집의 벽은 얇았고 바닥은 흉측한 리놀륨으로 되어 있어 볼품없었지만, 허술한 인테리어는 늦은 밤 맥주와 아이스크림을 사이에 두고 우리들 사이에 오간 진솔한 대화의 시간들로 보상되었다. 우리에게는 마치 무슨 부족 위원회처럼 밤늦게 부엌에 모여 서로의 연애 근황을 이야기하는 전통이 있었다. 예를 들면 이런 것들이었다. 왜 지난밤 데이트를 나갔던 앨런은 고양이털을 뒤집어 쓴 채 돌아왔을까? 우리는 앨런에게 무슨 일이 있었는지 들어야 했다. 또 과연 나는 자기가 무슨 뮤지컬 배우라도 되는 듯 밑도 끝도 없이 노래를 불러 대는 그 남자와 두 번째 데이트를 해야 할까? 위원회는 단호히 안 된다고 했다.

나와 앨런, 알렉스는 정말 우연한 기회에 친구가 되었다. 우리 셋이 각각 버클리대학교에서 대학원을 막 다니기 시작할 때였다. 앨런은 고고학을 전공했고 알렉스는 심리학, 나는 인도 문학을 공부했다. 세 사람 모두 보잘것없는 강의료를 받던 때라 룸메이트를 구해 방 세 개짜리 아파트에 살 수밖에 없었다. 그렇게 우리는 온라인 벼룩시장인 크레이그리스트의 광고를 통해 서로 만나게 되었다. 세 사람은 만나자마자 그 즉시 서로를 마음에 들어 했다.

우리는 공유 생활에 빠르게 적응했다. 세 명 중 유일하게 아침형 인간이었던 나는 원기 왕성한 수다 본능을 풀려면 적어도 아침 9시까지는 참아야 한다는 걸 배웠다. 웨이트리프팅을 다녀온 두 친구의 1970년대 스타일 헤어밴드에서 땀이 흘러내릴 때면 나는 멀찍이 떨어져 있었다. 그리고 알렉스의 단백질 셰이크와 모찌 아이스크림을 박스째 먹어치우는 앨런의 버릇을 보며 놀려 대곤 했다. 둘은 화장실 전체가 점점 내 화장품으로 가득 차는 것을 보고 놀라워했다. 몇 년 동안 우리는 함께 요리를 하고 장을 봤다. 또 학교까지 함께 걸어 다녔고, 병원 진료 후 서로 집에 데려다 주기도 하면서 일종의 가족이 되어갔다.

내가 스물여섯 살이 되던 해에 이 집을 나오면서 우리 삼총사는 깨졌다. 데이터가 예측한 대로, 이 시기부터 나의 친구 수는 조금씩 줄어들기 시작했다.

그 무렵, 나는 몇 주 동안 진지하게 이사를 고민했다. 대학원 마지막 해라 산더미 같은 일이 나를 기다리고 있었다. 내 방 끝에 제일 좋아하는 사람이 둘이나 살고 있다 보니 쉽게 주의가 산만해졌다. 밤늦게 앨런에게 아이스크림을 먹으러 가자고 하거나 알렉스와 영화 〈매트릭스〉를 다시 본다며 할 일을 뒤로 미루기 십상이었다. 어느 날 저녁, 우리가 가장 좋아하는 일식당에서 나의 고민과 그로 인한 계획을 털어놓자 둘은 고개를 끄덕였고 나를 이해해줬다. 우리는 모두 대학원 생활의 막바지를 향해 가고 있었다. 이건 피할 수 없는 순간이었다.

몇 달 후, 나는 캠퍼스 가까운 곳에 위치한 원룸을 계약했다. 바닥이 나무로 된 그 집에는 책을 놓을 선반이 많이 있었다. 앨런과 알렉스는 오클랜드 시내에 있는 고층 아파트에 방 두 개짜리 집을 구했다. 당연히 둘은 나의 이사를 하나부터 열까지 도와줬다. 내가 뉴비틀을 끌고 버클리를 다니는 것도 못 미더워했던 그들이, 하물며 나 홀로 직접 트럭을 운전해서 이사하도록 가만있을 리가 없었다. 그리하여 앨런이 이사 트럭을 운전했고, 알렉스는 나의 세속적인 소유물들을 트럭에 실어 줬다. 새 집에 도착한 뒤 둘은 가구를 옮겼고, 나는 조심스럽게 책상 램프와 와인잔들을 옮겼다. 그렇게 우리는 이사를 마쳤다.

그렇다고 거창하게 멀리 이사를 간 것도 아니었다. 나는 두 친구들로부터 겨우 몇 분 떨어진 곳으로 갔다. 우리는 앞으로도 매일 만나자고 약속했다. 하지만 작별 포옹을 나누고 두 친구가 떠난 뒤, 나는 맨 벽과 책으로 둘러싸인 그 멋들어진 방바닥에 홀로 앉아서 울었다. 이젠 아침마다 졸음기 가득한 앨런이 복슬복슬한 목욕 가운과 슬리퍼 차림으로 이를 닦으며 왔다 갔다 하는 모습이 그리울 것이었다. 또 예전처럼 엄마 때문에 미쳐 버리겠다는 투정도 알렉스와 나누지 못하게 될 것이었다.

내가 슬퍼한 데는 그럴 만한 이유가 있었다. 그 후로 몇 년간 나는 친구들과 보내는 시간이 점점 줄어들었다. 나처럼 친구를 좋아하는 사람에게 이건 정말이지 끔찍한 일이었다. 스물여덟 살이 되던 해에 벤과 약혼을 했을 때, 나는 벤과 함께 지내기 위해 내 모든 인간관계가 집결되어 있는 캘리포니아를 떠나 보스턴으로 갔다. 앨런과 알렉스와는 계속 연락을 하고 지냈지만 다른 지인들과는 서서히 멀어졌다. 그 후 몇 년은 결혼 준비, 바쁜 회사 생활, 육아로 정신없이 보냈다. 30대 초반이 되어서야 한숨 돌리며 생각해보니, 그동안 새로운 친구를 전혀 사귀지 못했다는 걸 깨달았다.

이건 20대 사이에서 흔히 볼 수 있는 우정이다. 대부분의 사람들은 20대 중반에서 30대 중반 사이에 친구의 3분의 1일을 잃는다. 어른이 돼서도 친구를 사귀거나 그 관계를 유지하는 일은 굉장히 어렵다. 이것은 지난 몇 년 동안, 특히 30대에 들어서면서 주변에 친구가 얼마 남지 않는다는 걸 알아차린 밀레니얼 세대 사이에서 굉장한 화제가 되기도 했다. 이렇게 집단적 우려가 발생하는 이유 중 하나는 친구가 우리의 건강과 웰빙에 많은 영향을 끼친다는 연구 결과들 때문이다. 친구가 있는 사람들은 만성 질병 발병률이 낮고 통증에 대한 저항성이 높으며 수명도 길다. 반대로 외로움은 하루 15개비의 담배를 피우는 것만큼 치명적이다.[1] 그런데 미국인의 절반 이상이 고립감을 느끼며 20대들은 윗세대들보다 더 큰 외로움을 느낀다고 한다.[2] 이건 무서운 일이다. 하지만 누구나 살면서 언제든 친구를 사귈 수 있고, 동시에 깊은 사이로 발전시킬 수도 있다는 걸 잊지 말자.

((우정의 황금기))

의사소통 전문가 빌 롤린스 박사는 우리의 로켓 같은 20대를 가리켜 "우정을 형성하는 황금기"라고 말한다. 20대가 되면서 우리는 처음으로 어렸을 때와는 달리 보다 복잡 미묘한 성인의 우정을 맛보게 된다. 그리고 이 시기에는 우정을 더욱 깊이 있게 다지기 위해 가장 많은 시간을 쏟아 붓는다. 우정의 아름다운 점은 바로 자발성이다. 즉, 우리가 친구들을 사랑하고 지지하는 것은 스스로의 선택에 의한 것이다. 하지만 친구와 우정은 정식 서약을 통해 맺어지는 것이 아니기 때문에, 우리 삶 속에 존재하는 다른 유형의 관계보다는 약할 수밖에 없다. 우리가 배우자를 맞고 자식을 양육하는 것은 사회적 규범에 의해 정해지지만, 우정을 꾸준히 이어가도록 해주는 장치는 존재하지 않는다. 그래도 몇 날 며칠, 몇 주, 몇 달 혹은 몇 년간 연락 없이 지내다가도 다시 만나면 마치 어제 본 것처럼 편안한 친구들도 있기 마련이다.[3]

심리학자들은 이런 관계들이 유동적이고 변화가 많다고 강조하면서도 일반적으로는 상호적이고 동등한 교류가 이루어지는 게 특징이라고 말한다. 친구란 서로에게 애정을 갖고 마음을 터놓으며 감정적으로나 실질적으로 힘이 되어주는 존재다.[4] 연구자들은 사랑과 마찬가지로 우정에도 "첫눈에 반해 버리는 경우"가 있다는 사실을 밝혀냈다. 특히 유머는 두 사람이 서로 얼마나 잘 통하는지를 예측할 수 있는 요인이다. 나와 앨런, 알렉스가 바로 그랬다. 우리는 처음 만났을 때부터 서로 웃음이 끊이질 않았다. 이 말이 사실일 수밖에 없는 이유는, 우리가 재미있다고 느끼는 것에는 우리의 성격, 지적 능력, 신념이 상당 부분 담겨 있기 때문이다. 부부와 마찬가지로 친구 역시 대부분 여러 면에서 공통점을 지니는데, 거기에는 인구통계학적 특성, 지적 능력, 성격, 태도, 신념, 취미 같은 것들이 포함되어 있다.[5] 그리고 공감, 친밀감, 흥미를 표출하는 사람일수록 더 좋은 친구가 될 수 있다고 여겨진다.[6] 이는 그리 놀라운 일은 아니다. 파티에서 심술궂은 표정을 하고 한편에 우두커니 서 있는 사람과 누가 친구가 되고 싶겠는가?

20대는 우정에 투자할 수 있는 중요한 시기라고 하는데, 거기에는 두 가지 이유가 있다. 우선 이 시기에 우리는 비슷한 생각을 가진 사람을 만날 기회가 많고, 또 우정을 쌓을 충분한 시간이 주어진다. 20대는 삶의 변화가 많은 시기로 학교, 직장, 거주 형태 등의 변화로 인하여 주변에 새로운 사람들이 많이 생긴다. 이 덕분에 우리는 절친한 친구부터 단순히 알기만 하는 지인까지 폭넓은 인맥을 형성한다. 이들과의 관계가 얼마나 친밀해지느냐는 우리가 그들에게 얼마나 많은 시간을 할애하느냐에 달려 있다. 그냥 알기만 하는 사람에서 표면적인 친구가 되기까지는 약 50시간의 사적인 교류가 필요하다. 또 여기서부터 유대 관계를 다져 나가는 데는 40시간이 더 걸린다. 이렇게 총 200시

간을 함께 보낸 후에야 우리는 비로소 친한 친구라는 느낌을 갖게 된다.[7]

과연 우리는 나이가 들어서도 각각의 영역에서 몇 명과 친구 관계를 유지할 수 있을까?[8] 그것은 전적으로 우리가 어떻게 하느냐에 달려 있다. 사회과학자들은 인맥의 범위가 250명에서 5,500명에 이르기까지 사람마다 편차가 있다는 것을 발견했다. 다만, 이런 인맥의 상당수는 형식적인 관계의 친하지 않은 사람들이긴 하지만 말이다.[9] 그렇다고 이들을 무시해서는 안 된다. 이 사람들이 언젠가 우리의 삶에서 중요한 역할을 할 수도 있기 때문이다. 이 부분에 대한 이야기는 나중에 해보도록 하겠다. 하지만 아주 가까운 친구의 수는 점점 줄게 될 것이다. 사람들은 평균적으로 일 년에 한 번 명절 때나 연락하는 친구가 121명 정도 있고[10], 신뢰할 수 있는 친구는 이 중 10명에서 20명 정도뿐이다.[11] 그리고 비밀까지도 털어놓을 수 있는 친구는 단 2명 정도에 그친다.[12]

앨런과 알렉스를 처음 만난 지도 어느덧 10년이 넘었지만, 지금까지도 이 둘은 나의 가장 친한 친구이다. 내가 집을 얻어 나간 후에도 우리는 약속한 대로 변함없이 만났다. 그리고 2년 뒤, 우리는 전국 각지로 흩어지게 되었다. 알렉스는 샌프란시스코에 남았고, 알렌은 로스앤젤레스로 이사를 갔다. 그리고 나는 보스턴으로 왔다. 하지만 우리의 우정은 너무도 단단했기에 문자나 이메일 그리고 가끔 보는 것만으로도 계속해서 *끈끈한* 관계를 이어 가기에 충분했다. 나의 아버지가 돌아가셨을 때, 앨런과 알렉스는 런던까지 와서 나의 가족 옆에 머무르며 함께 장례식을 치렀다. (아버지는 나를 만나기 위해 버클리를 몇 번 방문했는데, 이때 앨런과 알렉스도 함께 아버지를 만났다.) 그 후 몇 년 뒤 벤과 나의 결혼식에서도 이 둘은 내 옆을 지켰다. 심지어 알렉스는 나를 식장에 입장시켜주기까지 했다.

((스물다섯, 친구가 줄기 시작하다))

미 노동통계국에 따르면, 우리가 친구들과 보내는 시간이 절정에 달하는 시기는 스물다섯 살이라고 한다. 이때는 하루 3시간 정도 친구와 시간을 보냈다가 이후 10년 동안 그 시간이 천천히 줄어든다고 한다. 서른다섯 살 즈음 되면 미국인이 친구와 보내는 시간은 하루 평균 1시간 정도가 된다.[13] 이에 따라 혼자 있는 시간은 나이가 들면서 지속적으로 늘어나 80대가 되면 하루 중 8시간 정도를 홀로 보내게 된다. 나는 그때 넷플릭스 목록에 있는 영상을 모두 몰아서 볼 참이다.

이는 단순히 사교 시간이 줄어든 것 때문만이 아니라 친구의 수도 줄어든 탓이다. 연구자들은 우리가 꾸준히 연락하는 친구 수가 정점에 달하는 시기는 25세이며, 이때 대략 18명과 연락을 한다고 한다. 그다음부터는 즉각적으로 친구 수가 줄어들기 시작하는데[14] 40대쯤에는 가깝게 지내는 친구가 12명으로 줄고, 80대가 되면 7명만 남는다.

왜 20대 중반이 지나면 갑자기 친구 수가 줄어드는 걸까? 주원인은 바로 결혼과 출산이다. 앞에서 본 것처럼 대부분의 미국인들은 20대 후반에서 30대 초반에 가정을 이루기 시작한다. 이 관계는 우정을 대신하는 경향이 있어서, 만약 당신이 미혼으로 남거나 아이를 낳지 않는다고 해도 부모가 된 친구들과는 가까운 관계를 유지하기가 어려워진다.

또 20대 후반에는 여러 이유로 이동이 잦다 보니 우정을 유지하는 데 어려움이 생긴다. 스물다섯 살에서 스물아홉 살 사이의 사람들은 다른 연령대의 사람들보다 다른 주로 이동하는 경우가 많다.[15] 한 연구에 따르면, 대학 졸업생들이 직장 때문에 이사를 할 가능성이 높다 보니 친구 무리가 더 분산된다고 한다.[16] 사실 친구들과 서로 멀리 떨어져 있으면 그들과 사이를 깊게 다지기가 매우 어렵다. 심리학자들은 친구를 사귀기 시작할 때는 얼굴을 보고 교류하는 것이 중요하지만, 우정의 기반을 다지고 나면 자주 만나지 못하더라도 친밀감을 느낄 수 있다는 것을 발견했다.[17] 만약 초기에 유대감을 형성하지 못하면 우정은 약해질 것이고, 거리에 따라 심지어 깨질 수도 있다.

친구가 얼마 없다는 게 나쁘기만 한 것은 아니다. 살면서 가족과 커리어 같은 다른 우선순위에 집중하다 보면 자신의 인생에서 어떤 사람과 교류해야 할지에 대해 까다로워질 수밖에 없다. 나이가 들면서 우리는 어떤 사람이 해가 되고 나쁜 사람인지 구분할 수 있는 연륜이 생기므로, 그런 사람들을 걸러낼 수 있다. 일부 학자들은 나이가 들수록 친구가 적고 함께 보내는 시간이 적을지라도 그들 사이에 형성된 우정은 정서적으로 더 만족감을 줄 수도 있다는 것을 발견했다. 한 연구 결과는 다음과 같이 밝혔다.

"사람들은 나이가 들고 시간이 부족할수록 가장 중요하고 의미 있는 관계에 투자하는데, 이런 투자를 통해 점차적으로 더 큰 만족감을 얻는다."[18]

((당신이 의지하는 사람은 몇 명인가))

그런데 문제는 대부분의 미국인들이 우정을 통해 만족감을 얻지 못한다는 것이다. 2018년 2만 명의 미국인들을 대상으로 조사한 결과, 20대들은 특히나 외로운 무리임이 확인되었다.[19] 연구원들은 UCLA 외로움 척도라는 확증된 평가 시스템을 사용한 결과, 외로움 점수가 가장 높은 세대는 Z세대이고, 그다음으로 높은 세대는 밀레니얼 세대라는 것을 발견했다. 20대의 대부분은 나이가 들면서 조금씩 친구를 잃게 된다. 미국인들은 전반적으로 외로움에 잘 대처하지 못한다. 앞서 이야기한 조사 응답자의 절반 이상이 자신을 제대로 알지 못한다고 답했고, 40퍼센트 이상은 외롭고 소외된 기분이 든다고 했다. 또 3분의 1은 슬플 때나 어려움을 겪었을 때 의지할 사람이 없다고 했다. 이런 수치를 본 나는 깊은 충격을 받았다.

의사들 역시 똑같은 우려를 표했다. 일부는 외로움이라는 전염병이 미국을 집어 삼키고 있으며, 이는 공중보건 위기를 불러일으킬 수도 있다고 했다. 실제로 외로움은 정신 건강을 해치는 주 요인으로 꼽히는데,[20] 미국 내 자살률과 마약 과용 급증의 원인이 되기도 한다.[21] 친구가 없다는 것은 신체적으로 영향을 끼치기도 한다. 메타 분석에 따르면, 외로운 감정으로 인한 사망률은 비만이나 줄담배로 인한 사망률과 같은 수준이라고 한다.[22]

친구의 긍정적인 면을 좀 더 살펴보도록 하자. 가까운 친구가 있으면 면역 체계를 높일 수 있고, 고통에 대처하는 신체 능력을 증가시킬 수 있다.[23] 또한 행복 수준을 측정할 수 있는 요인이 되기도 한다.[24] 나이가 들수록 친구 관계는 가족 관계보다 건강에 더 영향을 미친다. 대규모로 진행된 연구에 의하면, 우정을 우선시하는 것이 신체 건강에 더 좋다고 한다. 반면 가족 관계를 우선시하는 것은 건강에 아무런 영향도 주지 않았다.[25] 이 연구 결과를 본 나는 앨런, 알렉스와 함께 같은 양로원에 들어가는 계획을 세워야 하나 하는 생각이 들었다.

이 모든 연구들은 우리의 가장 가까운 우정에 중점을 두었다. 그러나 지인과의 관계 역시 중요한 건 사실이다. 사회학자들은 서로 알고 지내긴 하지만 감정적으로 깊게 연결되었다고 생각하지 않는 사람들을 '느슨한 연대'라는 용어로 설명한다.[26] 느슨한 연대는 헬스장에서 가끔 보는 사람부터 동네 커피숍에서 가장 좋아하는 바리스타까지 그 누구도 해당될 수 있다. 이런 얕은 인간관계는 사람들로 하여금 공동체에 속해 있다는 기분을 느끼게 해줌으로써 행복감과 소속감[27] 그리고 삶의 전반적인 만족감,[28] 공감 능력을 증가시켜 준다.[29] 정서적으로 의지하기 위해 이런 느슨한 연대를 찾지는 않겠지만 때에 따라 실질적인 도움을 받을 수는 있다. 예를 들어, 운이 좋게는 취업의 기회를 얻을 수도 있다. 출근하는 길에 이웃 사람에게 인사를 건네 보자. 생각한 것보다 훨씬 더 가치 있는 일일 수도 있다.

((친구 만들기 프로젝트))

서른네 살이 되던 해, 갑자기 나는 선택의 여지도 없이 새로운 친구를 만들어야 하는 상황에 놓이게 되었다. 오랜 대학원 생활 끝에 벤은 마침내 박사 학위를 받았다. 그는 미국 전역 곳곳에 지원서를 보냈다. 그리고 운이 좋게도 교수라는 훌륭한 직업을 갖게 되었다. 다만 그 일을 위해서는 플로리다에 위치한 탤러해시로 가야만 했다. 솔직히 말하자면 미국에서 자라지 않은 나는 탤러해시가 어디에 있는지조차 알지 못했다. 하지만 그게 어디였든 나는 이사 가는 게 즐겁지 않았다. 플로리다에는 아는 사람이 단 한 명도 없었기 때문이다.

"친구들은 새로 사귀면 되지."

벤은 나를 위로해주려는 듯 말했다.

"아니, 어떻게? 몇 년 동안이나 친구를 새로 사귀지 못했잖아! 어떻게 사귀는 거였는지 기억나기는 해?"

그건 사실이었다. 버클리에 있는 친구들과 작별 인사를 한 후나는 벤과 지내기 위해 보스턴으로 날아갔다. 벤은 이미 거기에 친구들이 있었기 때문에 나는 그저 그의 세계로 끼어들기만 하면 됐다. 크리스마스 파티에서는 벤의 회사 친구들과 수다를 떨었고, 그의 동료 중 인도에 대해 공부한 사람이 있어 같이 커피를 마시기도 했다. 지인들과의 이런 가벼운 만남은 의미 있는 관계로 발전하지 않았다. 게다가 엘라가 태어나면서 사교 활동을 하기가 어려워졌다. 종종 외로움에 고통스럽기도 했지만, 새 친구들을 사귀는 일은 나에게 벅찬 일로만 느껴졌다. 그런데 또다시 이사를 가야 한다니, 어떻게 시작해야 할지 막막했다.

친구를 사귀는 것은 기술이다. 그리고 나이가 들수록 이 기술은 녹슬게 된다. 어릴 때 우리의 삶은 친구를 쉽게 사귀도록 짜여 있었다. 사람들은 나이와 흥미를 바탕으로 무리에 자연스럽게 그룹화된다. 우리는 학교, 운동 팀, 토론 연습, 여름 캠프에서 새 친구들을 만나곤 한다. 여러 주에 걸쳐 같은 사람들과 활동을 하다 보면 그들과의 공통점을 발견하게 되고, 어느 새 농담도 주고받는다. 이때는 완전한 타인에서 가장 친한 친구가 되는 것이 그리 어려운 일이 아니다. 또한 그 친구들은 또 다른 새로운 친구를 데려오기 때문에 인맥이 점점 늘어나게 된다.

그러다 학교나 부모에 의해 만들어진 조직적 사교 활동을 떠나면 그 고정된 구조는 사라지기 시작한다. 사회학자들에 의하면 설상가상으로 우리는 새로운 사람을 만나기 더 어려운 경직된 일상에 빠지게 된다는 것이다. 20대 후반의 사람들은 항상 같은 마트에 가고 같은 출퇴근길을 이용한다. 그리고 똑같은 재료로 요리를 하며 똑같은 자리에 앉아 저녁을 먹는다.[30] 다시 말해 우리는 일상에서 낯선 사람과 만남을 줄이는 데 최적화된 삶을 살고 있다. 그 결과, 우리는 중요하지 않은 일에 대해서는 신경을 덜 쓸 수 있게 되었다. 그러나 새로운 사람을 만나는 경우도 같이 줄어든다. 낯선 사람과 소통하기 위해서는 시간, 에너지, 집중력이 요구된다. 우리는 어릴 때처럼 어른이 되어서도 친구를 우연히 사귀게 될 것을 기대해서는 안 된다. 익숙한 곳을 떠나 스스로 나서서 친구를 만들어야 한다.

그렇다면 어떻게 해야 할까? 사회학자들은 일반적으로 새로운 친구를 사귀기 위해 세 단계를 거쳐야 한다고 말한다.[31] 우선 가까워야 한다. 즉, 친구가 되고 싶은 사람과 물리적으로 가까워야 한다는 것이다. 그래야만 정기적으로 얼굴을 보며 소통할 수 있다. 두 번째는 반복적으로, 그리고 중요한 것은 약속을 일부러 잡지 않고도 만날 수 있는 관계여야 한다. 마지막으로, 서로 감정을 드러낼 수 있는 사람들과 우정을 키워야 한다. 나는 이 이론을 실험해 보기로 결심했다. 이제 더 잃을 친구도 없으니까 말이다.

이삿짐센터 사람들이 새 집에 짐을 넣어준 후 나는 친구 만들기 과정을 효율적으로 역설계할 계획을 짰다. 우선 서로 만나기 쉬운 가까운 곳에 있는 잠재적 친구를 탐색할 것이다. 그다음은 어쩌면 가장 어려울 수도 있는데, 앞서 말한 목표 대상과 반복적으로 그리고 계획 없이 만날 것이다. 마지막으로는 그 사람에게 정성을 들이고 마음을 터놓을 것이다. 그게 뭐가 어렵겠는가?

1단계: 가까운 거리에 있는 친구 찾기

현실적으로 이건 정말 어렵다. 탤러해시에 정착한 후, 나는 이곳 사람들과 공통점이 별로 없다는 걸 깨달았다. 내가 다니는 헬스장 사람들이나 도넛 가게 단골들과 말을 트고 나면 나는 약간 의기소침해졌다. 새로 이사 온 이 동네의 보통 사람들은 나와는 다른 유머 감각이나 정치적 성향을 갖고 있어서, 공통점이라고는 도저히 찾아볼 수가 없었다.

그러던 중, 나는 테라를 만났다. 처음 교회에 나간 어느 일요일, 그곳에서 우연히 마주쳤다. 그때 나는 교회의 육아실에서 엘라와 함께 있었는데, 침 범벅인 아기들에 둘러싸여 한 시간을 보내려니 갑자기 무서워졌다. 나는 어린 아이가 있는 부모들과 잘 어울리지 못했다. 그 부모들은 자신의 아이들과 관련해서 사소한 것 하나하나 모두 이야기하고 싶어 했지만 나는 어딜 가야 맛있는 칵테일을 마실 수 있을지에 대해 이야기하는 게 더 나았다.

그런데 테라는 달랐다. 이번 주는 그녀가 아이들을 돌볼 차례였다. 테라는 스키니 진에 빨간 립스틱, 큼직한 액세서리까지 이보다 더 화려할 순 없었다. 우리는 이야기를 나누면서 테라가 지금은 전업주부지만 한때 영문학 박사 과정을 준비했다는 것을 알게 되었다. 그녀 또한 나의 박사 연구 주제에 대해 궁금해했다. 이로써 그녀는 내가 고대 인도의 성性에 대해 수다 떠는 걸 듣고 싶어 하는 네 번째 지구인이 되었다. 나는 분명 좋은 징조라고 생각했다. 30분 후 소리치는 아기들에 둘러싸인 채 우리는 서로가 가장 좋아하는 철학자들에 대해 수다를 떨기 시작했다.

테라와 이야기를 나누는 사이, 어느덧 예배는 끝이 났다. 그리고 우리의 긴밀한 순간도 그렇게 끝이 났다. 우리는 서둘러 각자의 차로 돌아가 아이를 낮잠 재우기 위해 집으로 향했다. 문득 나는 좋아하는 사람과 만나서 밤이 되면 술도 한잔 하던 날들이 그리워졌다. 몇 주 후, 나는 모르는 번호로부터 한 통의 문자를 받았다.

"안녕하세요, 리즈. 테라예요. 탤러해시에 정착하면서 필요한 게 있을 수 있으니까 내 번호 남겨 놔요."

나는 얼굴이 밝아졌다. 테라는 내 친구가 되고 싶은 것이었다. 그렇게 1단계를 해냈다.

2단계: 정기적으로 계획하지 않고 만나기

얼마 지나지 않아 나는 친구 만들기 계획을 실행하는 데 큰 장애를 마주하게 됐다. 나는 테라와 점심을 함께 하려고 계속 시도했지만 한 주는 내가 큰 프로젝트를 마무리하느라 바빴고, 또 다른 주는 테라의 딸이 아파서 학교에 가지 않아 집에 데리고 있어야 했다. 우리의 관계는 시작도 하기 전에 단순 스케줄 조절로 인해 깨져 버릴 위기에 처한 것이다.

갑자기 모든 연구가 이치에 들어맞기 시작했다. 사회학자들은 사람들이 계획 없이 서로 만날 수 있을 때 비로소 우정이 형성된다고 말한다. 다시 말해 새 친구를 사귄다는 것은 등산을 가거나 헬스장에 가는 것처럼 이미 자신이 투자하고 있는 일이 아닌, 다른 일을 하게 만드는 즐거운 부작용이 있다. 초반에 그 사람을 잘 모를 때는 이 새로운 관계에 얼마나 투자하고 싶은지 확신할 수 없다. 그래서 요가나 북클럽처럼 이미 우리가 시간을 내서 하고 있는 활동을 통해 사람을 만나면 부담이 적다.

나와 테라에게 이 활동이 이루어지는 곳은 바로 교회였다. 우리는 처음 만난 이후 서로에 대해 더 알기 위해 몇 주 동안 따로 만날 약속을 잡으려 했지만 결국 그러지 못했다. 하지만 우리는 일요일 아침마다 마주쳤고, 교회 바비큐 파티와 핼러윈 파티 때도 만나게 됐다. 그렇게 우리는 피자를 먹으며 인스타그램에서 본 짤에 대해 이야기하고 웃었으며, 서로에게 호감이 있다는 것을 깨닫게 되었다. 우리의 관계는 편안하면서도 유기적으로 발전해 나갔다. 만일 우리가 커피나 한잔 하자며 미리 약속을 잡고 만났다면 공감대를 찾는 데 서로 부담을 느꼈을 것이다. 테라와 친구가 된 후 몇 달이 지나서야 마침내 우리는 브런치를 같이 먹게 됐고, 그때 이미 우리는 할 말이 너무나도 많은 상태가 되어 있었다.

3단계: 감정적 유대

나는 잘 해내고 있었다. 이제 나에게는 감정적 친밀함을 다지기 위한 환경을 조성하는 일만 남았다.

나는 운이 좋은 편이었다. 다행히 테라는 유대감을 쌓는 데 일가견이 있었던 반면, 나는 그렇지 못했다. 보통 나는 타인에게 마음을 터놓기까지 시간이 꽤 걸린다. 처음 테라와 같이 점심을 했을 때 그녀는 명랑하고 유쾌한 매력과 더불어 자신의 삶에 대해 거리낌 없이 진솔하게 나눠주었다. 그녀가 자기 엄마와의 복잡한 사이에 대해 이야기를 하자, 나도 덩달아 엄마와의 문제를 꺼낼 수 있었다. 그리고 우리는 종종 결혼 생활이 얼마나 어려운지, 또 임신 기간 동안 우리 몸의 변화를 보고 있는 게 얼마나 이상한지에 대해서도 말했다.

심리학자들은 이를 '상호적 자기 노출'이라고 하는데, 이는 두 사람을 이어 주는 접착제와도 같다. 다르게 말해, 친구와의 관계를 더욱 돈독히 하고 싶다면 스스로를 노출하는 취약성을 지녀야 한다. 브레네 브라운은 연구를 통해 다른 사람과 관계를 맺을 줄 아는 사람들은 남들에게 자신의 불완전함을 드러내는 걸 두려워하지 않는다는 사실을 알아냈다. 그녀는 TEDx에서 이렇게 말했다.

"그들은 원래의 자신을 그대로 받아들이기 위해 어떤 사람이 되어야겠다는 생각을 버립니다. … 사람을 사귈 때는 그렇게 해야 해요."[32]

문제는 취약성이 근육이라면, 나는 이 근육을 한동안 안 썼다는 것이다. 테라와 함께 시간을 보내면서 나는 스스로를 드러내는 게 쉽지 않다는 걸 깨달았다. 예전에 앨런과 알렉스와 살 때조차 나는 씩씩하고 행복한 얼굴로 내가 아무 문제없이 잘 살고 있는 듯 보이려는 경향이 있었다. 하지만 시간이 지나면서 그런 모습을 계속 유지하는 게 힘들다는 걸 느꼈고, 결국 그들은 나의 이별, 형편없는 남자친구들, 취업 실패, 그리고 그 외의 다양한 실패를 겪는 모습을 보게 되었다. 그럼에도 불구하고 나는 그들의 지지가 필요했다. 비록 자립적이고 싶었던 나에겐 그런 것들이 불편하긴 했지만 말이다.

사회학자들은 우정이란 서로 도움을 주고받으면서 더욱 깊어지는 것이라고 한다. 이런 교류를 통해 두 사람은 서로 즐거운 상대에서 믿음의 관계로 발전한다. 나는 도움이 되는 친구가 되고 싶다. 하지만 친구로부터 도움을 받는 건 싫다는 게 나의 문제다. 알렉스가 라식 수술을 받았을 때 나는 병원에서 그를 데리고 집으로 왔다. 앨런이 독감에 걸렸을 때도 나는 약국에 가서 테라플루를 열여섯 박스나 사다 줬다. 하지만 그들의 도움을 감사하게 받아들이기까지는 몇 년이 걸렸다.

어느 해 겨울, 내가 출장 간 동안 있었던 어느 하루에 대해 생각하게 됐다. 그날 벤은 텔러해시 집에 있었고, 30년 만에 처음으로 눈이 내렸다. 우리는 몇 년이나 보스턴의 눈보라를 겪었던 터라 얇게 쌓인 그 눈이 그저 우습게만 보였을 뿐이다. 하지만 엘라가 가는 탁아소는 그날 문을 닫았다. 그리고 벤은 취소할 수 없는 회의가 있어서 엘라와 함께 집에 있어 줄 수가 없었다.

나는 당장 테라에게 문자를 보내서 혹시 엘라를 봐줄 보모가 있는지 물었다. 그녀는 자기 아이들도 어차피 하루 종일 집에 있을 예정이니 엘라를 봐주겠다고 했다. 테라는 난처한 상황에 빠진 우리 가족을 구해주기 위해 가장 빠르고도 손쉬운 방법을 제시한 것이다. 하지만 나는 쉽게 대답할 수 없었다. 그러면 너무 일이 커질 거라고 생각했기 때문이다. 만약 테라가 엘라의 기저귀를 갈아 줘야 하는 상황이 생긴다면? 테라도 자신의 아이들을 돌보느라 정신없는 하루를 보낼 텐데, 엘라의 엉덩이까지 닦게 만들고 싶진 않았다.

결국 우리가 아는 모든 보모들에게 전화를 돌린 후에야 나는 테라의 제안을 받아들일 수밖에 없었다. 벤은 엘라를 테라의 집에 데려다 줬다. 그날 하루 종일 테라는 자신의 집에서 노는 사랑스러운 엘라의 모습을 나에게 문자로 보내줬다. 그 사진들 가운데 엘라는 테라의 아이들과 함께 조그만 테이블에 둘러앉아서 점심을 먹고 있었다. 사소한 일이었지만 그날 일은 우리 관계에 깊은 영향을 미쳤다. 내 마음속은 언제라도 테라를 돕겠다는 의지로 가득했다. 그리고 우리의 관계는 단순히 즐거운 상대에서 서로에게 힘이 되어 주는 관계로 발전했다.

여러 면에서 나는 임무를 완수했다. 나는 친구를 사귀었고, 그 친구는 아주 멋진 사람이다. 하지만 모든 사랑 이야기가 그렇듯 우리의 관계 또한 갑작스런 반전을 맞게 된다.

플로리다에 머문 지 일 년 정도 되었을 즈음, 벤은 자신의 꿈의 직장인 하버드에 취직했다. 그래서 보스턴으로 다시 이사를 가야 했다. 전에 우리가 살았던 그 동네로 또다시 돌아가는 것이다. 솔직히 그때의 나는 벤을 죽이고 싶은 심정이었다. 이곳에 정착했다는 느낌이 들자마자 그리고 무엇보다도 내가 좋은 친구를 사귀자마자 또다시 이곳을 떠나야 하는 상황에 맞닥뜨린 것이다. 보스턴으로 떠나기로 결론을 내린 후 나는 가장 먼저 테라에게 이 이야기를 어떻게 꺼내야 할지를 생각했다.

나는 버거 가게에서 그녀를 만났다. 맛있는 거라도 먹으면서 기분을 풀어야겠다고 생각했다. 나는 그녀에게 이사에 대해 말했고, 내 예상대로 그녀의 얼굴은 일그러졌다. 그러고는 곧 울기 시작했다. 그날 이후 우리는 이사를 가기 전까지 둘이서 최대한 많은 시간을 보내기 위해 노력했다. 또 달력을 꺼내들고서 내년 5월 테라의 보스턴 방문을 계획했다.

플로리다에서의 마지막 몇 주 동안 우리는 매주 점점 더 고급스러운 레스토랑으로 점심을 먹으러 갔다. 그러면서 이것이 한동안 우리가 함께하는 마지막 식사가 될 거라고 합리화를 했다. 한 주는 그린 토마토 튀김과 코코넛 슈림프를 먹었고, 그다음 주에는 금액을 높여 트러플 오일 맥앤치즈를 먹었다. 또 그다음에는 필레미뇽 스테이크를 먹었다.

그리고 마지막 주가 되었다. 우리는 더 이상 작별을 미루지 않기로 했다. 대신 몇 달 후에 만날 것을 약속하며 짧게 포옹만 하기로 했다. 이틀 후, 나는 엘라와 탤러해시 공항에 앉아서 보스턴행 비행기 탑승을 기다리고 있었다. 벤은 새 집을 꾸리기 위해 먼저 떠난 상황이었다.

게이트 앞에 앉아서 탑승을 기다리고 있는데, 엘라가 갑자기 작은 코끼리 인형 틸리를 못 찾겠다고 말했다. 탤러해시에서 마지막 밤을 보낸 에어비앤비 숙소에 놓고 온 것이다. 엘라는 흐

느껴 울기 시작했다. 이런 맙소사. 나는 이제부터 울음보가 터진 이 아이와 다섯 시간 동안 비행기에 갇혀 있어야 하는 것이다.

당황한 나는 테라에게 문자를 보냈다. 그녀는 첫째와 둘째에게 말썽 피우지 말라고 당부한 후 막내를 데리고 차에 올라탔다. 자신이 틸리를 찾아서 공항으로 가겠다고 한 것이다. 시간이 없었다. 비행기는 45분 후에 떠날 예정이었다. 테라가 문자를 보냈다.

"검색대에 내가 간다고 말해 둬."

용케도 테라는 틸리를 찾아서 가져왔다. 엘라와 나는 검색대 유리 너머에서 테라를 기다리고 있었다. 그리고 때마침 한 손에는 딸 소피를, 다른 한 손에는 틸리를 안고 테라가 나타났다. 그 순간, 테라에게서는 빛이 났다. 보안 요원들은 만반의 준비가 되어 있었다. 요원 한 명이 테라로부터 틸리를 받아 작은 상자에 넣은 후 엑스레이에 통과시켰다. 그리고 서둘러서 틸리를 우리에게 전달했다. 나는 엘라를 끌고 비행기를 향해 달렸다.

하지만 물론 그 전에 나는 몸을 돌려 테라에게 키스를 날리고 손을 흔들었다.

CHAPTER 7

ROCKET

어떻게
내 목소리를 낼 것인가

내가 열다섯 살 때 우리 가족은 아버지의 직장 때문에 인도네시아에 있는 자카르타로 이사를 갔다. 당시 인도네시아는 정치적 불안으로 몸살을 앓고 있었다. 우리가 인도네시아에 도착하기 전 해인 1988년, 수만 명의 대학생들이 36년 동안 정권을 잡아온 무자비한 독재자 수하르토를 몰아내기 위해 거리로 나왔다. 수하르토는 통치 기간 자그마치 350억 달러의 세금을 횡령했고, 군대를 앞세워 그의 정권에 맞섰던 100만 명의 시민들을 죽였다.[1] 이에 분노한 수만 명의 인도네시아 젊은이들이 거리로 나와 변화를 촉구했다. 이들은 국회 건물을 점령했고 마침내 이들의 목소리는 변화를 일으켰다. 수하르토는 그렇게 사직했다.

낯선 도시에 도착한 이후 일상에 익숙해진 나는 그곳에서 행동주의가 지속적으로 일어나는 모습을 볼 수 있었다. 고등학교 내내 정부 청사 앞에서 자유선거와 일자리 창출을 위한 경제 정책을 요구하는 젊은 사람들을 봐왔던 것이다.

대학에 진학하기 전 여름, 나는 시위대의 모습을 매우 가까이서 볼 기회가 있었다. 가족 지인인 존 애글리온비는 주로 도시의 시위대를 취재하는 기자였는데, 나를 취재에 데려간 적이 있었다. 시내에 있는 공원에서 만난 그는 목에 거는 프레스패스를 내게 건네줬다. 그리고 우리는 시위대 속으로 들어갔다. 그날 공기에서 낯선 흥분을 느꼈던 기억이 난다. 뒤에서는 스피커가 터져라 시끄러운 펑크 음악이 흘러나왔고, 사람들은 드럼 같은 걸 만들어서 힘차게 두들겨 댔다. 이따금씩 시위자들이 '혁명!'이란 뜻의 "르포르마시!"를 외치는 소리가 들렸다. 광장 외곽에 배치된 군인들과 길모퉁이에 자리 잡은 거대한 탱크만 빼면 약간은 축제 같은 분위기였다.

당시 시위자들의 대부분은 나보다 겨우 몇 살 많은 대학생들이었다. 이들은 머리에 스카프를 두르고 청바지와 헤비메탈 밴드 로고가 새겨진 티셔츠를 입고 있었다. 나는 무언가에 대한 확신을 가지고 싸우는 그들의 모습이 너무도 놀라웠다. 존이 인터뷰한 사람들은 정부에 대한 자신들의 비전, 부정부패 근절, 중산층의 성장에 대해 이야기했다. 이들은 자신들의 목소리를 내는 게 무엇보다 중요하다고 믿었기에 더욱 목소리를 높였다. 그리고 이들은 옳았다. 시위를 통해 이들은 국가의 운명을 바꾸었고, 동남아시아 전역에 영향을 미쳤다. 그들의 시위가 실제로 세상을 변화시킨 것이다.

나는 이 젊은 운동가들에게 감동했지만, 동시에 그들의 모습에 불안해지기도 했다. 당시 열여덟 살이었던 나는 정치적으로 어떤 입장을 취해야 할지 전혀 알지 못했다. 대학 진학을 위해 미국으로 건너왔을 때, 나에게는 그들처럼 최루탄을 맞을 위험까지 감수하면서 거리로 나와 시위를 할 만큼 관심이 가는 문제가 없었다. 선거 방식조차 제대로 이해하지 못했으니 말이다. 그래서 나는 20대 때 나만의 정치적 목소리를 찾으려고 노력했다.

사실 미국에서 보통의 20대들이 정치에 참여하는 것은 굉장히 어려운 일이다. 정치에 관한 것들은 전부 다 그렇지만, 특히나 투표는 그 절차가 매우 번거롭다. 정치에 참여하려면 특정 부분에 대한 이해가 있어야 하고, 우리들 중 대부분은 정치에 참여하는 방법을 배우지 못했다. 특히나 오늘날 20대들은 여러 이유로 정부에 환멸을 느끼고 있다. 우리의 이전 세대들은 막대한 양의 빚을 축적했고, 그것은 결국 우리 세대에게 건강보험과 사회복지수당에 대한 부담을 줄 것이다. 이들은 대학 등록금이 천정

부지로 치솟을 때까지 아무것도 하지 않았고, 그 결과 우리 중 대부분은 빚에 허덕이게 되었다. 정부가 우리에게 신경을 쓰는 것 같다는 느낌을 받지 못하면 우리 역시 정부에 신경을 쓰지 않게 된다.

실제로 많은 젊은이들은 자신 주변에서 일어나는 일들에 굉장히 많은 관심을 갖고 있다. 다만 이들은 그 관심을 어떻게 표현해야 하는지 모를 뿐이다. 설문 조사에 따르면 나이가 많은 미국인들에 비해 젊은 미국인들은 기후변화[2]와 인종차별문제[3]에 더 관심을 보인다고 한다. 이들은 이민자들이 미국의 시민권을 취득하는 문제에 있어서도 그들을 지지하고 있다.[4] 문제는 이 열정을 어떻게 실제 변화로 이끌어 내느냐 하는 것이다.

나는 최근 수천 명의 대학생들이 참가한 연례 공정무역 캠페인에서 강연을 한 디레이 맥커슨을 인터뷰했다. 20대 후반이었을 때 그는 매 주말마다 볼티모어에 있는 집에서 미주리주 퍼거슨시까지 열두 시간을 운전해 가며 흑인의 목숨도 소중하다는 의미의 '블랙 라이브즈 매터Black Lives Matter' 시위에 참여했다. 공립학교 선생님이었던 그는 결국 시위에 전념하기 위해 학교를 그만뒀고, 지금은 이 시대의 가장 유명한 인권운동가가 되었다.

청중석의 한 학생이 그에게 정치에 적극적으로 참여할 수 있는 방법에 대해 물었다. 이에 대한 답은 흥미로웠다. 그는 사람들이 흔히 말하듯 선거 등록이나 정치 강연을 들어 보라는 말로 이야기를 시작하지 않았다. 물론 그는 이런 활동들을 적극 지지한다. 하지만 만약 단지 옳은 일이라는 생각에 억지로 정치에 참여한다면, 그것은 일처럼 느껴질 것이고 오래 지속하지 못할 것이라고 디레이는 말했다. 대신 20대들은 자신의 마음을 아프게 하거나 분노하게 만드는 세상의 문제에 관심을 가져야 하고, 그 에너지를 정치적 투쟁에 쏟아야 한다는 것이다.

정치에 있어 사람들은 자신을 움직이게 하는 정치적 믿음, 관심사, 주장에 따라 그 출발점이 약간씩 달라질 수 있다. 그러나 관심이 가는 쟁점에 기여할 방법을 찾는 것이 중요하다. 학자금 대출 증가부터 유색 인종에 대한 경찰의 권력 남용까지, 정치 과정에서 생겨나는 정책들은 우리의 실제 삶에 직접적인 영향을 미치기 때문이다. 국가의 현재와 미래를 바꿀 정책을 위해 목소리를 내는 일에 너무 늦은 나이란 없는 법이다.

((20대의 목소리))

지난 몇 해 동안 내가 인도네시아에서 목격한 것과 비슷한 학생 시위들이 미국에서도 일어나기 시작했다. 2013년, 20대 후반의 여성 세 명이 블랙 라이브즈 매터 운동을 시작했고, 미국계 흑인을 향한 무조건적인 인종차별과 폭력에 전 세계인들의 이목을 집중시켰다. 2018년에 발생한 파크랜드 총기난사사건 이후 고등학생들은 '마치 포 아워 라이브스March for Our Lives'를 조직했고, 전 세계적으로 200만 명에 가까운 사람들이 거리를 점령하여 더욱 강력한 총기규제법을 요구하고 나섰다. 2018년에 실시된 중간 선거에서 알렉산드리아 오카시오 코르테스는 스물아홉 살의 나이로 최연소 여성 하원의원에 당선되었고, 기후 변화에 대응하기 위한 미국의 과격한 그린 뉴딜 정책의 얼굴이 되었다.

뉴스의 헤드라인들을 보고 있으면 밀레니얼 세대와 Z세대들은 정치에 굉장히 적극적으로 참여하는 것처럼 보인다. 하지만 사실 이 같은 젊은 활동가들은 예외적인 경우에 속한다. 미국의 20대들 대다수는 정치 과정에 그다지 참여하지 않는다. 선거를 예로 들면, 밀레니얼 세대는 미국에서 가장 큰 세대이자 유권자층이 되었다.[5] 하지만 이들은 자신의 정치적 힘을 제대로 사용하지 않고 있다. 2016년 대통령 선거 당시, 유권자들 가운데 서른 살 미만은 46퍼센트만이 투표를 했고[6] 2018년 중간 선거 때는 그 비율이 35.6퍼센트로 하락했다.[7] 65세와 그 이상의 고령 유권자들에 비하면 월등히 낮은 비율로, 이들은 각각 72퍼센트와

66.1퍼센트의 투표율을 기록했다. 미국의 투표소마다 머리가 하얗고 지팡이 짚은 어른들로 북적였던 것은 바로 이런 이유에서였다.

이렇게 밀레니얼 세대와 Z세대가 정치 과정에서 목소리를 강하게 내지 않자, 국가의 미래는 나이가 많은 세대들에 의해 적극적으로 형성되고 있다. 문제는 나이 많은 세대들이 우리와 전혀 다른 걸 원하고 있다는 점이다.

나이가 많은 유권자들은 젊은 사람들보다 부유하고 보수적인 경향이 있다. 그래서 이들의 정치적 선택 역시 이러한 점을 반영한다. 이들이 지지하는 정책들은 예를 들면 임신 6주 이후에는 임신중절수술을 금지하는 것과 일부 주에서 최소 시급을 7.25달러로 유지하는 것 등이다. 이들이 주장하는 수많은 정책은 우리 삶에 전반적으로 부정적인 영향을 미치는 것들이다. 65세 이상의 인구는 기후변화에 맞서 싸우거나 미래 세대를 위한 기금을 마련하지 않았고, 대학 등록금을 낮추는 데도 힘을 모으지 않았다. 우리 같은 젊은이들에게는 아직 살아갈 날이 많이 남아 있다. 즉, 이런 결정을 내린 사람들이 모두 죽은 후에도 우리는 그들이 내린 결정의 결과로 오랫동안 고통받게 될 것이란 뜻이다.

미국의 젊은이들은 현재 국가가 추구해 나가는 방향을 마음에 들어 하지 않는다. 퓨 리서치센터는 밀레니얼 세대와 Z세대의 약 70퍼센트가 과거 트럼프 행정부에 반대하고 있다는 것을 알아냈는데, 이는 나이가 많은 유권자층에 비하면 훨씬 높은 비율이다.[8] 밀레니얼 세대는 또한 좌파적 성향이 강한 세대다. 밀레니얼 세대의 70퍼센트는 사회적 문제를 해결하기 위해 정부가 더 적극적으로 나서야 한다고 믿는다. 또 62퍼센트는 인종적, 민족적 다양성 증가가 사회에 도움이 된다고 생각한다. 정당과 관련해서 보면 54퍼센트의 밀레니얼 세대는 민주당을 지지하고, 39퍼센트는 공화당, 11퍼센트는 무소속이었다.[9] 또 젊은 공화당 지지자들 역시 인종, 성별, 성적 지향과 같은 사회적 쟁점들에 있어서 나이가 많은 공화당 지지자들보다 훨씬 진보적인 시각을 갖고 있는 경향이 있다.

이런 정치적 성향을 생각했을 때, 도널드 트럼프 대통령의 당선은 우리 세대의 분노를 유발할 수밖에 없었다. 하지만 트럼프가 당선된 이유 중 하나는 바로 우리가 2016년에 투표를 하러 가지 않았기 때문이다. 최근 퓨 리서치센터는 2016년 대선과 관련된 설문 조사에서 대상자들에게 투표 성향에 대한 질문들을 한 후 개별적으로 이들이 투표를 했는지에 대해서도 확인을 했다. 수치를 계산해 보니, 만일 투표를 하지 않은 30대 미만의 사람들이 투표를 했더라면 클린턴 쪽으로 약 1퍼센트포인트 표가 이동했을 것으로 예상되었다. 이는 100만 표 이상에 해당하는 수치이다. 2016년 선거 당시 치열한 접전을 벌였던 것을 생각해 보면, 이로 인해 결과가 바뀌었을 가능성도 충분하다.[10]

20대 때 정치 참여가 중요한 이유는 또 있다. 우리가 젊었을 때 하는 행동은 나이가 들어서까지 이어지는 경향이 있다. 운동 과 취미에 관한 장에서 봤듯, 이 시기는 습관을 형성하는 시간 이다. 일찍부터 투표나 특정 정당 지지, 후원, 압력 단체 등과 같 은 정치적 활동을 활발히 하면 나이가 들어서도 이를 계속하게 된다.

정치학자들은 일찍부터 시민 참여 습관을 기른 사람들은 평 생 정치 참여를 하는 경향이 있고, 그로 인해 다른 사람들과는 다른 길을 걷게 된다는 걸 이미 알고 있었다. 한 연구원은 고등 학교 졸업반 학생들을 대상으로 정치에 관한 흥미도를 조사한 다음 8년, 17년 그리고 32년 후 다시 이들의 행적을 살폈다.[11] 응 답자들 중 대략 절반 정도는 이 기간 내내 정치에 대해 고등학 생 때와 같은 수준의 흥미를 유지하고 있었다. 정당 지지 역시 그대로 유지되었다. 사람들이 정당을 선택하는 모습은 많은 면 에서 종교를 선택하는 것과 닮았다. 그렇기 때문에 한번 정하고 나면 나중에 바꾸기가 굉장히 힘들다.[12] 사람들은 지지하던 정당 을 다른 정당으로 바꿀 때 천천히 옮겨 가는 경향이 있는데, 이 는 자신이 속한 공동체의 다른 사람들이(직장 동료나 이웃) 다른 정당으로 옮겨 가는 것을 의식하기 때문이다.[13] 그래서 초기의 정치적 선택이 매우 중요하다.

투표 역시 비슷한 패턴을 따른다. 대통령 선거와 중간 선거에 한두 번 참여하고 나면 투표를 하는 게 습관이 된다. 한 연구에 의하면, 선거가 시행되는 해에 막 열여덟 살이 되어 투표를 한 유권자들은 간발의 나이 차이로 선거를 놓쳐 투표하지 못한 사람들보다 4년 후 다음 선거 때 투표를 할 확률이 약 5퍼센트포인트 더 높다고 한다.[14] 다르게 말하면, 투표를 한 번이라도 해보았던 경험은 다음 선거에 상당한 차이를 불러일으킨다는 것이다.

마찬가지로 시위 또한 학습될 수 있다. 한 번이라도 시위에 참여한 사람들은 또 다른 시위에도 참여하게 된다. 2019년에 일어난 홍콩 시위를 예로 들어보자. 연구원들은 홍콩대학교 학생들에게 금액을 지불하고 현재 일어나는 시위에 대한 정보를 수집하도록 했다. 이들을 무작위로 시위에 참여해야 하는 학생들과, 또 시위에는 실제로 참여하지 않고 데이터만 수집하는 학생들로 구별하였다. 그런데 놀랍게도 시위에 참여했던 학생들은 금전적 보상이 끝났음에도 다음 시위에 계속 참여했다.[15] 정치에 참여하면 우리 삶에 영향을 미치는 정책들을 우리가 직접 결정할 수 있고, 또 일찍부터 정치적 습관을 기르면 나이가 들어서도 활발하게 정치 참여를 하게 된다.

((투표하지 않는 이유))

20대와 나이가 많은 사람들 간의 정치적 활동 차이는 두 가지 이유로 설명된다. 우선 모든 세대는 나이가 들면서 정치에 더 적극적으로 참여하는 경향이 있다. 이것은 정치학적으로 이미 잘 알려진 사실이다. 선거 때 투표를 하는 각 연령층의 비율을 살펴보면, 나이가 많을수록 그 비율이 높아지고 60대 중반에서 정점을 찍은 후 감소하기 시작한다.

20대들은 늘 나이가 많은 사람들보다 투표를 덜 하는 경향을 보여 왔지만, 그 두 번째 이유는 지금의 밀레니얼 세대와 Z세대가 정치에 참여하기에는 이들의 부모나 조부모 세대보다 경제적으로 혹은 정치적으로 훨씬 더 어려움을 겪고 있기 때문이다.

그렇다고 우리 세대가 투표 참여율이 저조한 최초의 젊은 세대인 것은 아니다. 미국에서는 불과 얼마 전까지만 해도 스물한 살 미만은 투표를 하기에는 아직 어리다고 여겼다. 그러다 열여덟 살 아이들을 베트남으로 징병해 가던 1960년대가 되어서야 사회운동가들은 이 젊은 남성들을 전장으로 보내 죽게 만들면서도 투표권은 주지 않는다는 것이 문제가 있다고 봤다. 이에 1972년 수정헌법 제26조를 채택하면서 투표 가능 연령은 마침내 18세로 낮아지게 됐다.

하지만 열여덟 살 아이들이 투표를 할 수 있는 권리를 얻게 되었다고 해서 이들이 투표소로 몰려간 것은 아니었다. 리처드 닉슨과 조지 맥거번이 경합을 벌인 1972년 선거에는 국가가 나아갈 방향에 대한 극명히 다른 선택이 걸려 있었다. 맥거번은 베트남전을 즉각 종식해야 한다는 입장이었고, 반대로 닉슨은 베트남에 미군이 주둔하길 바랐다. 이 선거에서 투표권이 있는 18세에서 24세의 젊은이들 중 절반만이 투표를 했던 반면, 25세와 그 이상 연령층에서는 투표율이 70퍼센트에 달했다.[16] 투표 결과가 어땠는지는 이미 알고 있을 것이다. 닉슨이 대통령으로 당선되었다.

이런 현상은 비단 1972년의 선거에만 그친 단발적인 경우가 아니었다. 지난 40년 동안 투표에 참여한 젊은 사람들의 비율은 나이가 많은 사람들보다 항상 낮았다. 한 예로, 2012년의 선거에서 18세에서 24세 사이의 젊은 층과 노년층의 투표 참여자 수는 여전히 25퍼센트포인트 가까이 차이가 났다.[17] 18세에서 24세 사이 사람들과 60대들의 투표 참여 수 차이는 더 심각했다. 선거에 따라 연령별 투표 참여자 수는 35퍼센트포인트 혹은 그 이상까지 차이가 날 수 있다.[18]

정치학자들은 사람들이 정치를 이해하기까지 시간이 걸린다는 것을 발견했다. 사람들은 성인기에 들어서면서 자신들에게 영향을 미칠 정치적 쟁점들에 대해 점점 더 많이 배우고 선거가 자신들의 삶에 어떤 영향을 미치는지 이해하게 된다. 또한 나이가 들면서 뉴스를 통해 정치 이야기를 듣거나 정당에 관한 기본적인 사항들도 알게 된다.[19] 이렇듯 시간이 지남에 따라 사람들은 투표 등록과 투표소 찾기 같은 행정적 절차를 잘 따라 하게 된다.

하지만 그것이 전부는 아니다. 정치학자들은 사람들이 나이가 들면서 정치에 투자할 수밖에 없는 일들을 경험하게 된다고 믿는다. 사람들은 공동체에 뿌리를 내리고 직장을 갖고 집을 사며 아이를 낳고 건강상 문제가 생기기도 한다. 이런 것들로 인해 세금, 학교 시스템, 건강보험 등과 같은 정책들에 관심을 더 갖게 되는 것이다. 연간 수천 달러의 재산세를 내면 시의 공공사업국이 거리에 팬 구멍을 잘 메웠는지 확인하게 될 수밖에 없다.

운이 좋게도 나는 벤이 있어서 정치에 대해 보다 깊이 탐색해 볼 수 있었다. 그는 20년 이상 선거와 삶의 여러 측면에 대해 조사한 상시인구조사 데이터를 다운받았다.[20] 데이터 분석을 통해 벤은 20대들로 하여금 투표를 하지 않게 만드는 요인에 대해 힌트를 얻었다. 그는 결혼의 유무는 그 사람의 투표 참여에 어떠한 영향도 미치지 않는다는 것을 발견했다. 재미있는 것은 부모와 함께 살면 투표 참여도가 약간 높아지는데, 이는 부모가 함께 사는 성인 자녀를 투표소로 이끌고 있다는 걸 보여준다. 반면에 대학 졸업, 집 소유, 직업의 유무, 소득 계층 상위 3분의 1 등과 같은 것들은 모두 젊은 사람들로 하여금 투표를 하게 만드는 요인이다. 즉, 경제적 안정은 사람들을 정치에 참여하도록 동기를 부여하는 역할을 한다.

그럴 수밖에 없긴 하다. 돈이 많을수록 사람들은 우리 삶에 가장 명백하게 영향을 미치는 경제 그 자체, 혹은 자신들이 낸 세금이 어떻게 사용되고 있는지에 대해 관심이 높은 법이다. 하지만 대침체기 때 사회로 나온 밀레니얼 세대들은 직업을 찾고 빚을 갚는 게 이전 세대보다 어려워졌다. 35세 미만의 젊은이들은 미국의 젊은 층과 노년층 간의 기록적인 빈부격차로 고통받고 있다. 그래서 일부 사람들은 밀레니얼 세대를 일컬어 '덫에 걸린 세대'라고도 한다.[21]

((경제적 좌절과 정치 참여))

밀레니얼 세대와 Z세대들은 그들이 직면하고 있는 경제적 문제 때문에 정치에 참여하기 더 어려울 수밖에 없다. 학자금 대출과 저임금 때문에 젊은 사람들은 경제적 자립을 이루는 게 점점 더 어렵다고 느낀다. 그렇다 보니 이들이 자신의 공동체에 투자할 수 있는 인생의 단계에 도달하는 것이 더 어려워지는 것이다.

밀레니얼 세대들이 겪는 이와 같은 경험은 경제적 좌절이 어떻게 젊은 사람들의 정치 참여에 부정적인 영향을 미칠 수 있는지를 보여주는 좋은 사례이다. 주택을 소유하고 있는 20대의 수는 2016년까지 조금씩 늘고 있었다. 하지만 경제 위기가 시작된 후 그 비율은 다시 줄어들었고, 이후 부모와 사는 20대의 비율이 꾸준히 늘어났다. 1996년에는 20대 중 부모나 다른 가족의 집에 머무는 사람이 30퍼센트 미만이었으나, 2016년 그 수치는 35퍼센트까지 증가했다. 가장 큰 변화는 경제 위기와 동시에 20대들의 실업률 증가였다. 2000년 20대의 실업률은 5퍼센트로 높지 않았지만, 2010년에 들어서 12퍼센트까지 증가하여 거의 정점을 찍다시피 했다.

벤은 경기 침체가 발생하지 않았다면 밀레니얼 세대의 투표율은 5퍼센트포인트 더 높았을 것이라며 이는 전반적으로 경제 위기의 여파라고 추정했다. 그는 밀레니얼 세대들의 투표 행위에 영향을 미치는 광범위한 요인들을 고려한 모형을 만들었다. 그는 20대들이 경제 위기가 발생하자마자 그 여파를 즉각적으로 느끼지 못했지만 2009년부터 그 후 몇 년간은 위기를 체감했단 것을 발견했다. 회사들의 경우 시간을 두고 신입 사원들의 수를 감축했고, 침체에 대응하여 인턴 프로그램을 없앴기 때문이다. 이렇게 침체의 부정적인 효과는 위기의 정점이 지나간 후로도 몇 년 동안 계속해서 영향을 미치고 있었다.

이 사례 연구는 침체기와 그 직후의 밀레니얼 세대에 초점을 두고 있다. 하지만 그 내용은 20대 전반에게 해당된다. 신입 사원 수준의 수당으로 생계를 유지하는 데 어려움을 겪고 있는 젊은 사람들이 점점 더 많아지면서, 우리는 이를 통해 다양한 삶의 목표들(집 사기, 결혼 등)을 이루기 위한 노력들이 젊은 사람들의 정치 참여를 지속적으로 위축시킬 거란 결론을 내릴 수 있다.

미국의 젊은이들이 정치에 참여하지 못하는 데에는 다 그럴 만한 이유가 있다. 하지만 국가가 나아가야 할 방향을 결정하는 과정에 있어 젊은 사람들이 제 역할을 하지 않으면 자신들을 경제적으로 도와주는 정책들을 지지하지 않는 꼴이 된다. 즉, 악순환이 되는 것이다.

우리가 취해야 할 가장 최선의 방법은 우리의 정치적 힘을 되찾는 것이다. 우리는 우리의 이익을 위해 싸우는 차세대 정치인들을 지지하고, 이미 권력이 있는 정치인들이 우리의 요구 사항에 보다 더 귀 기울이도록 만들 수도 있다. 정치 과정에 참여하거나 다른 또래들도 정치에 참여하도록 도울 방법은 많다. 물론 체계적이고 협동적인 노력이 필요하지만, 다 가능한 범위 내에 있다. 그렇다면 어디서부터 시작하면 좋을까?

((정치적 힘을 되찾는 방법))

나는 서른두 살의 나이에 미국 시민이 되었다. 처음 내가 투표권을 가졌던 것은 2016년 미국 대통령 선거 때였고, 내게는 그 어느 때보다도 많은 것이 걸려 있었다. 그 해에 벤과 나는 예비 선거 동안 일어난 정치 드라마를 지켜봤다. 민주당에서는 힐러리 클린턴과 버니 샌더스가 서로 다른 비전에 대해 연설을 늘어놓았고, 공화당 쪽에서는 정치 경험이 전무한 도널드 트럼프까지 등장하면서 수많은 대선 후보들로 장을 이루고 있었다.

나는 이 역사적 선거에 목소리를 낼 수 있다는 사실에 흥분했다. 하지만 투표를 하기에 앞서, 산처럼 쌓인 서류 작업을 먼저 처리해야 한다는 사실을 깨달았다. 우선, 나는 내가 할 일이 대통령을 뽑는 것만이 아님을 알게 되었다. 나는 지역 발의안과 지방 선거에 대해서 공부해야 했다. 이건 꽤나 피곤한 일이었다. 명문 공립학교들에 대한 지역 법안의 세부 사항을 알아내려고 노력하는 동안에는 몇 번이나 포기하고 싶은 기분이 들기도 했다. 나는 나라에서 일어나는 일들에 관심이 많았지만 나의 민음을 행동으로 옮기는 방법에 대해서는 알지 못했다. 또한 30대 초반임에도 기본적인 정치 과정조차 알지 못하는 스스로가 멍청하단 생각이 들었다. 나와 나이가 같은 다른 사람들은 이미 10년도 더 전에 투표하는 방법을 알았을 텐데 말이다. 하지만 이 장에서 다루었듯 꼭 그런 것만은 아니었다.

대부분의 미국인들은 투표나 정치 과정 참여에 대해 학교에서도 따로 배우지 않는다. 그래서 이러한 것들은 10대 후반과 20대 초반이 되면 개인들이 스스로 알아내야 한다. 그 결과, 연구원들은 20대들이 기본적인 선거 투표, 투표 등록, 당선된 정치인과 접촉하는 방법을 이해하지 못하고 있음을 알게 되었다. 따라서 어릴 때 이런 걸 배워두면 보다 적극적인 시민이 되기 쉽다. 그렇기 때문에 이 시기에 해야 하는 가장 가치 있는 일은 이런 일들을 배워두는 것이다.

또한 나는 지방 선거 후보자에 대해 알아보고 내가 사는 지역의 문제가 무엇인지 파악하기 위해 국가 전반보다는 지역 뉴스에 관심을 갖기 시작했다. 시간이 지나면서 이 과정과 또 이를 위해 내가 할 수 있는 역할을 알게 되어 점점 흥미가 생기기 시작했다. 나는 또한 신문의 정치면에도 관심을 갖게 되었다. 정치에 관심이 많은 친구들과도 할 말이 많아졌다. 우리는 법안마다 그 장단점에 대해 이야기해보곤 했다.

내가 정치 참여에 관심을 갖기 시작한 것은 그리 오래된 일이 아니다. 만약 당신도 자신의 정치적 참여도를 한 단계 더 끌어올리고 싶다면 여러 방법을 이용할 수 있다. 여기서 우리는 가장 명확한 두 가지 방법에 대해 알아볼 것이다. 첫째는 젊은 사람들을 투표하게 만드는 것이고, 두 번째는 반대하는 정책에 대해 시위를 통해 자신의 의사를 표현하는 것이다. 이 각각의 부분과 관련 있는 사회과학 연구들을 통해 해야 할 일과 하지 말아야 하는 일들에 관한 조언을 얻을 수도 있다.

((투표율 높이기))

정치적 변화를 이끌어내고 싶다면 자신이 관심 있어 하는 일을 지지하는 단체에 주변 사람들과 함께 참여하는 것이 좋다. 연구에 의하면 다른 사람들을 동원하고자 하는 노력은 실제로 변화를 일으킬 수 있다. 비록 나는 정치에 대해 배울 때 친구들과 가족에게 많이 의지했지만, 선거에 관한 기본적인 내용들을 가르쳐주는 단체들도 많이 있다.

정치학자들은 집집마다 직접 방문하면서 여론 조사를 하는 것에 대해 연구했고, 실제로 이런 방식을 통해 꾸준히 접촉한 사람들이 투표할 확률이 높다는 결과를 얻어 냈다.

어느 중요한 연구를 위해 연구원들은 코네티컷주 뉴헤이븐의 선별된 유권자들에게 무작위로 연락을 했고, 이렇게 연락을 받은 사람들이 연락을 받지 않은 사람들보다 투표를 더 하는지 알아보는 실험을 하였다.[22] 여론 조사원과 직접 대면 접촉을 한 경우, 투표율 차이는 거의 10퍼센트포인트에 달했다. 사람과의 직접적인 접촉은 훨씬 효과적이었다. 예를 들면 우편으로 연락을 한 경우에는 0.5퍼센트포인트밖에 증가하지 않았고, 유선 접촉은 아무런 영향을 미치지 못했다. 만약 당신이 정치 캠페인을 위한 여론 조사나 서명을 받는 일처럼 대면 접촉을 해야 하는 일에 도움을 준다면, 이는 절대 헛된 수고가 아닐 것이다.

이들 중 일부 연구원들은 후속 연구에 착수했는데, 주변에서 압박을 주는 것은 놀랍게도 효과적이었다.[23] 연구원들은 사람들에게 이웃 주민들의 과거 투표 여부가 담겨 있는 우편물을 보냈고, 이 우편물을 받은 사람들의 투표 여부 또한 선거 이후 다른 이웃들에게 우편으로 전달될 것이라고 알렸다. 이웃 주민들의 투표 기록에 관한 우편물을 받은 주민들은 그렇지 않은 사람들보다 투표할 확률이 8퍼센트포인트 높았다. 우리는 이 방식을 주변인들에게 쉽게 적용해볼 수 있다. 가족과 친구들에게 자신이 투표 계획에 대해 말한 후, 그들의 계획을 물어보자.

캠페인은 20대들을 겨냥하기 위해 모든 노력을 총동원하지 않는다는 증거들이 있다. 그 이유는 나이 든 사람들보다 젊은 사람들에게 다가가기 어렵기 때문이다. 연구원인 데이비드 나커슨이 미국 전역에서 투표 참여율 증가를 위해 노력하는 6개의 단체를 조사한 결과, 나이 든 사람만큼 젊은 사람들을 투표하도록 설득하는 것은 쉬웠다고 한다. 그러나 실제로 젊은 사람들과 접촉하는 것은 상당히 어려웠는데, 이는 그들의 주거지가 안정적이거나 지속적이지 않기 때문이었다.[24] 대학생이나 대학원생들은 일 년 주기로 이사하는 경우가 많다. 또한 여론 조사원들이 20대들의 정확한 주소지를 갖고 있다고 해도 그들이 집에 있을 확률이 별로 없다. 이들은 보통 저녁에 도서관에서 공부를 하거나 연인의 집에서 시간을 보낸다.

투표 참여율 증가를 위해 노력하는 많은 단체는 젊은 사람들과 접촉하는 것이 어렵고 많은 비용이 들기 때문에 이를 포기하고 나이가 많은 사람들을 대상으로 삼는다. 하지만 여기에는 논리적 결함이 있다. 밀레니얼 세대는 곧 가장 큰 유권자층이 될 것이므로, 가능한 한 모든 방법을 동원해서라도 이들과 접촉해야 한다. 만약 젊은 사람들에게 주택 방문과 같은 전통적인 방식이 통하지 않는다면, 지역 파티나 팝업 행사 같은 것을 조직해서 그들에게 접근할 새로운 방식을 찾아야 할 때다.

이것은 단순히 투표 참여율 증가를 위한 노력에만 해당하는 것이 아니다. 캠페인과 정치 단체들은 나이 든 사람들보다 젊은 사람들과 접촉하는 것이 더 어렵고 많은 비용이 든다고 믿는다.[25] 따라서 오히려 젊은 사람들이 나서서 정치적인 쟁점(총기 규제 찬반, 낙태 찬반 등)과 선거 캠페인을 위해 어떤 식으로든 도움을 준다면, 굉장히 큰 변화를 만들어낼 수 있을 것이다.

당신도 이런 노력에 힘을 보탤 수 있다. 누군가 밀어주기만 한다면 결국 20대들도 정치에 더 적극적으로 개입하게 될 것이다. 우리는 그저 젊은 사람들이 있는 곳에 가서 이들과 꾸준히 만나기 위한 노력을 하면 된다. 한번 투표를 하고 나면, 그 사람은 앞으로도 계속 투표를 이어갈 것이다.

((거리의 사람들))

선거는 그렇게 자주 있는 일이 아니다. 그러므로 때로는 그때까지 기다릴 수 없는 즉각적 정치 조치가 필요할 때도 있다. 이럴 때 등장하는 것이 바로 시위이다. 다른 사람들과 공개적으로 모여 평화적으로 변화를 요구하는 것은 효과적인 정치 행위의 또 다른 모습이다. 과거에도 여성 참정권과 인권 관련 시위들이 있었다. 그리고 오늘날 우리는 블랙 라이브즈 메터, 여성 행진, 마치 포 아워 라이브스, 기후위기 비상행동 등과 같은 위대한 시위의 순간을 살고 있다. 이러한 거대 정치 시위들은 직접적으로나 간접적으로 의미 있는 정책 변화를 이끌어 내왔다. 만약 당신이 이런 참여에 관심이 있거나, 중요하다고 생각하는 문제에 관한 시위를 조직하는 걸 돕고 싶다면, 이를 위한 핵심적인 방법을 배워 보도록 하자.

우선 시위 참가자들은 얼마나 많은 사람들이 그 시위에 참여할지에 관심이 있다. 홍콩 시위 때처럼 단속의 위험이 있는 상황에서 많은 사람들이 시위에 참여할 계획이라는 걸 잠재적 참여자들에게 알리면 오히려 참여율을 떨어뜨릴 수 있다. 대규모 시위일수록 오히려 정부로부터 중단 조치를 당할 확률이 높기 때문이다.[26] 반대로 시위 참가자들에 대한 단속이 없고, 많은 사람들이 지지한다는 것을 보여 주는 게 어떠한 정책을 채택하는 데 있어 도움이 될 경우에는 (예를 들어, 미래 총기 사건을 막기 위한 법안을 요구하는 마치 포 아워 라이브스를 생각해보자) 잠재적 시위 참가자들에게 큰 규모의 시위가 될 것이라는 걸 알리면 참여율을 더 높일 수 있다.

이를 위한 효과적인 방법은 시위에 참여하면 그에 대한 인정이 뒤따른다는 걸 명확히 하는 것이다. 시위란 본질적으로 사회적 행위로, 자신의 정치적 입장을 세상에 드러낼 수단이 된다. 만일 자신의 행동이 다른 사람들의 눈에 띈다는 것을 인지하면 시위에 참여할 확률이 더욱 높아지는 것으로 나타났다.

최근 어떤 연구에서 한 정치학자가 LGBTQ 단체와 함께 실험을 진행한 적이 있다. 이 실험은 군대에서의 '묻지도 말하지도 말라Don't ask, don't tell' 제도가 폐지되었다는 것을 상기시키는 것과 동성 결혼 지지에 관한 시위 참여를 이끌어내기 위한 다양한 방법의 효과를 알아보고자 한 것이었다. 정치학자는 실험 대상자들에게 다양한 형태의 시위 참여 안내장을 발송했다. 시위에 관한 기본적인 사항만 담긴 안내장, 월간 뉴스레터에 참가자들에 관한 내용이 실릴 것이라는 언급이 있는 안내장, 해당 단체의 페이스북 페이지에 시위 사진을 올려 달라는 메시지가 담긴 안내장 등이 그것이었다. 이 가운데 시위 참석에 대한 인정이 부각된 안내장을 받은 사람들로부터 가장 많은 참여 약속을 얻어냈고, 실제로도 그러했다. 이 안내장을 받은 사람들은 시위에 관한 기본 사항들만 전달받은 사람들보다 시위에 참여할 확률이 약 15퍼센트포인트 더 높았다. 이는 같은 문제에 관심을 갖는 사람들에게 인정을 받는다는 것을 의미했기 때문이다.[27]

다시 말해 만약 당신이 영상이나 사진을 이용해서 소셜 미디어에 시위를 알리는 방법이 있다면, 사람들은 그 시위에 더 많이 참여할 것이다. 이런 방법을 통해 시위 참가자들의 수가 급증할 것이고, 이렇게 모인 사람들은 우리가 중요하게 여기는 문제에 대해 목소리를 높여줄 것이다.

나는 정치에 참여해야 하는 이유에 대해 생각할 때마다 디레이 맥케슨의 조언을 떠올렸다. 그는 정치 과정에 참여하는 것은 때로는 작은 일에서부터 시작된다고 말했다. 예를 들면 동네 노숙자 문제나 성별에 따른 임금 격차 등과 같은 사회적 부당함이 우리의 관심을 끌 수도 있다. 이에 대해 우리는 아무것도 하지 않을 수도 있고, 아니면 디레이의 제안처럼 가장 진정성 있는 방법으로 그 문제에 대해 더 알아보고자 노력할 수도 있다. 만약 외향적인 사람이라면 집집마다 방문하는 여론 조사에 참여하여 이 문제를 해결할 수 있도록 투표를 격려할 수 있고, 내성적인 사람이라면 당선된 의원에게 편지를 쓰는 게 더 마음이 편할 수도 있다. 정치 참여는 의미 있는 일인 동시에 권한을 부여받는 행위라고 느껴져야지, 절대 짐으로 여겨져서는 안 된다.

2018년 여름, 탤러해시에 살고 있던 벤과 나는 처음 엘라를 데리고 시위에 참석했다. 그때 엘라는 두 살 반이었다. 우리는 시위 참석 전 몇 주간 트럼프 행정부가 국경에서 이민자 가정의 부모와 어린 자녀를 떼어 놓는 방법으로 불법 이민을 차단하겠다는 뉴스를 보고 경악을 금치 못했다. 토요일 오후, 우리 셋은

잔인하고 무자비한 이 정책에 반대하는 목소리를 내고자 모인 수백 명의 사람들과 함께 주청사 앞에 서 있었다.

유모차에 엘라를 태우자 엘라는 우리가 무얼 하러 가는지 정확하게 알고 싶어 했다. 우리는 엘라에게 뭐라고 설명해야 할지 몰랐다. 자신과 비슷한 또래의 아이들이 부모와 떨어져 개조된 월마트 건물 안에 감금되어 있다는 걸 이야기하는 게 옳은 일 같지 않았기 때문이다. 하지만 정치학자인 벤은 딸에게 시민참여의 기본에 대해 알려주는 데 너무 이른 나이란 없다고 생각했다. 그는 시위의 개념을 되도록 간단한 용어로 설명하려고 했다. 벤이 엘라에게 말했다.

"만일 지도자가 좋지 않은 일을 한다고 생각되면 너는 그 지도자에게 이렇게 말할 수 있어. '그건 옳지 않아요'라고 말이지."

엘라가 이 이야기를 얼마나 잘 이해했는지는 확실치 않았지만 아빠가 하늘에 대고 손가락을 흔드는 모습이 꽤나 재미있다고 여긴 것 같다. 이 두 살짜리 아이에게 시위 현장은 웃음으로 가득한 곳이었을 것이다. 밴드들이 무대에 올라가서 정의와 가족에 대한 노래를 부르자, 엘라는 노래에 맞춰 춤을 추고 손뼉을 쳤다. 관중은 이따금씩 '가족은 함께 있어야 한다'고 외쳤다. 엘라도 따라서 외치려고 했다. 형형색색의 판지에 갖가지 슬로건을 적은 사람들도 있었다. 또 시위자들에게 간식거리와 물병을 나눠 주며 플로리다의 열기로부터 잠시 벗어나도록 도와주는 사람들도 있었다. 엘라는 작은 과자 봉지를 받고 신이 났다.

자카르타의 시위와 달리, 이곳은 길가에 시위를 위협하는 탱크나 군력이 없었다. 경찰 한 명이 왔다 갔다 하긴 했지만, 그 역시 꽤나 쾌활해 보였다. 그는 엘라에게 하이파이브를 건넨 후 지친 기색이 역력한 노인을 도우러 갔다. 그날 나는 시위를 할 수 있는 권리가 있음에 감사했다. 우리는 정부가 하는 일에 대해 반대의 목소리를 내면서도 그와 관련된 전체 과정에서 안전하다고 느낄 수 있었다. 그리고 그 끝에 우리는 민주주의가 제 역할을 하고 있음을 느꼈다. 이 모든 사회적 압박으로 인해 결국 트럼프는 가족 분리 정책을 종료한다는 행정 명령에 서명했다. 비록 그 아이들이 부모와 재회하기까지는 여전히 갈 길이 멀지만 말이다.

나는 내 스스로가 허비해온 시간들을 만회하고자 노력하고 있다. 그리고 엘라가 나처럼 가파른 학습 곡선을 갖지 않아도 될 거라는 점이 기쁘다. 엘라는 아마 우리와 함께 다른 시위에도 참여할 것이고, 나이가 되면 투표를 하러 갈 것이다. 정치 과정에 참여한다는 것이 엘라에게는 그다지 무서운 일이 되지 않을 것이다. 엘라가 서른두 살이 돼서야 첫 투표를 하는 일은 없길 바라본다.

CHAPTER 8

ROCKET

무엇을 믿으며
살아갈 것인가

나는 우리 부모님이 처음 만났을 때의 이야기를 듣는 걸 좋아했다. 어릴 적에는 그 이야기를 하도 여러 번 해달라고 졸라서 머릿속에 거의 신화처럼 새겨질 정도였다. 그건 결국 나의 탄생 이야기이기도 했다. 이야기의 시작은 이러하다.

때는 바야흐로 1960년, 말레이시아의 작은 마을에 조그만 침례교회가 하나 있었다. 볼이 토실토실했던 다섯 살의 엄마는 주일학교에 갔다가 당시 여섯 살이었던 빼빼 마른 아버지를 처음 보았다. 아버지는 어린 나이였음에도 당신의 거부할 수 없는 매력 때문에 엄마가 종종 추파를 던졌다고 말씀하시곤 했다. 당시에 갓 유아기를 벗어난 중국 소녀와 인도 소년이 서로 친구가 되어 함께 성장해 나간다는 것은 불가능에 가까운 일이었다. 하지만 엄마와 아버지는 그 불가능을 가능하게 만든 경우였다. 둘은 교회 예배당 좌석에 앉아 서로를 힐끔힐끔 쳐다보곤 했다. 그렇게 성장한 부모님은 독립한 후 본격적인 교제를 시작했다. 아버지는 대학 진학을 위해 말레이시아의 수도인 쿠알라룸푸르로 가셨고, 엄마는 간호학교에 입학하기 위해 페낭으로 떠나셨다. 두 분은 떨어져 지내는 동안에도 꾸준히 편지를 교환하셨고, 나중에 만나기 위해 버스와 기차 비용을 저축했다. 그리고 20대 초반, 결혼을 결심했다.

우리 가족의 시작을 생각해보면 내가 기독교 집안에서 태어났다는 것은 뭔가 역사적 사고 같은 게 아니었을까 하는 생각도 든다. 아버지는 대대손손 타밀어를 쓰는 힌두교 집안 출신이셨다. 집 안에는 온통 코끼리 머리를 한 지혜의 여신 가네샤를 기리는 제단이 가득했다. 아버지를 교회에 보내겠다는 것은 순전히 할머니의 생각이었는데, 아들의 학업을 위해 영어 실력을 키워주어야겠다는 계획에서였다. 이 계획을 실행하는 데 동네 교회를 종종 방문하는 미국 선교사를 만나는 것보다 좋은 방법이 어디 있겠는가?

할머니의 계획은 지나치게 성공적이었다. 아버지와 세 명의 형제들은 완벽하게 영어를 구사하게 되었고, 덕분에 학교에서도 월등한 성적을 유지했으며, 직업을 갖는 데도 도움이 되었다. 다만 할머니는 세 아들 모두가 기독교 신앙을 키우게 될 것을 예상하지 못하셨다. 아버지와 형제들은 20대에 들어서면서 세상에 대한 가치와 목적을 기독교에 근거하여 찾으려 했다. 그리고 이들이 각자 가정을 이뤘을 때는 이미 기독교 신앙이 더욱 깊어진 상태였다. 이런 이유로 나는 학교에 들어가기도 전, 일요일 아침마다 교회 탁아소에서 노아의 방주 속에 플라스틱 동물들의 자리를 정해 주었고, 크리스마스 연극 때는 대사 하나 없는 양 역할을 충실히 하게 된 것이다. 어릴 적 기억 중 하나는 잠들기 전 부모님과 기도를 드리는 것인데, 그때 나는 엄청난 존재가 내 삶의 사소한 부분까지도 신경을 써주고 있다는 확신에 차 있었다.

나는 크면서 어렸을 때 배웠던 기도와 명상 같은 일반적인 종교적 습관들이 도움이 된다는 걸 깨달았다. 이런 것들은 나에게 내적 삶을 들여다볼 수 있는 시간을 줬다. 주일 예배를 보면서 나는 나보다 더 커다란 힘과 통하는 기분이 들 때 초월의 순간을 느끼곤 했다. 그리고 이런 믿음은 내가 20대를 보내는 동안 인생에서 가장 힘든 시간을 견딜 수 있도록 해줬다.

내가 스물여덟 살 때, 아버지가 심장 수술 합병증으로 갑작스럽게 돌아가셨다. 그때 아버지는 겨우 쉰다섯 살이셨다. 아버지는 내게 세상에서 가장 중요한 분이셨다. 가장 친한 친구이자, 내가 아는 사람 중 가장 지혜롭고 친절했다. 아버지가 돌아가신 후, 나는 끝없는 슬픔 속에 갇혀 버렸다. 그렇게 2년 동안 세상을 등진 채 안으로만 움츠러들었다. 하지만 혼자만의 세상에 고립되어 있는 동안 나는 눈에 보이는 물리적인 세계 너머로 또 다른 세계가 있다는 가능성을 가리키는 강력한 힘을 발견했다. 그리고 궁극적으로 내가 신앙을 유지하기로 결정한 이유는 그 신비한 샘을 미래에도 이용하고 싶었기 때문이다.

내가 이 이야기를 자세하게 하는 이유는 사람들의 믿음은 굉장히 개인적이고 독특한 것으로 가족의 역사, 삶의 경험, 성격에 따라 형성되기 때문이다. 하지만 이념은 그것이 종교적이든 세속적이든 삶을 살아가는 데 있어 가치와 우선순위를 정하는 데 기여하기 때문에 20대 때 중요한 역할을 한다. 20대 때 우리가 택한 종교적 길은 심오한 방식으로 삶을 이끈다. 때로는 그것이 명확해지는 데 오랜 시간이 걸릴 수도 있다. 종교적 정체성은 우리가 평생 동안 속하게 될 공동체의 종류와 우리 아이들에게 가르쳐줄 믿음에 영향을 미칠 것이다. 내게 믿음은 삶의 다른 부분에서는 거의 언급되지 않는 실존적인 문제에 대해 생각할 근거를 제공한다. 종교는 대부분 삶의 의미나 영혼의 의미, 사후 세계에 관한 철학을 갖고 있고, 살다 보면 겪게 되는 어려운 시기와 트라우마를 헤쳐 나가는 방법을 알려준다.

이번 장에서는 어렸을 때부터 가졌던 종교와의 관계가 집을 떠나거나, 믿음을 뒤흔드는 개념에 직면하고, 가정을 꾸릴 때 어떻게 변하게 되는지 보여줄 것이다.

밀레니얼 세대와 Z세대는 종교 단체가 취하는 정치적 입장 때문에 조직화된 종교를 점점 더 멀리한다. 이들 중에는 자신들이 성장할 때 향유했던 공동체와 전통을 그리워하는 사람들도 있다. 그래서 나는 전통적 종교 제도 이외에 활기차고 의미 있는 세대 간 공동체와 관계를 유지하기 위해 무엇이 필요한지 생각해봤다.

((종교 '없음'))

종교 활동을 충실히 하겠다는 나의 결정은 어쩌면 우리 세대와는 잘 맞지 않는 행동일 수 있다. 오늘날 많은 젊은 사람들이 종교 단체를 떠나면서 미국 내에서는 대규모 문화 변화의 바람이 일고 있고, 사회는 보다 세속적으로 바뀌고 있다.[1] 밀레니얼 세대들이 종교적 관습을 다시 써 내려가기 시작하자 교회들은 텅텅 비어 가고만 있다. 나 역시 이 현상을 직접 목격했다. 벤과 내가 교회에 가면, 교회 안은 온통 은발의 물결을 이루고 있었다. 우리는 예배당에 있는 사람들 중 가장 젊은 축에 속했다. 몇 년 전부터 아이들이 교회에서 보이지 않게 되자, 엘라와 같은 아이들이 이용할 수 있는 탁아소마저 없는 교회들도 많았다.

퓨 리서치센터, 공공종교연구소를 비롯한 사회학자들은 종교적인 추세에 관심을 갖게 되었다. 이러한 추세는 사람들이 친구를 만드는 곳에서부터 투표를 하는 방법에 이르기까지 사회가 돌아가는 방법을 알려주기 때문이다. 처음 데이터를 봤을 때, 나는 사람들이 이렇게 젊은 나이에 평생 이어 갈 종교적 신념을 갖는다는 점에서 놀랐다. 여기에는 무신론 혹은 불가지론도 포함되어 있다. 나는 사람들이 나이가 들고 삶의 마지막에 가까워졌을 때에야 비로소 실존적 문제에 대해 깊이 고민하기 시작한다고 생각해왔다. 하지만 연구에 따르면 사람들은 대개 서른 살 이후에는 종교를 바꾸지 않는다고 한다.[2] 종교 단체를 완전히 떠난 사람들 가운데 62퍼센트는 18세가 되기 전에 종교를 떠났고, 28퍼센트는 18세에서 29세 사이에 종교를 버렸다.[3]

20대 시기는 어릴 적에 배운 종교적 가르침에 대해 의문을 제기할 가장 최적의 시기이다. 1981년 신학자 제임스 파울러는 인간이 경험하는 믿음을 6단계로 나누어 나열한 심리 모형을 만들었고, 이는 오늘날에도 관련 연구에 쓰이고 있다. 이 모형은

환상과 현실을 혼동하기 쉬운 유치원 때부터 시작해서 인생의 기묘하고 신비한 역설을 받아들이기 시작하는 노년기로 마무리 된다. 파울러는 20대들이 어릴 적부터 믿어 왔던 종교에 대해 정말 본인이 이를 진실하게 믿은 적이 있었는지를 의심하기 시작하면서 특히나 혼란스러워한다고 한다.[4] 이는 살아가면서 새로운 사람을 만나거나 새로운 곳을 방문하고, 대학에 진학한 후 다른 종교에 대해 배우면서 또 다른 영적인 길에 노출되기 때문이다. 심지어 밀레니얼 세대는 이전 세대들보다 더 다양한 문화와 믿음을 접하고 있다. 이들은 어릴 적부터 손쉽게 인터넷을 사용해왔고, 저렴한 항공권을 구할 수 있다 보니, 새로운 사상과 문화를 더 쉽게 배울 수 있었다. 그리고 때에 따라 이것들은 이들의 믿음에 의문을 제기하기도 한다.

수많은 밀레니얼 세대와 Z세대는 더 이상 어린 시절 종교뿐만 아니라 그 어떤 종교 단체에도 개입하고 싶어 하지 않는다. 공공종교연구소에 따르면, 18세에서 29세 사이의 사람들 중 39퍼센트는 어떤 종교도 갖고 있지 않다고 말한다. (사회학자들은 이런 사람들을 종종 '없음'으로 표현하는데, 이들은 설문 조사에서 어떤 종교도 선택하지 않기 때문이다.)[5] 미국인들 가운데 종교가 없는 가정에서 성장한 사람들은 겨우 9퍼센트밖에 되지 않는다. 즉, 현재 종교가 없는 사람들의 대부분이 어릴 적에는 종교 생활을 했다는 것을 뜻한다. 1980년대에는 젊은 성인의 10퍼센트만이 종교적 소속이 없다고 밝혔는데, 2014년 퓨 리서치센터의 미국 종교 설문조사에 따르면 20대의 27퍼센트만이 매주 종교 집회에 참여한다고 했다. 50대의 경우에는 38퍼센트, 70대와 그 이상의 연령대에서는 51퍼센트의 집회 참여율을 보이고 있다.[6] 20대 이후에는 종교 정체성에 변화가 거의 일어나지 않는다는 사실을 알고 나니 '없음'에 속하는 사람들이 앞으로 교회나 절에 다시 모습을 드러낼 일은 없을 것 같다.

이는 전례 없는 문화적 이동으로, 연구원들은 여전히 이 현상을 이해하려고 노력하고 있다. 이와 관련된 연구들을 분석해보면, 젊은 사람들이 종교에 관심을 갖지 않기로 결정한 데에는 여러 이유가 있다. 퓨 설문 조사는 '없음'에 해당하는 사람들의 60퍼센트가 더 이상 교리를 믿지 않기 때문이라는 것을 발견했다.[7] 두 번째로 많은 49퍼센트의 설문 응답자가 밝힌 이유는 교회들이 취한 사회적, 정치적 입장이 마음에 들지 않기 때문이었다. 공공종교연구소는 '없음'에 해당하는 29퍼센트의 사람들이 LGBTQ에 대한 부정적인 교리를 들은 적이 있거나, 이들을 부당하게 대우하는 것을 목격한 경험이 있음을 발견했다.[8] 다르게 말하면, 자신이 의지하던 종교를 떠난 20대들 가운데 신이라는 개념을 버린 사람은 많지 않지만, 자신들의 가치를 반영하지 않는 교회, 절, 사원의 일원이 되는 걸 원하지는 않았다는 것이다.

일부 사회학자들은 밀레니얼 세대가 종교를 거부하는 것이 정부부터 결혼, 노동 시장까지 모든 종류의 제도에 대해 믿음을 갖지 않기 때문이라고도 보고 있다. 침체기 이후 노동 시장은 구직 활동을 하던 많은 젊은이들을 실망시켰다.[9] 전체 종교 중 천주교는 가장 큰 신도의 감소세를 겪고 있는 주요 종교 단체이다.[10] 가파른 감소 현상이 나타나는 이유로 천주교가 기독교 종파 중 가장 제도화가 심하기 때문이라는 견해가 있다. 천주교는 엄격한 계층 구분과 전 세계 천주교를 관리하는 바티칸을 기반으로 한 중앙 집권적 구조를 갖추고 있다.

이 견해를 뒷받침해 주는 데이터가 있는데, 특히 분산된 조직을 갖고 있는 종교들의 경우 밀레니얼 세대 신도들이 많이 남아있었다. 소수 민족은 특히나 영적으로 충만한 공동체의 일원이 될 확률이 높다. 이는 부분적으로 이 종교들이 매우 대중친화적인 경향이 있기 때문이다. 흑인 교회들은 상대적으로 젊은 층의 신도 수 감소가 적은 편인데, 흑인 밀레니얼 세대들이 같은 세대의 다른 인종들에 비해 상당히 종교적이기 때문일 것이다. 이들 중에는 스스로에 대해 신앙심이 깊다고 말한 사람들이 64퍼센트나 된다.[11] 힌두교, 이슬람교, 유대교도로 성장한 사람들 중 4분의 3 이상이 어릴 적 믿음을 계속해서 유지하고 있다. 이를 가능하게 한 한 가지 이유는 이런 종교들은 대표가 같은 공동체에서 생활하는 경향이 있고, 매주 종교 집회에 참여하는 사람들의 문제를 잘 해결해주기 때문이다. 또한 소수 민족에게는 종교활동을 할 수 있는 장소가 공동체 내에서 중요한 기능적 역할을 하는데, 사람들은 이곳에 모여 서로 정보를 공유하거나 도움을 주고받기도 한다.

종교 단체를 떠난 20대들은 사회적 유대감을 일부 잃어버리기도 한다. 사회학자들은 신앙을 기반으로 한 공동체들이 붕괴되면 미국 사회가 어떤 타격을 받게 될지 우려하기도 한다. 최근까지 종교는 사람들을 모으는 역할을 했다. 교회, 유대교 예배당, 사원은 친구를 사귀고 필요할 때 도움을 청할 수 있는 안전한 장소가 되어 주었다. 또 이곳에서 연인을 찾기도 했다. (나의 부모님이 바로 이런 경우였다. 두 분은 인종이 다른 부부로 서로 비슷한 문화를 공유하진 않았지만, 함께 교회를 다녔기 때문에 같은 신앙을 지니게 되었다.) 신앙을 바탕으로 한 단체는 출산, 결혼, 장례까지 서로 도우며 전 생애를 함께한다.

대규모로 진행된 수많은 연구는 종교 활동을 하는 사람들은 그렇지 않은 사람들에 비해 심리적 고통을 덜 경험하는 경향이 있고, 개인적 웰빙 수준이 더 높다는 걸 보여주고 있다.[12] 심리학자들은 이 같은 것들은 단순히 신앙심과 관련 있는 것이 아니라, 공동체 중심적인 종교의 본질적 성격 때문일 수 있다고 말한다. 교회에 나가지 않는다는 것은 전반적인 대인관계 축소를 의미하는 것일 수도 있다. 앞서 우정에 관한 장에서 언급한 것처럼 이는 상당히 우려스러운 일이다. 빈약한 사회적 관계가 인간의 건강에 부정적 영향을 끼칠 수 있기 때문이다. 우리가 본 것처럼 밀레니얼 세대와 Z세대는 다른 세대들보다 더 외로움을 탄다. 또 소외감은 수명을 단축시키는데, 이로 인한 사망률은 하루 15개비의 담배를 피우는 것과 같은 수준이다.[13]

종교 단체에서 가르치는 교리를 믿지도 않는데, 무작정 젊은 사람들이 교회, 절, 사원, 유대교 예배당으로 돌아간다고 해서 모든 것이 해결되는 것은 아니다. '없음'에 해당하는 사람들과 진행한 인터뷰에서 연구원들은 교리나 종교적 입장에 불편을 느껴 그 종교를 떠난 사람들은 일반적으로 자신의 결정에 만족하고 있다는 것을 발견했다. 하지만 이들 중 일부는 종교 안에서 맺은 관계에 대해서는 아쉽다고 말했다. 이들은 성가대에서 노래를 부르거나 다른 세대의 친구를 만드는 것에 있어서는 굉장히 즐거웠다고도 답했다. 만약 당신도 이렇게 느낀다면, 본인에게 더 진실하게 다가오는 또 다른 형태의 공동체를 찾아보는 것도 좋을 것이다. 좋은 소식이라면 20대들은 자신들의 가치를 반영하고 믿음에 근접한 공동체를 활발하게 만들고 있다는 점이다.

((새로운 공동체의 등장))

종교를 갖지 않는 대다수의 젊은 사람들은 교회와 닮은꼴의 공동체는 원하지 않는다. 차라리 그럴 바에 이들은 가족과 친구를 만나거나 혹은 취미 활동을 하는 등 자신들의 목적에 부합하는 일에 시간을 쓸 것이다. 종교 집회에 규칙적으로 참여하지 않는 사람들의 37퍼센트는 다른 방식으로 믿음을 실천한다고 말한다. 이는 좀 더 나은 세상을 만드는 데 도움이 되는 직업을 선택하는 것일 수도 있다.[14] 회사들은 이런 공허함을 메우기 위해 노력하고 있다. 밀레니얼 세대를 대상으로 한 브랜드들은 고객들 간의 공동체를 만들기 원하고, 따라서 이와 같은 공동체 형성 작업을 위해 '커뮤니티 담당'을 채용한다. 위워크와 더 윙 같은 공동 사무실 브랜드는 대중에게 같은 가치와 흥미를 공유하는 사람들을 만날 수 있는 장소라고 자신들의 공간을 광고한다. 더 스킴 같은 미디어 브랜드는 개별적으로 페이스북 그룹을 만들고 독자들끼리 만날 수 있는 모임 행사를 갖는다. 소울 사이클과 크로스핏 같은 피트니스 클럽은 함께 운동하는 회원들끼리 친목을 다지길 권장하고 있다.

하지만 어떤 사람들은 이런 기업의 공동체만으로 만족스럽지 않을 수도 있다. 신을 더 이상 믿진 않아도 다른 사람들과 함께 노래하거나 성경을 공부하는 등 교회만의 독특한 활동을 그리워하는 사람들도 있다. 그래서 대안 교회를 만들자는 새로운 운동이 일어나게 된 것이다. 그 예로, 전 세계적으로 나타나는 무신론자 혹은 세속 교회들을 살펴보자. 런던에서 열리는 런던 일요 집회는 '잘 살고, 남을 돕고, 더 궁금해하라'는 모토를 갖고 있다. 2013년 코미디언 샌더슨 존스와 피파 에번스는 자신들이 노래, 영감을 주는 대화, 공동체의 삶으로 가득한 교회 같은 공동체를 찾고 있다는 걸 깨달았다. 하지만 이들은 신에 대한 믿음을 전제하지 않는 교회를 원했고, 다른 사람들도 이런 활동에 관심이 있는지 알아보기 위해 런던에 세속적 교회 모임을 열기로 결심했다. 그러자 이곳저곳에서 이 같은 모임에 관심 있는 사람들이 나타나기 시작했다. 첫 모임에 200명의 사람들이 참여했고, 두 번째 모임에는 300명이 모였다. 일요 집회의 규모는 지금도 빠르게 커지고 있으며, 지금까지 8개국 45개의 지역에서 집회가 열리고 있다.

미국에서도 이와 비슷한 개념들이 생겨나고 있다. 시애틀 무신론자 교회가 바로 그중 하나이다. 이들은 신의 존재는 명백히 부정하면서 무신론의 도덕성, 무신론이 건강에 좋은 이유 등과 같은 주제에 대해 설교한다. 오아시스 네트워크는 주로 기독교 성향이 강한 지역에 위치하고 있으며, '없음'에 해당하는 인도주

의자, 불가지론자, 무신론자, 유신론 회의론자와 같은 사람들에게 교회 같은 모임의 장을 제공한다. 이런 단체들은 교육 강연, 단체 토론, 어린이 프로그램, 단체 식사 등 대부분 종교 집단에서 이루어지는 것과 비슷한 활동들을 실시하고 있다.

비기독교적 전통으로부터 영감을 얻은 세속적 행사들도 있다. 2013년, 뉴욕 사람들은 유대교 안식일 식사를 기반으로 한 소규모 금요 저녁 식사 모임인 팝업 샤밧을 조직하여 사람들이 종교적 교리와 상관없이 중요한 문제들에 대해 토론하며 유대감을 쌓을 수 있는 장을 마련했다. 최초의 모임은 이후 해산되었지만, 여기서 영감을 받은 사람들이 미국 전역과 전 세계에 이와 비슷한 형태의 모임들을 만들어서 진행하고 있다.

또 세속적 문학에 관한 심도 깊은 토론을 원하는 사람이나 딱히 신을 믿지는 않지만 종교서를 연구하는 걸 즐기는 사람들을 위해 온라인상에 공간을 제공하는 단체들도 있다. 예를 들어 주간 팟캐스트 〈해리포터와 신성한 책Harry Potter and the Sacred Text〉에서는 해리포터 시리즈를 종교 교리서처럼 다루고 있다. 두 명의 호스트는 하버드 신학대학원생일 때 팟캐스트를 처음 시작했다. 이들은 청취자들에게 서로 함께 모여서 마치 성경책을 읽을 때처럼 천천히 그리고 집중해서 해리포터 시리즈를 읽도록 권한다. 예를 들어 호그와트의 기숙사를 배정해주는 모자에 관한 부분은 인간이 자신의 운명을 얼마나 통제할 수 있으며, 자신의 선택이 스스로를 어떻게 정의해줄 수 있는지에 대해 토론해볼 기회를 준다.

여전히 신을 믿긴 하지만 어렸을 때 경험한 교회의 단정적, 정치적, 독단적인 모습에 겁을 먹은 밀레니얼 세대들을 위한 새로운 선택지도 있다. 사실 밀레니얼 세대에는 이런 사람들이 굉장히 많은 부분을 차지하고 있다. 종교 활동을 하지 않는 사람들 가운데 겨우 13퍼센트만이 '무신론'을 받아들인다.[15] 밀레니얼 세대의 절반은 절대적 확신을 갖고 신을 믿는다. 또 40퍼센트는 자신들의 삶에서 종교가 중요한 부분을 차지하고 있다고 말한다.[16] (물론 이는 상당한 비율이지만, 나이가 있는 세대에 비하면 적은 비율이다. 베이비붐 세대의 경우에는 59퍼센트, 침묵 세대*는 67퍼센트에 이르고 있기 때문이다.) 또 놀랍게도 '없음'에 해당하는 사람들의 절반 이상이 천국과 지옥의 존재를 믿고 있었다.[17]

매주 종교 행사에 참석하는 밀레니얼 세대는 4분의 1밖에 되지 않지만, 42퍼센트의 밀레니얼 세대는 매일 기도를 한다고 한다.[18] 사실 많은 수의 밀레니얼 세대가 종교 활동을 하진 않지만 여전히 강력한 영적인 힘을 느끼고 있다. 퓨 리서치에 따르

---

*   1920~1940년대에 출생한 세대.

면, 전체 밀레니얼 세대의 절반은 영적 평온과 웰빙을 느끼며 적어도 일주일에 한 번은 이 세계에 대한 신비함을 감지한다고 한다. 또 44퍼센트는 삶의 목적에 대해 생각하는 시간을 갖는다고 말한다.[19] 다시 말해, 젊은 사람들은 교회에 가지는 않지만 영적 충만감을 성취할 방법을 찾고 있다. 이들은 의미 있고 중요한 것은 취하면서, 문제가 된다고 여기는 부분은 배제하고 있다.

밀레니얼 세대의 많은 젊은이들은 단순히 자신의 믿음과 가치를 정확하게 반영하는 교회를 찾지 못하는 것일 뿐, 여전히 종교적 활동을 중요하게 여기고 있다. 나 또한 이런 고민을 계속 해오고 있었다. 나는 정치적으로나 사회적으로 진보 성향이다 보니 보수적인 종파와 종종 갈등을 겪곤 했다. 나의 경우에는 동성 결혼과 낙태 권리를 찬성하는데, 복음주의 기독교인들이 이런 쟁점에 반대하는 설교를 펼칠 때면 듣기가 괴로웠다.[20] 이것은 우리 세대에게서 흔히 나타나는 감정이다. 오늘날 젊은 사람들은 윗세대들에 비해 문화적 다원성을 잘 받아들이고 나와는 다른 행동에 대해서도 포용력을 갖고 있다. 집을 떠난 이후 나는 내게 맞는 곳을 찾아 교회를 여러 번 옮겨 다녔다. 작은 규모의 성공회 교회에 가기도 했고, 방언을 하는 대규모 카리스마파 교회에 가 보기도 했다. 또 화랑에서 모임을 갖고 와인 시음회를 주최하기도 하는 여피족 장로교회와 프라이드 마치나 총기 규제 시위를 조직하는 감리교회에 나가기도 했다.

이렇게 나만의 교회 탐색전을 벌이던 중, 나는 밀레니얼 세대들이 21세기 교회의 역할에 대해 고민하고 있다는 것을 알게 되었다. 2018년 샌프란시스코에 있는 영국 성공회 교회는 '비욘세 예배'라는 이름의 예배를 주관했다. 비욘세를 신격화하는 것이 아니라, 그녀의 삶과 음악을 발판 삼아 영적 쟁점들을 논의하는 곳이었다. 예배는 1,000여 명의 사람들을 하나로 만들어줄 정도로 즐겁고 활기찬 분위기 속에서 이뤄졌다. 앞으로는 더 많은 비욘세 예배가 미국 곳곳에서 열릴 계획이다. 2019년, 공유 공간인 디바인 오피스가 샌타모니카에서 문을 열었다. 이곳에서는 모든 종교의 사람들이 모여 일상 업무를 보며 수도원 같은 분위기 속에서 명상을 즐길 수 있다. 회원들은 기도로 하루 일과를 시작하고 마치며 정오가 되면 15분간 명상을 한다. 이곳의 근본적인 생각은 일과 신앙 모두 신성시되어야 한다는 것이다.

사람들을 매주 모이게 할 대안적 교회를 만들기 위한 노력들도 있었다. 이런 새로운 형태의 교회 중 많은 곳들이 주류 종교의 모습에 실망한 20대들에 의해 생겨났다. 잭 케르치의 경우를 한번 보자. 텍사스에서 자란 그는 하버드 신학대학원에 진학했다. 2014년, 스물다섯 살의 나이에 그는 매사추세츠에 위치한 그래프턴이라는 작은 마을에서 사람들이 원하는 바를 잘 반영하는 교회를 시작하기로 결심했다. 단순한 교회라고 칭한 그의 교회는 건물이 없고, 일요일 아침에 모임을 갖지도 않는다. 대신 유기농 농장에서 일을 하고 그 대가로 채소를 받는다. 또 매주 목요일이 되면 누군가의 집이나 혹은 빌린 장소에서 이 재료들을 가지고 대규모 저녁 식사를 준비한다. 이 식사는 모두에게 개방되어 있으며, 또한 그는 LGBTQ 사람들도 환영한다는 것을 분명하게 밝힌다. 보통 서른 명 정도가 식사에 참여하는데, 이중에는 기독교인도 있지만 대화와 공동체를 즐기기 위해 오는 사람들도 있다.

미네소타의 미니애폴리스에는 새로운 개념의 교회가 있다. 뉴시티 교회라고 불리는 이곳은 2015년 스물여섯 살이던 타일러 싯에 의해 만들어졌다. 에모리대학교 신학대학을 다니던 그는 기독교와 많은 밀레니얼 세대가 관심을 갖는 환경주의를 섞은 교회를 생각해냈다. 그는 기독교인들은 지구가 신의 창조물이라고 믿기 때문에 신앙심과 지구를 대하는 태도에 서로 밀접한 관계가 있다고 주장한다. 그래서 지구를 보호하는 것이 곧 신앙생활을 하는 것이며, 지구에 해를 가하는 것은 죄가 된다. 뉴시티 교회는 사회 정의에 헌신하며 기후 변화와 환경오염이 빈곤에 불균형한 영향을 미친다고 믿는다. 교회는 주변 이웃에 있는 텃밭들을 조직화해서 거기서 나는 신선한 식품들을 공동체의 필요한 사람들에게 제공하고 있다.

((다시 신앙을 생각하다))

벤과 나는 굉장히 다른 배경을 갖고 있다. 나는 개종한 기독교 집안 출신이었고 그는 대대손손 무신론자 집안의 사람이다. 따라서 우리 가족은 우리만의 기독교 전통을 만드느라 바빴고, 그의 가족은 세속적 삶에 충실했다. 나에게는 어렸을 때 엄마와 막 베어 낸 크리스마스트리를 집으로 옮기고, 크리스마스이브가 되면 따가운 스모킹 원피스를 입고 촛불 예배를 가던 기억이 있다. 반면에 벤의 가족은 집안 어디에도 종교적 상징물을 두는 걸 원치 않았다. 크리스마스트리나 하누카 메노라(촛대) 대신, 이들은 피아노 아래에 선물을 놓았다.

벤과 나는 뉴욕에 있는 헝가리안 페이스트리 숍의 작은 테이블에 앉아 첫 데이트를 즐겼다. 우리는 서로 편하게 이야기를 주고받았다. 그러다가 가족에 대해 이야기하면서 서로의 다른 모습에 흥미를 느끼게 되었다. 나는 하느님의 존재를 의심하는 것뿐만 아니라 확신에 차서 신 같은 건 없다고 믿는 그의 모습에 호기심을 갖게 되었다. 벤은 종종 예배가 어떻게 진행되는지 보기 위해 나와 같이 교회에 가기도 했다. 예배를 마친 후, 우리는 몇 시간이고 설교에 대해서 이야기를 나눴다.

종교적 차이가 우리에게 문제가 되기 시작한 것은 이후 몇 년 지나지 않아서였다. 우리 관계가 진지해지기 시작하면서 우리는 함께 가족을 꾸리면 어떤 모습일지 상상하게 되었는데, 아이를 키우는 방식에 대해 차이가 있었다. 나는 아이에게 내가 어렸을 때 경험했던 모든 종교적 전통과 실천을 알려주고 싶었지만 벤 은 나의 이런 생각을 마음에 들어 하지 않았다. 나는 우리의 신 앙적 차이가 상상 속 우리 아이에게 어떤 영향을 미칠지 걱정이 됐다. 아이가 혼란스러워하진 않을까? 이런 차이가 가정의 불화 를 야기하진 않을까? 하지만 20대 중반에 들어서면서 이런 건 아무 상관없는 문제가 되었다. 당시 우리는 이 외에도 너무나 많 은 다른 문제들을 겪었고, 결국 헤어지기까지 했으니 말이다. 하 지만 그 대화들로 인해 우리는 믿음이란 것이 가정의 테두리에 들어오면 또 다른 새로운 의미를 갖게 될 수도 있다는 것을 분 명히 알게 되었다.

신앙과 문화 연구 싱크탱크인 바나 그룹은 부모들 중 절반은 아이가 생기면 종교에 대해 다시 생각하게 된다는 것을 발견했 다.[21] 부모 중 약 6분의 1이 아이를 가진 후 오랫동안 참석하지 않 았던 교회 집회에 다시 발걸음을 하게 되었다고 답했다. 또 5분의 1은 원래도 종교 활동에 적극적이었는데 아이가 생기면서 더욱더 활발하게 참여하게 되었다고 말했다. 부모들의 4퍼센트는 아이가 생기면서 교회 활동이 줄어들었다고 했다. 하지만 5퍼센트의 부모들은 아이를 낳는 경험을 통해 완전히 새로운 믿음을 경험하게 되었다고 말한다.

죽음을 마주하는 것 역시 종교관으로부터 영향을 받는다. 심리학자 아브라함 마슬로는 비극과 정신적 충격은 인간에게 있어 가장 중요한 학습 경험이라고 한다. 이를 통해 우리는 삶이 때로는 제어할 수 없는 방향으로 흐르고 불안정하다는 걸 배운다. 대부분의 사람들처럼 벤과 나는 나의 아버지가 돌아가시면서 20대 때 처음 죽음에 대해 경험했다. 벤은 나와 헤어진 동안에도 나의 아버지와 가깝게 지냈다. 그는 아버지가 심장 수술 도중 예기치 않게 돌아가시던 그 날 나의 곁에 있어 줬다. 그는 며칠 동안 슬픔에 빠져 있는 나와 엄마를 위로했다. 그 순간은 우리로 하여금 믿음이란 것에 대해 생각하게 만들었다. 나에게는 믿음이 깊어지는 시간이었고, 벤에게는 전에 겪어본 적 없는 믿음이란 것에 마음이 열리는 계기가 되었다.

벤은 20대 때 새로운 종교를 발견해서 성년기까지 그걸 이어가는 얼마 안 되는 사람 중 하나가 되었다. 많은 사람들이 기독교를 떠나고 있는 것은 사실이다. 미국인의 19.2퍼센트가 교회를 떠난 반면, 기독교 집안에서 자라지 않은 미국인의 4.2퍼센트는 기독교로 개종을 하고 2.6퍼센트는 유대교, 이슬람교, 불교, 힌두교 같은 종교로 개종을 한다.[22]

새로운 종교를 갖게 되면 우리의 정체성부터 가족의 전통을 만들기 위해 시간을 보내는 방법까지 모든 것들에 대해 새로운 관점을 갖게 된다. 벤은 20대 때 세상을 조용히 관찰했고, 이런 변화를 몇 년에 걸쳐 천천히 받아들였다. 우리가 결혼했을 당시 우리 두 사람은 종교에 관한 한 대체로 같은 페이지 상에 있었다. 그리하여 엘라는 감리교 교회에서 세례를 받을 수 있었다. 세례식에는 다양한 종교를 가진 친구들과 가족들이 참석했다. 벤의 유대인 이모는 큰 밀짚모자를 쓰고 오셨고, 나의 힌두교 학자 친구는 인도로 가기 전에 잠시 들렀다. 또 말레이시아의 작은 교회에서 나의 부모님을 처음 만났던 침례교 선교사는 세례식에 참석하기 위해 사우스캐롤라이나에서부터 날아왔는데, 이로써 우리 가족의 이야기는 그 시작과 끝이 같아졌다.

((영적 위기를 지나서))

믿음의 단계에 관한 제임스 파울러의 이론에 따르면, 사람들은 살면서 특히 20대 때 믿음을 잃는다고 한다. 종교적이든 세속적이든 어떤 믿음으로 자랐든지 간에 사람들은 자신이 세상에 대해 아는 모든 진실을 거부하는 순간을 맞는다는 것이다. 문제는 그 다음에 어떤 일이 일어나느냐이다. 보통 여기에는 세 가지의 길이 있다. 다시는 돌아오지 않는 사람도 있고, 완전히 새로운 종교를 찾는 사람도 있다. 또 어떤 사람은 믿음을 잃었다가 되찾기도 한다. 마지막에 해당하는 사람이 얼마나 되는지는 정확하게 알기 어렵다. 설문 조사에 의하면 밀레니얼 세대의 절반 이상이 어릴 적 종교를 갖고 있었다고 하지만, 많은 수의 사람들이 종교 집회에 참석하지 않고 어떤 방식으로든 의미 있게 신앙 활동을 하지 않는다는 여러 증거가 있다. 어떤 경우가 되었든 밀레니얼 세대에서 종교를 가진 사람들의 비율이 줄어들고 있는 건 분명하다.

연구에 따르면 성인기에 독실한 신앙생활을 하는 사람들은 아동기와 청소년기에는 더욱 종교적이었던 경우가 많다고 한다. 퓨 리서치는 평생 기독교인으로 산 사람들이 자신의 신앙을 버린 사람들보다 13세에서 18세 사이에 강한 믿음을 가졌을 확률이 높다는 것을 발견했다.[23] 가족의 형태 역시 영향이 있다. 공공종교연구소에서 실시한 연구는 안정적인 가정에서는 자녀에게 종교를 물려줄 확률이 높은 반면, 이혼 가정의 자녀들은 '없음'에 해당하는 사람들로 성장할 가능성이 높다는 걸 보여주고 있다.[24] 정기적으로 종교 집회에 참석하는 부모들은 자녀들에게 자신의 믿음을 물려줄 가능성이 많다. 나는 많은 부부들이 이러한 점을 알고 있기에 아이를 갖겠다고 결심한 후부터 그들에게 종교가 중요한 쟁점이 되는 것이라고 생각한다.

나의 삶은 데이터와 매우 비슷하게 진행되었다. 나는 10대를 보내는 동안 종교에 흥미가 있었다. 고등학생 때 저녁 식탁에서 이루어진 가족 간의 대화는 종종 나와 아버지의 열띤 종교 논쟁으로 번지기도 했다. 우리는 위대한 신은 어째서 인간으로 하여금 세상에서 고난을 겪도록 놔두는지, 혹은 특정 성경 구절에 대한 각자의 해석에 의문을 던지곤 했다. 나는 나의 부모님이 나를 위해 형성한 믿음에 영향을 받은 게 분명했다. 나는 성경책을 읽고 매일 기도문을 쓰시는 아버지의 모습을 보며 자랐다. 아버지가 돌아가셨을 때, 우리는 아버지가 평생 기록한 하느님과의 대화가 담긴 막대한 양의 일지를 발견했다.

하지만 집을 떠난 후 나의 모든 종교적 믿음이 지속적으로 흔들린 것 또한 사실이었다. 사실 나의 부모님은 내가 그와 같은 과정을 겪길 바라고 계셨다. 내가 대학에 진학할 때 부모님은 기독교 학교로 진학하지 않도록 이끄셨다. 아버지는 종교적 거품에 둘러싸여 있는 것보다는 세속적이고 무신론적인 관점을 포함한 여러 방법으로 세상을 배우고 이해하며 거기에 공감하는 것이 내게 더 가치 있는 것이라고 여기셨다. 또 아버지는 만일 나의 믿음이 학문에 의해 흔들린다면, 그것은 처음부터 믿음이 단단하지 않았기 때문이라고 생각하셨다.

컬럼비아대학교 1학년 때, 나는 플라톤부터 니체까지 여러 사상가들의 업적을 읽을 수 있는 그레이트북스 목록에 신이 나 있었다. 나는 세계 종교에 관한 수업들을 찾아 들었고, 특히 바가바드기타, 토라, 코란을 흥미롭게 읽었다. 나는 종교 수업에서 대표적인 기독교인이었는데, 신을 믿으면서도 이성적인 사고를 가진 사람이 될 수 있다는 것을 보여주기 위해 끊임없이 노력했다. 또한 성경의 페미니즘적인 해석을 제시하기도 했고, 기독교인들이 문화 전쟁뿐 아니라 사회 정의를 위한 운동에도 최전방에 나서고 있음을 보여줬다. 하지만 나는 함께 수업을 듣는 친구들에게 이런 것들을 설득할 필요가 없었다. 결국 나 스스로를 설득하려는 것이었다.

나는 나보다 훨씬 보수적인 교내 기독교인들과 지속적으로 언쟁을 벌이기도 했다. 그리하여 동성 권리 지지와 성적 규범 반대를 신학적으로 뒷받침할 만한 내용을 찾기 위해 성경책을 읽고 또 읽어 댔다. 나는 기독교인 모임에서 다수의 사람들과 너무 자주 충돌한 나머지, 결국엔 지쳐서 모임 자체를 나가지 않게 되었다. 단순히 말다툼을 피하기 위해 교회를 아예 안 나가던 시기도 있었다. 하지만 결국 나는 항상 되돌아갔다. 교회 예배석에 앉아서 조용히 명상을 하는 게 너무도 그리웠기 때문이다.

20대 때 겪은 여러 소동들처럼, 나의 영적 위기도 내가 진정으로 무엇을 믿으며 원하는 것이 무엇인지 알아가는 데 도움이 되었다. 많은 교회들을 다녀 보면서 나는 나와 같은 진보적 정치 성향을 가진 교회들을 발견하기도 했다. 나는 현재 프라이드 퍼레이드에 참석하고 불법 이민자들에게 안전한 피난처가 되어주는 교회 공동체의 일원이 되었다. 30대에 들어서면서 종교는 내 삶에서 평화와 활기를 주는 부분이 되었다. 오늘날 벤과 나는 깊이 생각해볼 수 있는 설교로 우리를 자극해 주는 교회에 정착하게 되었다. 거기에는 마침 좋은 탁아소도 있어서 엘라가 그곳에 안전하게 있는 동안 우리는 설교에만 집중할 수 있었다. 마침내 집에 온 것 같은 기분이 들었다.

이제 우리는 자녀의 인생에 종교를 어떠한 방법으로 소개할지에 대해 고민하고 있다. 나는 우리 가족이 내게 했던 그 방식을 따르려고 한다. 엘라를 위해 바른 신앙을 형성하고, 아이에게 종교에 대해 배우고 질문할 기회를 많이 주며, 스스로 자신의 믿음에 대해 생각해볼 공간을 허용하는 것이다.

하지만 엘라는 아직 세 살이다. 지금 엘라에게 있어 주요 신학적 관심사는 이탈리아 휴가 때 사준 성탄절 세트의 작은 목각 인형들이다. 크리스마스 전 몇 주 동안 엘라는 가장 먼저 동방박사, 그다음에는 양치기 그리고 천사를 하나씩 꺼내며 즐거워했다. 엘라는 알 수 없는 이유로 당나귀에게 '보'라는 이름을 지어줬다. 그리고 양과 낙타는 이름도 없이 박스 속에 놔두었다. 그런데 엘라는 곤란한 듯한 목소리로 내게 무언가 잘못되었다고 말했다. 엘라의 크리스마스 이야기 그림책에는 아기 예수가 잠자고 있는 구유 옆에서 고양이가 놀고 있다. 성탄절 세트를 뒤졌지만 고양이는 어디에도 없었다.

"엄마, 고양이는 어디에 있어요?"

엘라는 화가 나서 물었다.

"고양이가 없어요."

나는 엘라가 자라면서 점점 더 복잡한 영적인 질문들을 할 것이라고 생각한다. 그때가 되면 부디 내가 깊이 있고 만족스러운 답을 줄 수 있길 바란다. 하지만 지금 당장은 작은 목각 고양이를 찾아줘야 한다.

삶은 언제나 전진한다, 새로운 반전과 함께

   여느 때와 다를 바 없는 평범한 수요일 밤이다. 조금 전 우리는 구운 닭과 쿠스쿠스*로 저녁을 해결했다. 벤이 설거지를 하는 동안 나는 엘라를 재웠다.

   2년 전보다 엘라를 재우는 게 훨씬 수월해졌다. 엘라가 혼자 이를 닦을 만큼 큰 탓도 있겠지만, 나도 육아에 익숙해졌다. 오늘 밤 나는 엘라에게 공룡 이야기를 읽어줬다. 그리고 우리는 루스 베이더 긴스버그에 관한 그림책의 페이지들을 들춰 봤다. 나

---

*   couscous, 밀가루를 손으로 비벼 만든 좁쌀 모양의 알갱이 또는 여기에 고기나 채소 스튜를 곁들여 먹는 요리.

는 엘라의 말에 따라 침대 가장자리에 있는 동물 인형들의 자리를 몇 번이고 바꿔야 했다. 토끼 옆에는 강아지, 그리고 코끼리 인형 틸리 이렇게 말이다. 엘라는 너무 캄캄하면 무서울 수 있으니까 핑크색 전등을 손이 닿는 곳에 두라고 말했다. 나는 엘라에게 잘 자라며 뽀뽀를 해준 뒤 불을 껐다. 그리고 아래층으로 내려와 벤과 함께 소파에 앉았다.

어떤 면에서 보면 우리의 삶은 30대에 들어선 이후 크게 변하지 않았다. 혼돈은 줄어들었고 반복적인 일들은 늘어났다. 동시에 끊임없이 변해 가고 있었다. 예를 들면 우리는 전과 다른 집에 있는 다른 소파에 앉아 있다. 지난 2년 동안 우리는 보스턴에서 플로리다로 그리고 다시 보스턴으로 옮겨 다녔다. 우리는 세 군데의 집에서 살았고, 새로운 이웃들을 만났으며, 다양한 선거구에서 투표를 하기도 했다. 나는 피트니스 센터 마니아가 되어가는 내 모습에 스스로 놀랐다. 나의 친구인 테라는 나와 주말을 보내기 위해 얼마 후 텔러해시에서 이곳으로 날아올 예정이다.

삶은 언제나 전진한다. 우리를 앞으로 이끌던 소란스러운 그 시기의 기세는 20대가 지나고 나면 한풀 꺾이게 된다. 하지만 아직 우리에게는 써야 할 이야기가 많이 남아 있다. 새롭게 관계를 맺고, 그 관계를 돈독히 다지기도 해야 하며, 직업적으로 또 다른 목표들을 성취해야 한다. 또 내면의 새로운 모습들을 탐색하기도 하고, 새로운 흥미를 발견하게 될 것이다. 그리고 새로운 사람들도 만나게 될 것이다. 나는 여전히 안나푸르나 등정을 꿈꾼다. 그 때문에 어쩌면 여름에 야생 훈련을 받을지도 모르겠다.

우리는 선조들이 꿈꿔왔던 것보다 인생을 제어할 수 있는 힘이 훨씬 강하다. 평생 학교를 다녀본 적이 없었던 나의 할머니는 할아버지와 정략결혼을 하셨다. 할머니는 여섯 명이나 되는 아이들을 낳으셨는데, 늘 사랑이 넘치고 삶에 긍정적인 분이셨다. 할머니는 분명 행복한 인생을 사셨을 테지만, 그건 거의 할머니를 위해 짜인 각본이었다.

나의 현실은 그렇지 않다. 현재 우리는 자신의 이야기를 쓸 수 있다. 우리는 소울메이트와 사랑에 빠져 결혼할 수 있고, 열정을 좇으며 그걸 만족시킬 수 있는 일과 여가활동을 탐색할 수 있다. 우리는 평생 함께할 가족의 모습을 꿈꾸고 그대로 실현할 수도 있다. 궁극적으로 20대에 해야 할 일은 모든 반짝이는 가능성과 함께 나 자신을 만드는 데 가장 의미 있는 첫 걸음을 떼는 것이다. 엄청난 양의 선택지에 신이 나기도 하지만, 때로는 숨이 막힐 수도 있다. 기회를 낭비하거나 가능성의 문을 닫아 버리고 실수를 하지는 않을까 걱정될 수 있다. 하지만 이 시기는 모든 게 옳고 그름으로 판가름 나는 게 아니다. 성공과 실패, 진전과 후퇴도 아니다. 이 시기는 자아감이 형성되는 때이다. 그러니 자기 자신에게 스스로 바라는 삶의 모습을 생각해볼 공간과 시간을 주자.

그리고 마지막으로 한 가지 더 명심할 것이 있다면, 20대가 지난 후에도 계속해서 자신의 이야기를 다듬도록 하자. 20대 때 내린 결정들은 중요한 시작점이 될 수 있지만, 살아가는 동안 우리는 이야기에 새로운 캐릭터와 놀라운 반전을 집어넣을 수 있고, 계속해서 새로운 모습의 나를 만들어 갈 수도 있다.

자, 이제 책을 내려놓고 세상으로 나아가 자기만의 인생작을 만들어보자.

감사의 말

벤, 당신은 나에게 이 세상 그 자체야. 내게 이런 삶을 가능하게 해주고 이 책이 나올 수 있도록 도와줘서 고마워. 내가 새로운 커리어를 찾아 나설 때 당신은 라멘 가게에서 나와 함께 브레인스토밍을 해줬지. 또 데이터도 찾아주고 몇 번이고 퇴고를 도우며 내가 글을 쓸 수 있게 엘라를 봐주기도 했잖아. 당신은 항상 내가 무엇이든 그 이상을 해낼 수 있을 거라고 믿어줬고, 내 꿈을 실현시킬 수 있도록 모든 걸 해줬어. 열여덟 살 때 내가 당신 방문을 두드린 건 정말이지 너무도 잘한 일인 것 같아. 우리가 함께 만든 이 멋진 인생을 봐!

엘라, 너는 내 인생에 있어 가장 큰 선물이란다. 나의 세상은 너로 인해 웃음과 즐거움으로 가득 찼거든. 또 너는 더 멋진 내가 되도록 항상 자극을 준단다. 이 책에 담긴 수많은 이야기는 너로부터 영감을 받은 거야. 앞으로 우리가 함께 헤쳐 나갈 모험이 너무 기대돼.

엄마, 저에게 글을 쓰는 재능을 물려주시고 작가로서의 삶에 대한 모범을 보여주셔서 감사해요. 엄마가 온힘을 다해 끊임없이 글을 쓰고, 멋진 인생 경험들을 이야기로 엮어 내시는 모습을 보면 정말 행복해요. 아버지도 미국에서 엄마가 일궈 낸 삶을 보셨다면 행복해하셨을 거예요. 그리고 엄마가 수상하신 것을 무척 자랑스러워하셨을 거예요.

책을 펴내는 일에 대해서 생각도 해본 적 없던 내게 먼저 연락을 준 나의 에이전트이자 친구 앤드루 스튜어트가 없었다면 이 책은 세상에 나오지 못했을 거야. 나를 그리고 내 생각들을 믿어주고, 날 대신해 끝까지 최선을 다해 싸워줘서 고마워요. 또 겁에 질린 내 메일에 일일이 답해주고 즉각 전화해주며 변함없이 다정한 응원을 보내줘서 정말 고마워. 앞으로도 뉴욕에 있는 카페에서 오랫동안 당신과 수다 떨 수 있기를 기대하고 있을게.

이 책이 나오기까지 도움을 준 하퍼콜린스, 특히 한나 로빈슨, 헤일리 스완슨, 세라 램버트, 에밀리 반데르베르켄, 리디아 위버, 엘리나 코헨에게 감사의 인사를 드립니다.

　　나의 공동체의 사랑과 지지가 없었다면 이 책을 완성하지 못했을 거예요. 초고를 읽고 세세한 피드백과 의견들을 남겨준 조이스 응, 스티브 드라이, 케이티 칼론, 케시 헤스, 테라 가드너, 피오나 헤이먼, 고마워요. 이 책을 믿어 주고 입소문도 내준 나의 강인한 여성 동지들 에이드리안 라이트, 릴런드 드러먼드, 살리 크리스티슨, 콜린 플린에게 고맙다고 말하고 싶어요. 그리고 작업 기간 용기를 북돋워 주고 회사 생활에 너무도 많은 긍정을 불어넣어 준 패스트 컴퍼니의 모든 에디터들, 특히 케이트 데이비스, 수잔 라바르, 켈시 캠벨-돌로한에게 감사의 인사를 전합니다.

주

프롤로그

1   The poet Mary Oliver famously asked the question in her poem "The Summer Day."

1장

1   "Millennial Careers: 2020 Vision," ManpowerGroup, 2016, https://manpowergroup.us/campaigns/manpower/millennial-careers/pdf/MPG_NA Millennials2020VisionWhitPr5_20_16.pdf.

2   Brandon Rigoni and Amy Adkins, "What Millennials Want from a New Job," Harvard Business Review, May 11, 2016, https://hbr.org/2016/05/what-millennials-want-from-a-new-job.

3   Nina McQueen, "Workplace Culture Trends: The Key to Hiring (and Keeping) Top Talent in 2018," LinkedIn Official Blog, June 26, 2018, https://blog.linkedin.com/2018/june/26/workplace-culture-trends-the-key-to-hiring-and-keeping-top-talent.

4   Rigoni and Adkins, "What Millennials Want from a New Job."

5   "Millennials in the Workplace: Does Father Still Know Best?," LinkedIn, September 18, 2013, https://www.slideshare.net/PGi/millennials-in-t.

6   Ibid.

7   Derek Thompson, "Workism Is Making Americans Miserable,"The Atlantic, February 24, 2019, https://www.theatlantic.com/ideas/archive/2019/02/religion-workism-making-americans-miserable/583441.

8   Juliana Menasce Horowitz and Nikki Graf, "Most U.S. Teens See Anxiety, Depression as a Major Problem among Their Peers," Pew Research Center, February 20, 2019, https://www.pewsocialtrends.org/2019/02/20/most-u-s-teens-see-anxiety-and-depression-as-a-major-problem-among-their-peers/.

9   Amy Adkins, "Millennials: The Job-Hopping Generation," Gallup, May 12, 2016, https://www.gallup.com/workplace/231587/millennials-job-hopping-generation.aspx.

10 Sarah Berger, "Most Workers Leave Paid Vacation Time Unused, a Bankrate Survey Finds," Bankrate, December 19, 2016, https://www.bankrate.com/finance/consumer-index/money-pulse-1216.aspx.

11 "Under-Vacationed America: A State-by-State Look at Time Off," U.S. Travel Association, August 8, 2018, https://www.ustravel.org/research/under-vacationed-america-state-state-look-time.

12 Anne Helen Petersen, "How Millennials Became the Burnout Generation," BuzzFeed News, January 5, 2019, https://www.buzzfeednews.com/article/annehelenpetersen/millennials-burnout-generation-debt-work.

13 Steve Jobs, "'You've Got to Find What You Love,' Jobs Says," Stanford News, June 14, 2005, https://news.stanford.edu/2005/06/14/jobs-061505/.

14 "2018 Workforce Mindset Study," Alight, December 4, 2018, https://ideas.alight.com/workforce-mindset/2018-workforce-mindset-study.

15 "How Millennials Want to Work and Live," Gallup, May 2016, https://www.gallup.com/workplace/238073/millennials-work-live.aspx.

16 Norman B. Anderson, Cynthia D. Belar, Steven J. Breckler, et al., "Stress in America: Paying with Our Health," American Psychological Association, February 4, 2015, https://www.apa.org/news/press/releases/stress/2014/stress-report.pdf.

17 Amy Westervelt, "Happy Employees Are Healthier (and Cheaper)," The Guardian, June 18, 2014, https://www.theguardian.com/sustainable-business/2014/jun/18/happy-employees-are-healthier-and-cheaper.

18 Benjamin Todd, "We Reviewed Over 60 Studies about What Makes for a Dream Job. Here's What We Found," 80,000 Hours, April 2017, https://80000hours.org/career-guide/job-satisfaction/.

19 "Number of Jobs Held, Labor Market Activity, and Earnings Growth Among the Youngest Baby Boomers: Results from a Longitudinal Survey Summary," Bureau of Labor Statistics, August 24, 2017, http://web.archive.org/web/20170829000339/https://www.bls.gov/news.release/nlsoy.nr0.htm.

20 "How Millennials Want to Work and Live."

21 Nathan Hellman, "4 Essential Questions Everyone Should Ask about Job Hopping," U.S. News & World Report, May 2, 2016, https://money.usnews.com/careers/articles/2016-05-02/4-essential-questions-everyone-should-ask-about-job-hopping.

22 Ibid.

23 Ibid.

24 Kelly Steenackers and Marie-Anne Guerry, "Determinants of Job-Hopping: An Empirical Study in Belgium," International Journal of Manpower 37, no. 3 (2016): 494–10.

25 Bruce Fallick, Charles A. Fleischman, and James B. Rebitzer, "Job-Hopping in Silicon Valley: Some Evidence Concerning the Microfoundations of a High-Technology Cluster," Review of Economics and Statistics 88, no. 3 (February 2006): 472–1.

26 Shujaat Farooq, "Mismatch Between Education and Occupation: A Case Study of Pakistani Graduates," The Pakistan Development Review, December 2011, 531–2.

27 Douglas C. Maynard, Todd Allen Joseph, and Amanda M. Maynard, "Underemployment, Job Attitudes, and Turnover Intentions," Journal of Organizational Behavior 27, no. 4 (June 2006): 509–6.

28 Frances M. McKee-Ryan and Jaron Harvey, "'I Have a Job, but . . .':A Review of Underemployment," Journal of Management 37, no. 4 (2011): 962–6.

29 Stephen Rubb, "Overeducation: A Short or Long Run Phenomenon for Individuals?," Economics of Education Review 22, no. 4 (August 2003): 389–4.

30 McKee-Ryan and Harvey, "'I Have a Job, but . . .' "

31 David Dooley, Joann Prause, and Kathleen A. Ham-Rowbottom, "Underemployment and Depression: Longitudinal Relationships," Journal of Health and Social Behavior 41, no. 4 (December 2000):421–6.

32 McKee-Ryan and Harvey, "'I Have a Job, but . . .'"

33 "Freelancing in America 2018," Upwork, October 31, 2018, https://www.upwork.com/i/freelancing-in-america.

34 Ibid.

35 Ibid.

36 Ibid.

37 Ibid.

38 Kelly Monahan, Tiffany Schleeter, and Jeff Schwartz, "Decoding Millennials in the Gig Economy: Six Trends to Watch in Alternative Work," Deloitte, May 1, 2018, https://www2.deloitte.com/insights/us/en/focus/technology-and-the-future-of-work/millennials-in-the-gig-economy.html.

39 Ibid.

40 "Freelancing in America 2018."

41 Ibid.

42 Hironao Okahana and Enyu Zhou, "Graduate Enrollment and Degrees: 2007 to 2017," Council of Graduate Schools, October 2018, https://cgsnet.org/ckfinder/userfiles/files/CGS_GED17_Report.pdf.

43 Jordan Weissmann, "How Many Ph.D.s Actually Get to Become College Professors?," The Atlantic, February 23, 2013, https://www.theatlantic.com/business/archive/2013/02/how-many-phds-actually-get-to-become-college-professors/273434/.

44 Laura McKenna, "The Ever-Tightening Job Market for Ph.D.s," The Atlantic, April 21, 2016, https://www.theatlantic.com/education/archive/2016/04/bad-job-market-phds/479205/.

45 Sandy Baum and Patricia Steele, "Who Goes to Graduate School and Who Succeeds?," Urban Institute, April 6, 2017, https://www.ssrn.com/abstract2898458.

46 America Counts Staff, "Number of People with Master's and Doctoral Degrees Doubles Since 2000," United States Census Bureau, February 21,

2019, https://www.census.gov/library/stories/2019/02/number-of-people-with-masters-and-phd-degrees-double-since-2000.html.

47 Baum and Steele, "Who Goes to Graduate School and Who Succeeds?"

48 Laura Pappano, "The Master's as the New Bachelor's," New York Times, July 22, 2011, https://www.nytimes.com/2011/07/24/education/edlife/edl-24masters-t.html.

49 "How America Pays for Graduate School," Sallie Mae, 2017, https://www.salliemae.com/assets/Research/HAPGS/HAPGRAD_SchoolReport.pdf.

50 "Cumulative Debt: Undergraduate Degree Recipients," College Board, 2018 https://research.collegeboard.org/pdf/01469-061-trends-saf15f16f17.pdf.

51 "Data on Certifications and Licenses," Bureau of Labor Statistics, January 18, 2019, https://www.bls.gov/cps/certifications-and-licenses.htm.

52 Jennifer Gonzalez, "Certificates Rise to 22% of Postsecondary Credentials Awarded, Report Says," The Chronicle of Higher Education, June 6, 2012, https://www.chronicle.com/article/Certificates-Rise-to-22-of/132143.

53 Baum and Steele, "Who Goes to Graduate School and Who Succeeds?"

54 Zac Auter, "Few MBA, Law Grads Say Their Degree Prepared Them Well," Gallup, February 16, 2018, https://news.gallup.com/poll/227039/few-mba-law-grads-say-degree-prepared.aspx.

55 Baum and Steele, "Who Goes to Graduate School and Who Succeeds?"

56 "Class of 2011 National Summary Report," National Association for Law Placement, 2012, https://www.nalp.org/uploads/NatlSumm Chart_Classof2011.pdf.

57 Ilana Kowarski, "Find MBAs That Lead to Employment, High Salaries," U.S. News & World Report, March 13, 2019, https://www.usnews.com/education/best-graduate-schools/top-business-schools/articles/mba-salary-jobs.

2장

1 Steven M. Gelber, Hobbies: Leisure and the Culture of Work in America (New

York: Columbia University Press, 1999).

2   Seppo E. Iso-Ahola, "Basic Dimensions of Definitions of Leisure," Journal of Leisure Research 11, no. 1 (1979): 28–9; Michael J. Manfredo, B. L. Driver, and Michael A. Tarrant, "Measuring Leisure Motivation: A Meta-Analysis of the Recreation Experience Preference Scales," Journal of Leisure Research 28, no. 3 (1996): 188–13, https://www.nrpa.org/globalassets/journals/jlr/1996/volume-28/jlr-volume-28-number-3-pp-188-213.pdf; Sherry L. Dupuis and Bryan J. A. Smale, "An Examination of Relationship between Psychological Well-Being and Depression and Leisure Activity Participation Among Older Adults," Loisir et Societe/Society and Leisure 18, no. 1 (1995): 67–2; M. Powell Lawton, "Personality and Affective Correlates of Leisure Activity Participation by Older People," Journal of Leisure Research 26, no. 2 (1994): 138–7; K. L. Siegenthaler and Jacquelyn Vaughan, "Older Women in Retirement Communities: Perceptions of Recreation and Leisure," Leisure Sciences 20, no. 1 (1998): 53–6.

3   Matthew J. Zawadzki, Joshua M. Smyth, and Heather J. Costigan, "Real-Time Associations between Engaging in Leisure and Daily Health and Well-Being," Annals of Behavioral Medicine 49, no. 4 (August 2015): 605–5.

4   Anne Pilon, "Hobbies Survey: Most Have Made Hobby Related Purchases," AYTM, January 12, 2016, https://aytm.com/blog/hobbies-survey/.

5   "American Time Use Survey—016 Microdata Files," Bureau of Labor Statistics, July 20, 2017, https://www.bls.gov/tus/datafiles_2016.htm.

6   Neda Agahi, Kozma Ahacic, and Marti G. Parker, "Continuity of Leisure Participation From Middle Age to Old Age," The Journals of Gerontology, Series B 61, no. 6 (November 2006): S340–6.

7   See, e.g., Robert C. Atchley, "A Continuity Theory of Normal Aging," The Gerontologist 29, no. 2 (April 1989): 183–0, https://academic .oup.com/gerontologist/article-abstract/29/2/183/581908?redirected From=fulltext.

8   Larissa Faw, "Mobile Internet Usage Reaches 800 Hours a Year," MediaPost Agency Daily, June 10, 2019, https://www.mediapost.com/publications/article/336807/mobile-internet-usage-reaches-800-hours-a-year.html.

9   Ibid.

10 Mark Aguiar and Erik Hurst, "Measuring Trends in Leisure: The Allocation of Time over Five Decades," The Quarterly Journal of Economics 122, no. 3 (August 2007): 969–006.

11 Andrew Van Dam and Eric Morath, "Changing Times," The Wall Street Journal, June 24, 2016, https://graphics.wsj.com/time-use/.

12 Michael Bittman and Judy Wajcman, "The Rush Hour: The Character of Leisure Time and Gender Equity," Social Forces 79, no. 1 (September 2000): 165–9.

13 Jose Ignacio Gimenez-Nadal and Almudena Sevilla-Sanz, "The Time-Crunch Paradox," Social Indicators Research 102, no. 2 (June 2011): 181–6.

14 Almudena Sevilla, Jose I. Gimenez-Nadal, and Jonathan Gershuny, "Leisure Inequality in the United States: 1965–003," Demography 49, no. 3 (2012): 939–4.

15 Derek Thompson, "Workism Is Making Americans Miserable," The Atlantic, February 24, 2019, https://www.theatlantic.com/ideas/archive/2019/02/religion-workism-making-americans-miserable/583441.

16 Denise C. Park, Jennifer Lodi-Smith, Linda Drew, et al., "The Impact of Sustained Engagement on Cognitive Function in Older Adults: The Synapse Project," Psychological Science 25, no. 1 (2014): 103–12, https://www.ncbi.nlm.nih.gov/pmc/articles/PMC4154531/.

17 Valorie N. Salimpoor, Mitchel Benovoy, Kevin Larcher, et al., "Anatomically Distinct Dopamine Release During Anticipation and Experience of Peak Emotion to Music," Nature Neuroscience 14, no. 2 (February 2011): 257–2.

3장

1 Carl J. Caspersen, Mark A. Pereira, and Katy M. Curran, "Changes in Physical Activity Patterns in the United States, by Sex and Cross-sectional Age," Medicine & Science in Sports & Exercise 32, no. 9 (September 2000): 1601–9.

2 "The Health of Millennials," BlueCross BlueShield, April 24, 2019, https://

www.bcbs.com/the-health-of-america/reports/the-health-of-millennials.

3   Katie Heaney, "So What Really Happens to Your Metabolism After 30?," New York, August 20, 2018, https://www.thecut.com/2018/08/how-much-does-metabolism-drop-after-age-30.html.

4   Shichun Du, Tamim Raijo, Sylvia Santosa, and Michael D. Jensen, "The Thermic Effect of Food Is Reduced in Older Adults," Hormone and Metabolic Research 46, no. 5 (May 2014): 365–9.

5   Sharon A. Simpson, Christine Shaw, and Rachel McNamara, "What Is the Most Effective Way to Maintain Weight Loss in Adults?," The British Medical Journal 343 (2011): d8042.

6   Victoria A. Catenacci, Lorraine G. Ogden, Jennifer Stuht, et al., "Physical Activity Patterns in the National Weight Control Registry," Obesity 16, no. 1 (January 2008): 153–1, https://onlinelibrary.wiley.com/doi/pdf/10.1038/oby.2007.6.

7   Rena R. Wing, "Physical Activity in the Treatment of the Adulthood Overweight and Obesity: Current Evidence and Research Issues," Medicine & Science in Sports & Exercise 31, no. 11 (November 1999): S547–2.

8   Amudha S. Poobalan, Lorna S. Aucott, Amanda Clarke, and William Cairns S. Smith, "Diet Behaviour among Young People in Transition to Adulthood (18–5 Year Olds): A Mixed Method Study," Health Psychology & Behavioral Medicine 2, no. 1 (2014): 909–8, http://citeseerx.ist.psu.edu/viewdoc/download?doi=10.1.1.790.9085&rep=rep1&type=pdf.

9   Lukas Schwingshackl, Sofia Dias, and Georg Hoffmann, "Impact of Long-Term Lifestyle Programmes on Weight Loss and Cardiovascular Risk Factors in Overweight/Obese Participants: A Systematic Review and Network Meta-analysis," Systematic Reviews 3, no. 1 (2014): 130.

10 Ralph S. Paffenbarger, Robert Hyde, Alvin L. Wing, and Chungcheng Hsieh, "Physical Activity, All-Cause Mortality, and Longevity of College Alumni," The New England Journal of Medicine 314, no. 10 (March 6, 1986): 605–3.

11 Caspersen, Pereira, and Curran, "Changes in Physical Activity Patterns in the United States."

12 Ibid.

13 Shawn C. Sorenson, Russell Romano, Stanley P. Azen, et al., "Life Span Exercise among Elite Intercollegiate Student Athletes," Sports Health 7, no. 1 (January 2015): 80–6, https://doi.org/10.1177/1941738114534813.

14 Ibid.

15 "The Health of Millennials."

16 Vivian Giang, "What It Takes to Change Your Brain's Patterns after Age 25," Fast Company, April 28, 2015, https://www.fastcompany.com/3045424/what-it-takes-to-change-your-brains-patterns-after-age-25.

17 Bruno Dubuc, The Brain from Top to Bottom, "Plasticity in Neural Networks," May 2012, https://thebrain.mcgill.ca/flash/d/d_07/d_7_cl/d_07_cl_tra/d_07_cl_tra.html.

18 Giang, "What It Takes To Change Your Brain's Patterns after Age 25."

19 Ibid.

20 Charles Duhigg, "How to Form Healthy Habits in Your 20s," New York Times, October 18, 2016, https://www.nytimes.com/2016/10/19/well/mind/how-to-form-healthy-habits-in-your-20s.html.

21 Ibid.

22 John Donvan, "The 'Power' to Trade Naughty Habits for Nice Ones," Talk of the Nation, National Public Radio, December 24, 2012, https://www.npr.org/2012/12/24/167977418/the-power-to-trade-naughty-habits-for-nice-ones.

4장

1 A. W. Geiger and Gretchen Livingston, "8 Facts About Love and Marriage in America," Pew Research Center, February 13, 2019, https://www.pewresearch.org/fact-tank/2019/02/13/8-facts-about-love-and-marriage/.

2 Ibid.

3 Meg Murphy, "NowUKnow: Why Millennials Refuse to Get Married," Bentley University, https://www.bentley.edu/news/nowuknow-why-millennials-refuse-get-married.

4   "Historical Marital Status Tables," United States Census Bureau, November 2018, https://www.census.gov/data/tables/time-series/demo/families/marital.html.

5   Roni Caryn Rabin, "Put a Ring on It? Millennial Couples Are in No Hurry," New York Times, May 29, 2018, https://www.nytimes.com/2018/05/29/well/mind/millennials-love-marriage-sex-relationships-dating.html.

6   Stephanie Coontz, Marriage, a History: How Love Conquered Marriage(New York: Penguin, 2006), 15.

7   Ibid., 19

8   William M. Kephart, "Some Correlates of Romantic Love," Journal of Marriage and Family 29, no. 3 (August 1967): 470–4, https://doi.org/10.2307/349585.

9   "Table A-1. Employment Status of the Civilian Population by Sex and Age," Bureau of Labor Statistics, https://www.bls.gov/news.release/empsit.t01.htm.

10 Mark DeWolf, "12 Stats About Working Women," U.S. Department of Labor Blog, March 1, 2017, https://blog.dol.gov/2017/03/01/12-stats-about-working-women.

11 "Most Want a Partner like Them," Monmouth University Polling Institute, February 9, 2017, https://www.monmouth.edu/polling-institute/reports/monmouthpoll_us_020917/.

12 Philip N. Cohen, "The Coming Divorce Decline," Socius, August 28, 2019,https://journals.sagepub.com/doi/full/10.1177/2378023119873497

13 Geiger and Livingston, "8 Facts About Love and Marriage in America."

14 Wendy Wang and Kim Parker, "Record Share of Americans Have Never Married," Pew Research Center, September 24, 2014, https://www.pewsocialtrends.org/2014/09/24/record-share-of-americans-have-never-married/.

15 Benjamin Gurrentz, "For Young Adults, Cohabitation Is Up, Marriage Is Down," United States Census Bureau, November 15, 2018, https://www.census.gov/library/stories/2018/11/cohabitaiton-is-up-marriage-is-down-for-young-adults.html.

16 A Survey of LGBT Americans: Attitudes, Experiences and Values in Changing Times, Pew Research Center, June 13, 2013, https://www. pewsocialtrends.org/wp-content/uploads/sites/3/2013/06/SDT_LGBT-Americans_06-2013.pdf, chap. 4.

17 Ibid.

18 Seth Williams, "Child Poverty in the United States, 2010," NCFMR Family Profiles, National Center for Family & Marriage Research, 2012, http:// www.bgsu.edu/content/dam/BGSU/college-of-arts-and-sciences/NCFMR/ documents/FP/FP-12-17.pdf.

19 William Bradford Wilcox, "Why Marriage Matters, Third Edition: Thirty Conclusions from the Social Sciences," Institute for American Values, 2011, https://irp-cdn.multiscreensite.com/64484987/files/uploaded/Why-Marriage-Matters-Third-Edition-FINAL.pdf.

20 A Survey of LGBT Americans, chap. 4.

21 Allison Linn, "Why Married People Tend to Be Wealthier: It's Complicated," Today, February 13, 2013, http://www.today.com/money/why-married-people-tend-be-wealthier-its-complicated-1C8364877.

22 Linda J. Waite and Maggie Gallagher, The Case for Marriage: Why Married People Are Happier, Healthier, and Better Off Financially(New York: Penguin Random House, 2001).

23 Robert H. Shmerling, "The Health Advantages of Marriage," Harvard Health Blog, November 30, 2016, https://www.health.harvard.edu/blog/the-health-advantages-of-marriage-2016113010667.

24 Ibid.

25 Wang and Parker, "Record Share of Americans Have Never Married."

26 "Most Want a Partner like Them."

27 Ibid.

28 Shanhong Luo and Eva C. Klohnen, "Assortative Mating and Marital Quality in Newlyweds: A Couple-Centered Approach," Journal of Personality and Social Psychology 88, no. 2 (2005): 304–6, https://www.apa.org/pubs/ journals/releases/psp-882304.pdf.

29 A. Tognetti, C. Berticat, M. Raymond, and C. Faurie, "Assortative Mating

Based on Cooperativeness and Generosity," Journal of Evolutionary Biology 27, no. 5 (2014): 975–1, https://doi.org/10.1111/jeb.12346.

30 Sofus Attila Macskassy and Lada Adamic, "From Classmates to Soulmates," Facebook, October 7, 2013, https://www.facebook.com/notes/facebook-data-science/from-classmates-to-soulmates/10151779448773859.

31 Reuben J. Thomas, "Online Exogamy Reconsidered: Estimating the Internet's Effects on Racial, Educational, Religious, Political and Age Assortative Mating," Social Forces, May 24, 2019, https://academic.oup.com/sf/advance-article/doi/10.1093/sf/soz060/5498124.

32 Luo and Klohnen, "Assortative Mating and Marital Quality in Newlyweds."

33 "Most Want a Partner like Them."

34 Mikhila N. Humbad, M. Brent Donnellan, William G. Iacono, et al., "Is Spousal Similarity for Personality a Matter of Convergence or Selection?," Personality and Individual Differences 49, no. 7 (November 2010): 827–0, https://www.ncbi.nlm.nih.gov/pmc/articles/PMC2992433/.

35 Michael Rosenfeld, Reuben J. Thomas, and Sonia Hausen, "Disintermediating Your Friends: How Dating in the United States Displaces Other Ways of Meeting," Proceedings of the National Academy of Sciences of the United States of America 116, no. 36 (September 3, 2019): 17753–8.

36 Helen Fisher and Justin R. Garcia, "Singles in America," Match.com, https://www.singlesinamerica.com/.

37 Michael J. Rosenfeld, Reuben J. Thomas, and Maja Falcon, "How Couples Meet and Stay Together (HCMST), Wave 1 2009, Wave 2 2010, Wave 3 2011, Wave 4 2013, Wave 5 2015, United States: Version 8," ICPSR, 2011, https://www.icpsr.umich.edu/icpsrweb/ICPSR/studies/30103/version/8.

38 Christine R. Schwartz and Robert D. Mare, "Trends in Educational Assortative Marriage from 1940 to 2003," Demography 42, no. 4 (November 2005): 621–6.

39 Ken-Hou Lin and Jennifer Lundquist, "Mate Selection in Cyberspace:The Intersection of Race, Gender, and Education," American Journal of Sociology 119, no. 1 (July 2013): 183–15.

40 Shauna B. Wilson, William D. McIntosh, and Salvatore P. Insana II, "Dating

Across Race: An Examination of African American Internet Personal Advertisements," Journal of Black Studies 37, no. 6 (July 2007): 964–2.

41 Andrew T. Fiore and Judith S. Donath, "Homophily in Online Dating: When Do You Like Someone Like Yourself?," in CHI EA '05 Extended Abstracts on Human Factors in Computing Systems (New York: ACM, 2005), 1371–4.

42 Ashton Anderson, Sharad Goel, Gregory Huber, et al., "Political Ideology and Racial Preferences in Online Dating," Sociological Science 1 (February 18, 2014): 28–0, https://www.sociologicalscience.com/download/volume%201/february_/Political%20Ideological%20and%20Racial%20Preferences%20in%20Online%20Dating.pdf.

43 Michael J. Rosenfeld, "Racial, Educational and Religious Endogamy in the United States: A Comparative Historical Perspective," Social Forces 87, no. 1 (2008): 1–2, https://web.stanford.edu/~mrosenfe/Rosenfeld_Endogamy_Comparative_Perspective.pdf.

44 Elizabeth E. Bruch and M. E. J. Newman, "Aspirational Pursuit of Mates in Online Dating Markets," Science Advances 4, no. 8 (August 2018): eaap9815.

45 Aziz Ansari, Modern Romance: (New York: Penguin, 2015), 147.

46 Gurrentz, "For Young Adults, Cohabitation Is Up, Marriage Is Down."

47 Quoctrung Bui and Claire Cain Miller, "The Age That Women Have Babies: How a Gap Divides America," New York Times, August 4, 2018, https://www.nytimes.com/interactive/2018/08/04/upshot/up-birth-age-gap.html.

48 Nicholas H. Wolfinger, "Replicating the Goldilocks Theory of Marriage and Divorce," Institute for Family Studies, July 20, 2015, https://ifstudies.org/blog/replicating-the-goldilocks-theory-of-marriage-and-divorce.

49 Nicholas H. Wolfinger, "Want to Avoid Divorce? Wait to Get Married, but Not Too Long," Institute for Family Studies, July 16, 2015, https://ifstudies.org/blog/want-to-avoid-divorce-wait-to-get-married-but-not-too-long.

50 Caroline Lester, "Marriage: 'A Luxury Good'" WGBH News, June 6, 2016, https://www.wgbh.org/news/2016/06/06/innovation-hub-podcast/marriage-luxury-good.

51 David T. Ellwood and Christopher Jencks, "The Spread of Single-Parent

Families in the United States Since 1960," in The Future of the Family, ed. Daniel Patrick Moynihan, Timothy Smeeding, and Lee Rainwater (New York: Russell Sage Foundation, 2004), 25–5.

52   Francine D. Blau and Anne E. Winkler, "Women, Work, and Family," in The Oxford Handbook of Women and the Economy, ed. Susan L. Averett, Laura M. Argys, and Saul D. Hoffman (Oxford University Press, 2018), 395–24.

53   Fisher and Garcia, "Singles in America."

54   Victor Tan Chen, "All Hollowed Out: The Lonely Poverty of America's White Working Class," The Atlantic, January 16, 2016, https://www.theatlantic.com/business/archive/2016/01/white-working-class-poverty/424341/.

55   Kim Parker and Renee Stepler, "Americans See Men as the Financial Providers, Even as Women's Contributions Grow," Pew Research Center, September 20, 2017, https://www.pewresearch.org/fact-tank/2017/09/20/americans-see-men-as-the-financial-providers-even-as-womens-contributions-grow/.

56   David Autor, David Dorn, and Gordon Hanson, "When Work Disappears: Manufacturing Decline and the Falling Marriage Market Value of Young Men," American Economic Review: Insights 1, no. 7 (September 2019): 161–8.

57   Lester, "Marriage."

58   Casey E. Copen, Kimberly Daniels, Jonathan Vespa, and William D. Mosher, "First Marriages in the United States: Data from the 2006–010 National Survey of Family Growth," U.S. Department of Health and Human Services, March 22, 2012, https://www.cdc.gov/nchs/data/nhsr/nhsr049.pdf.

59   Wendy Wang, "Early Marriage Has Fallen, Especially among Those without a College Degree," Institute for Family Studies, March 16, 2018, https://ifstudies.org/blog/early-marriage-has-fallen-especially-among-those-without-a-college-degree.

60   Claire Cain Miller and Quoctrung Bui, "Equality in Marriages Grows, and So Does Class Divide," New York Times, February 27, 2016, https://www.nytimes.com/2016/02/23/upshot/rise-in-marriages-of-equals-and-in-division-by-class.html.

61   Claire Cain Miller, "Single Motherhood, in Decline over All, Rises for

Women 35 and Older," New York Times, May 8, 2015, https://www.nytimes.com/2015/05/09/upshot/out-of-wedlock-births-are-falling-except-among-older-women.html.

62 Lester, "Marriage."

5장

1 Claire Cain Miller, "The U.S. Fertility Rate Is Down, Yet More Women Are Mothers," New York Times, January 18, 2018, https://www.nytimes.com/2018/01/18/upshot/the-us-fertility-rate-is-down-yet-more-women-are-mothers.html.

2 Sarah R. Hayford, "The Evolution of Fertility Expectations over the Life Course," Demography 46, no. 4 (November 2009): 765–3, https://link.springer.com/article/10.1353%2Fdem.0.0073.

3 Kristen Bialik, "Middle Children Have Become Rarer, but a Growing Share of Americans Now Say Three or More Kids Are 'Ideal,'" Pew Research Center, August 9, 3018, https://www.pewresearch.org/fact-tank/2018/08/09/middle-children-have-become-rarer-but-a-growing-share-of-americans-now-say-three-or-more-kids-are-ideal/.

4 Claire Cain Miller, "Americans Are Having Fewer Babies. They Told Us Why," New York Times, July 5, 2018, https://www.nytimes .com/2018/07/05/upshot/americans-are-having-fewer-babies-they-told-us-why.html.

5 Nan Marie Astone, Steven Martin, and H. Elizabeth Peters, "Millennial Childbearing and the Recession," Urban Institute, April 2015, https://www.urban.org/sites/default/files/publication/49796/2000203-Millennial-Childbearing-and-the-Recession.pdf.

6 "The Cost of Having a Baby in the United States; Executive Summary," Truven Health Analytics, January 2013, http://transform .childbirthconnection.org/wp-content/uploads/2013/01/Cost-of-Having-a-Baby-Executive-Summary.pdf.

7 Mark Lino, "The Cost of Raising a Child," U.S. Department of Agriculture,

January 13, 2017, https://www.usda.gov/media/blog/2017/01/13/cost-raising-child.

8 Miller, "Americans Are Having Fewer Babies."

9 Thomas Hansen, "Parenthood and Happiness: A Review of Folk Theories versus Empirical Evidence," Social Indicators Research 108, no. 1 (August 2012): 29–4, https://link.springer.com/article/10.1007%2Fs11205-011-9865-y.

10 Jean M. Twenge, W. Keith Campbell, and Craig A. Foster, "Parenthood and Marital Satisfaction: A Meta-analytic Review," Journal of Marriage and Family 65, no. 3 (August 2003): 574–3.

11 Jennifer Senior, All Joy and No Fun: The Paradox of Modern Parenthood(New York: Ecco, 2014).

12 Gretchen Livingston, "For Most Highly Educated Women, Motherhood Doesn't Start Until the 30s," Pew Research Center, January 2015, https://www.pewresearch.org/fact-tank/2015/01/15/for-most-highly-educated-women-motherhood-doesnt-start-until-the-30s/.

13 Lino, "The Cost of Raising a Child."

14 "Miscarriage," March of Dimes, 2019, https://www.marchofdimes.org/complications/miscarriage.aspx.

15 Kim Parker, "Women More than Men Adjust Their Careers for Family Life," Pew Research Center, October 1, 2015, https://www.pewresearch.org/fact-tank/2015/10/01/women-more-than-men-adjust-their-careers-for-family-life/.

16 "Married Parents' Use of Time Summary," Bureau of Labor Statistics, May 8, 2008, https://www.bls.gov/news.release/atus2.nr0.htm.

17 YoonKyung Chung, Barbara Downs, Danielle H. Sandler, and Robert Sienkiewicz, "The Parental Gender Earnings Gap in the United States," Center for Economic Studies, United States Census Bureau, January 2017, https://www2.census.gov/ces/wp/2017/CES-WP-17-68.pdf.

18 Shelley J. Correll, Stephen Benard, and In Paik, "Getting a Job: Is There a Motherhood Penalty?," American Journal of Sociology 112, no. 5 (March 2007): 1297–339.

19 Claire Cain Miller, "The 10-Year Baby Window That Is the Key to the

Women's Pay Gap," New York Times, April 9, 2018, https://www.nytimes.com/2018/04/09/upshot/the-10-year-baby-window-that-is-the-key-to-the-womens-pay-gap.html.

20   "Down Syndrome," National Down Syndrome Society, 2019, https://www.ndss.org/about-down-syndrome/down-syndrome/.

21   David B. Dunson, Bernardo Colombo, and Donna D. Baird, "Changes with Age in the Level and Duration of Fertility in the Menstrual Cycle," Human Reproduction 17, no. 5 (May 2002): 1399–403, https://academic.oup.com/humrep/article/17/5/1399/845579.

22   Reeta Lampinen, Katri Vehvilainen-Julkunen, and Paivi Kankkunen, "A Review of Pregnancy in Women Over 35 Years of Age," The Open Nursing Journal 3 (2009): 33–8, https://www.ncbi.nlm.nih.gov/pmc/articles/PMC2729989/.

23   "Infertility," Office on Women's Health, https://www.womenshealth.gov/a-z-topics/infertility.

24   Heather Murphy, "Lots of Successful Women Are Freezing Their Eggs. But It May Not Be About Their Careers," New York Times, July 3, 2018, https://www.nytimes.com/2018/07/03/health/freezing-eggs-women.html.

25   "Fertility Treatment 2014–016: Trends and Figures," Human Fertilisation and Embryology Authority, March 2018, https://www.hfea .gov.uk/media/2563/hfea-fertility-trends-and-figures-2017-v2.pdf.

26   R. H. Goldman, C. Racowsky, L. V. Farland, et al. "Predicting the Likelihood of Live Birth for Elective Oocyte Cryopreservation: A Counseling Tool for Physicians and Patients," Human Reproduction 32, no. 4 (2017): 853–9.

27   Debarun Majumdar, "Choosing Childlessness: Intentions of Voluntary Childlessness in the United States," Michigan Sociological Review 18 (Fall 2004): 108–5.

28   Miller, "Americans Are Having Fewer Babies."

29   Majumdar, "Choosing Childlessness."

30   Ibid.

31   Miller, "Americans Are Having Fewer Babies."

32   Robin Hadley and Terry Hanley, "Involuntarily Childless Men and the

Desire for Fatherhood," Journal of Reproductive and Infant Psychology 29, no. 1 (February 2011): 56–8.

33 Ibid.

34 Jeffrey M. Jones, "In U.S., 10.2% of LGBT Adults Now Married to Same-Sex Spouse," Gallup, June 22, 2017, https://news.gallup.com/poll/212702/lgbt-adults-married-sex-spouse.aspx.

35 Ibid.

36 "LGBTQ Family Fact Sheet," Family Equality Council, August 2017, https://www2.census.gov/cac/nac/meetings/2017-11/LGBTQfamilies-factsheet.pdf.

37 Gary J. Gates, "LGBT Parenting in the United States," The Williams Institute, February 2013, http://williamsinstitute.law.ucla.edu/wp-content/uploads/LGBT-Parenting.pdf.

38 Sarah Jennings, Laura Mellish, Fiona Tasker, et al., "Why Adoption? Gay, Lesbian, and Heterosexual Adoptive Parents' Reproductive Experiences and Reasons for Adoption," Adoption Quarterly 17, no. 3 (2014): 205–6, https://www.tandfonline.com/doi/abs/10.1080/10926755.2014.891549.

39 L. Blake, N. Carone, E. Raffanello, et al., "Gay Fathers' Motivations for and Feelings about Surrogacy as a Path to Parenthood," Human Reproduction 32, no. 4 (April 2017): 860–7, https://academic.oup.com/humrep/article/32/4/860/3041131.

40 "Gestational Surrogacy Law Across the United States," Creative Family Connections, 2016, https://www.creativefamilyconnections .com/us-surrogacy-law-map/married-same-sex-couples/.

41 "Using a Surrogate Mother: What You Need to Know," WebMD, https://www.webmd.com/infertility-and-reproduction/guide/using-surrogate-mother.

42 Leslie Morgan Steiner, The Baby Chase: How Surrogacy Is Transforming the American Family (New York: Macmillan, 2013).

43 Ibid.

1   Julianne Holt-Lunstad, Timothy B. Smith, and J. Bradley Layton, "Social Relationships and Mortality Risk: A Meta-Analytic Review," PLOS Medicine July 27, 2010, https://journals.plos.org/plosmedicine /article?id=10.1371/ journal.pmed.1000316.

2   "Cigna U.S. Loneliness Index," Cigna, May 2018, https://www.multivu. com/players/English/8294451-cigna-us-loneliness-survey/docs/IndexRepo rt_1524069371598-173525450.pdf.

3   Julie Beck, "How Friendships Change in Adulthood," The Atlantic, October 22, 2015, https://www.theatlantic.com/health/archive/2015/10/how-friendships-change-over-time-in-adulthood/411466/.

4   Beverley Fehr, "Friendship Formation," in Handbook of Relationship Initiation, ed. Susan Sprecher, Amy Wenzel, and John Harvey (New York: Taylor & Francis, 2008), 29–4.

5   Ibid.

6   Ibid.

7   Jeffrey A. Hall, "How Many Hours Does It Take to Make a Friend?," Journal of Social and Personal Relationships 36, no. 4 (April 1, 2019): 1278–6, https:// journals.sagepub.com/doi/full/10.1177/0265407518761225.

8   See Beck, "How Friendships Change in Adulthood." This article summarizes the academic data on circles of friends.

9   Linton C. Freeman and Claire R. Thompson, "Estimating Acquaintanceship Volume," in The Small World, ed. Manfred Kochen (Norwood, NJ: Ablex Publishing Corporation, 1989), 147–8.

10 Russell A. Hill and Robin Ian MacDonald Dunbar, "Social Network Size in Humans," Human Nature 14, no. 1 (March 2003): 53–2.

11 Thomas A. DiPrete, Andrew Gelman, Tyler McCormick, et al., "Segregation in Social Networks Based on Acquaintanceship and Trust," American Journal of Sociology 116, no. 4 (January 2011): 1234–3.

12 Miller McPherson, Lynn Smith-Lovin, and Matthew E. Brashears, "Social Isolation in America: Changes in Core Discussion Networks over Two

Decades," American Sociological Review 71, no. 3 (June 1, 2006): 353–5.

13 Henrik Lindberg, "Five Ways to Spend a Thursday," Medium, April 30, 2017, https://towardsdatascience.com/five-ways-to-spend-a-thursday-34432f9ee93e.

14 Kunal Bhattacharya, Asim Ghosh, Daniel Monsivais, et al., "Sex Differences in Social Focus across the Life Cycle in Humans," Royal Society Open Science 3, no. 4 (April 2016), https://royalsocietypublishing.org/doi/10.1098/rsos.160097.

15 Fatih Karahan and Darius Li, "What Caused the Decline in Interstate Migration in the United States?," Federal Reserve Bank of New York, October 17, 2016, https://libertystreeteconomics.newyorkfed.org/2016/10/what-caused-the-decline-in-interstate-migration-in-the-united-states.html.

16 Michael Bailey, Ruiqing Cao, Theresa Kuchler, and Johannes Stroebel, "The Economic Effects of Social Networks: Evidence from the Housing Market," Journal of Political Economy 126, no. 6 (December 2018):2224–6.

17 Rebecca G. Adams, "Emotional Closeness and Physical Distance between Friends: Implications for Elderly Women Living in Age-Segregated and Age-Integrated Settings," The International Journal of Aging and Human Development 22, no. 1 (January 1, 1986):55–6.

18 Laura L. Carstensen, Bulent Turan, Susanne Scheibe, et al., "Emotional Experience Improves with Age: Evidence Based on over 10 Years of Experience Sampling," Psychology and Aging 26, no. 1 (March 2011): 21–3, https://www.ncbi.nlm.nih.gov/pmc/articles/PMC3332527/.

19 "Cigna U.S. Loneliness Index."

20 Josie S. Milligan-Saville, Leona Tan, Aimee Gayed, et al., "Workplace Mental Health Training for Managers and Its Effect on Sick Leave in Employees: A Cluster Randomised Controlled Trial," The Lancet Psychiatry 4, no. 11 (November 1, 2017): 850–8, https://www.thelancet.com/journals/lanpsy/article/PIIS2215-0366(17)30372-3/fulltext.

21 Arthur C. Brooks, "How Loneliness Is Tearing America Apart," New York Times, November 23, 2018, https://www.nytimes.com/2018/11/23/opinion/loneliness-political-polarization.html.

22   Julianne Holt-Lunstad, Timothy B. Smith, Mark Baker, et al., "Loneliness and Social Isolation as Risk Factors for Mortality: A Meta-analytic Review," Perspectives on Psychological Science 10, no. 2 (March 2015): 227–7.

23   Ibid.

24   "Beyond Happiness: Thriving," AARP, June 4, 2012, https://www.aarp.org/content/dam/aarp/research/surveys_statistics/general/2012/Beyond-Happiness-Thriving-AARP.pdf.

25   William J. Chopik, "Associations Among Relational Values, Support, Health, and Well-Being Across the Adult Lifespan," Personal Relationships 24, no. 2 (2017): 408–2.

26   Mark S. Granovetter, "The Strength of Weak Ties," American Journal of Sociology 78, no. 6 (May 1973): 1360–0, https://www.cs.cmu.edu/~jure/pub/papers/granovetter73ties.pdf.

27   Gillian M. Sandstrom and Elizabeth W. Dunn, "Social Interactions and Well-Being: The Surprising Power of Weak Ties," Personality and Social Psychology Bulletin 40, no. 7 (July 1, 2014): 910–2.

28   Juliet Ruth Helen Wakefield, Fabio Sani, Vishnu Madhok, et al., "The Relationship Between Group Identification and Satisfaction with Life in a Cross-Cultural Community Sample," Journal of Happiness Studies 18, no. 3 (June 2017): 785–07, https://link.springer.com/article/10.1007/s10902-016-9735-z.

29   Sylvia A. Morelli, Desmond C. Ong, Rucha Makati, et al., "Empathy and Well-Being Correlate with Centrality in Different Social Networks," Proceedings of the National Academy of Sciences of the United States of America 114, no. 37 (September 12, 2017): 9843–47, https://www.pnas.org/content/114/37/9843.

30   Karen D. Ersche, Tsen-Vei Lim, Laetitia H. E. Ward, et al., "Creature of Habit: A Self-Report Measure of Habitual Routines and Automatic Tendencies in Everyday Life," Personality and Individual Differences 116 (October 2017): 73–5, https://www.ncbi.nlm.nih.gov/pmc/articles/PMC5473478/.

31   Alex Williams, "Why Is It Hard to Make Friends over 30?," New York Times,

July 13, 2012, https://www.nytimes.com/2012/07/15/fashion/the-challenge-of-making-friends-as-an-adult.html.

32 Brene Brown, "The Power of Vulnerability," TED, June 2010, https://www.ted.com/talks/brene_brown_on_vulnerability/transcript.

7장

1 Marilyn Berger, "Suharto, Ex-Dictator of Indonesia, Dead at 86," New York Times, January 27, 2008, https://www.nytimes.com/2008/01/27/world/asia/27iht-suharto.1.9521658.html.

2 R. J. Reinhart, "Global Warming Age Gap: Younger Americans Most Worried," Gallup, May 11, 2018, https://news.gallup.com/poll/234314/global-warming-age-gap-younger-americans-worried.aspx.

3 Nick Davis, "Millennials Are More Likely to Oppose Racism," Data for Progress, January 29, 2019, https://www.dataforprogress.org/blog/2019/1/29/unpacking-millennials-racial-attitudes.

4 David Brancaccio and Janet Nguyen, "Where Millennials Stand on Immigration," Marketplace, National Public Radio, February 5,2018, https://www.marketplace.org/2018/02/05/where-millennials-stand-immigration/.

5 Richard Fry, "Millennials Approach Baby Boomers as America's Largest Generation in the Electorate," Pew Research Center, April 3, 2018, https://www.pewresearch.org/fact-tank/2018/04/03/millennials-approach-baby-boomers-as-largest-generation-in-u-s-electorate/.

6 Thom File, "Voting in America: A Look at the 2016 Presidential Election," United States Census Bureau, May 10, 2017, https://www.census.gov/newsroom/blogs/random-samplings/2017/05/voting_in_america.html.

7 Jordan Misra, "Behind the 2018 U.S. Midterm Election Turnout," United States Census Bureau, April 23, 2019, https://www.census.gov/library/stories/2019/04/behind-2018-united-states-midterm-election-turnout.html.

8 Kim Parker, Nikki Graf, and Ruth Igielnik, "Generation Z Looks a Lot like Millennials on Key Social and Political Issues," Pew Research Center,

January 17, 2019, https://www.pewsocialtrends.org/2019/01/17/generation-z-looks-a-lot-like-millennials-on-key-social-and-political-issues/.

9   Shiva Maniam and Samantha Smith, "A Wider Partisan and Ideological Gap between Younger, Older Generations," Pew Research Center, March 20, 2017, https://www.pewresearch.org/fact-tank/2017/03/20/a-wider-partisan-and-ideological-gap-between-younger-older-generations/.

10 "For Most Trump Voters, 'Very Warm' Feelings for Him Endured," Pew Research Center, August 9, 2018, https://www.people-press.org/2018/08/09/for-most-trump-voters-very-warm-feelings-for-him-endured/.

11 Markus Prior, "News vs. Entertainment: How Increasing Media Choice Widens Gaps in Political Knowledge and Turnout," American Journal of Political Science 49, no. 3 (2005): 577–2, https://onlinelibrary.wiley.com/doi/abs/10.1111/j.1540-5907.2005.00143.x.

12 Donald P. Green, Bradley Palmquist, and Eric Schickler, Partisan Hearts and Minds: Political Parties and the Social Identities of Voters (New Haven, CT: Yale University Press, 2004).

13 Ibid., chap. 3.

14 Marc Meredith, "Persistence in Political Participation," Quarterly Journal of Political Science 4, no. 3 (October 2009): 187–09.

15 Leonardo Bursztyn, Davide Cantoni, David Y. Yang, et al., "Persistent Political Engagement: Social Interactions and the Dynamics of Protest Movements," working paper June 2019, https://home.uchicago.edu/bursztyn/Persistent_Political_Engagement_July2019.pdf.

16 John B. Holbein and D. Sunshine Hillygus, "Making Young Voters: The Impact of Preregistration on Youth Turnout," American Journal of Political Science 60, no. 2 (April 2016): 364–2.

17 Ibid., 365.

18 Benjamin Highton and Raymond E. Wolfinger, "The First Seven Years of the Political Life Cycle," American Journal of Political Science 45, no. 1 (January 2001): 202–9.

19 John M. Strate, Charles J. Parrish, Charles D. Elder, and Coit Ford, "Life Span Civic Development and Voting Participation," The American Political

Science Review 83, no. 2 (June 1989): 443–4.

20 "Current Population Survey Data for Social, Economic, and Health Research," IPUMS-CPS, 2018, https://cps.ipums.org.

21 "Are Millennials the Screwed Generation?," Daily Beast, April 24, 2017, https://www.thedailybeast.com/videos/2012/07/16/are-millennials-the-screwed-generation.

22 Alan S. Gerber and Donald P. Green, "The Effects of Canvassing, Telephone Calls, and Direct Mail on Voter Turnout: A Field Experiment," American Political Science Review 94, no. 3 (September 2000): 653–3.

23 Alan S. Gerber, Donald P. Green, and Christopher W. Larimer, "Social Pressure and Voter Turnout: Evidence from a Large-Scale Field Experiment," American Political Science Review 102, no. 1 (February 2008): 33–8, https://isps.yale.edu/sites/default/files/publication/2012/12/ISPS08-001.pdf.

24 David W. Nickerson, "Hunting the Elusive Young Voter," Journal of Political Marketing 5, no. 3 (2006): 47–9.

25 Ibid.

26 Davide Cantoni, David Y. Yang, Noam Yuchtman, and Y. Jane Zhang, "Protests as Strategic Games: Experimental Evidence from Hong Kong's Antiauthoritarian Movement," The Quarterly Journal of Economics 134, no. 2 (May 2019): 1021–7, https://academic.oup.com/qje/article/134/2/1021/5298503.

27 Gwyneth H. McClendon, "Social Esteem and Participation in Contentious Politics: A Field Experiment at an LGBT Pride Rally," American Journal of Political Science 58, no. 2 (April 2014): 279–0.

8장

1 Michael Lipka, "Millennials Increasingly Are Driving Growth of 'Nones,'" Pew Research Center, May 12, 2015, https://www.pewresearch.org/fact-tank/2015/05/12/millennials-increasingly-are-driving-growth-of-nones/.

2 "Faith in Flux," Pew Research Center, April 27, 2009, https://www.

pewforum.org/2009/04/27/faith-in-flux/.

3   Michael Lipka, "A Closer Look at America's Rapidly Growing Religious 'Nones,'" Pew Research Center, May 13, 2015, https://www.pewresearch.org/fact-tank/2015/05/13/a-closer-look-at-americas-rapidly-growing-religious-nones/.

4   James W. Fowler, Stages of Faith: The Psychology of Human Development and the Quest for Meaning (New York: HarperOne, 1995).

5   Betsy Cooper, Daniel Cox, Rachel Lienisch, and Robert P. Jones, "Exodus: Why Americans Are Leaving Religion—nd Why They're Unlikely to Come Back," Public Religion Research Institute, September 22, 2016, https://www.prri.org/research/prri-rns-poll-nones-atheist-leaving-religion/.

6   Becka A. Alper, "Millennials Are Less Religious than Older Americans, but Just as Spiritual," Pew Research Center, November 23, 2015, https://www.pewresearch.org/fact-tank/2015/11/23/millennials-are-less-religious-than-older-americans-but-just-as-spiritual/.

7   Becka A. Alper, "Why America's 'Nones' Don't Identify with a Religion," Pew Research Center, August 8, 2018, https://www.pew research.org/fact-tank/2018/08/08/why-americas-nones-dont-identify-with-a-religion/.

8   Cooper et al., "Exodus."

9   David Masci, "Q&A: Why Millennials Are Less Religious than Older Americans," Pew Research Center, January 8, 2016, https://www.pewresearch.org/fact-tank/2016/01/08/qa-why-millennials-are-less-religious-than-older-americans/.

10 Cooper et al., "Exodus."

11 Jeff Diamant and Besheer Mohamed, "Black Millennials Are More Religious than Other Millennials," Pew Research Center, July 20, 2018, https://www.pewresearch.org/fact-tank/2018/07/20/black-millennials-are-more-religious-than-other-millennials/.

12 Catherine E. Ross, "Religion and Psychological Distress," Journal for the Scientific Study of Religion 29, no. 2 (1990): 236–5.

13 Sarvada Chandra Tiwari, "Loneliness: A Disease?," Indian Journal of Psychiatry 55, no. 4 (2013): 320–2, http://www.indianjpsychiatry.org/art icle.

asp?issn= 0019-5545;year=2013;volume=55; issue=4;spage=320;epage=322;a
ulast=Tiwari.

14 "Why Americans Go to Religious and Church Services," Pew Research Center, August 1, 2018, https://www.pewforum.org/2018/08/01/why-americans-go-to-religious-services/.

15 Cooper et al., "Exodus."

16 "U.S. Public Becoming Less Religious," Pew Research Center, November 3, 2015, https://www.pewforum.org/2015/11/03/u-s-public-becoming-less-religious/.

17 Alper, "Millennials Are Less Religious than Older Americans, but Just as Spiritual."

18 Ibid.

19 Ibid.

20 Daniel Cox, "Are White Evangelicals Sacrificing the Future in Search of the Past?," FiveThirtyEight, January 24, 2018, https://fivethirtyeight.com/features/are-white-evangelicals-sacrificing-the-future-in-search-of-the-past/.

21 "Does Having Children Make Parents More Active Churchgoers?," Barna, May 24, 2010, https://www.barna.com/research/does-having-children-make-parents-more-active-churchgoers/.

22 America's Changing Religious Landscape, Pew Research Center, May 12, 2015, https://www.pewforum.org/wp-content/uploads/sites/7/2015/05/RLS-08-26-full-report.pdf, chap 2.

23 "Faith in Flux."

24 Cooper et al., "Exodus."

옮긴이 윤여림

한양대학교를 졸업하고, 이화여자대학교 통번역대학원에서 한불 번역을 공부했다. 현재 U&J 번역회사에서 프랑스어와 영어 전문 통번역사, 월간지와 도서 전문 번역가로 활발하게 활동하고 있다. 옮긴 책으로는 《빅스비 선생님의 마지막 날》, 《DK 사이언스 매직 쇼!》, 《굉장한 힘과 운동》, 《브레인》, 《벅스》, 《세상을 지배하는 미생물 박테리아》 등이 있다.

로켓 이얼스

1판 1쇄 발행 2022년 03월 28일

지은이 엘리자베스 세그런
옮긴이 윤여림
발행인 오영진 김진갑
발행처 토네이도미디어그룹(주)

책임편집 박민희
기획편집 박수진 진송이 박은화
디자인팀 안윤민 김현주
표지 및 본문 디자인 studio forb
마케팅팀 박시현 박준서 김예은 조성은
경영지원 이혜선 임지우

출판등록 2006년 1월 11일 제313-2006-15호
주소 서울시 마포구 월드컵북로5가길 12 서교빌딩 2층
독자 문의 midnightbookstore@naver.com
전화 02-332-3310 팩스 02-332-7741
블로그 blog.naver.com/midnightbookstore
페이스북 www.facebook.com/tornadobook

ISBN 979-11-5851-239-2 03190

토네이도는 토네이도미디어그룹(주)의 자기계발/경제경영 브랜드입니다.